블로거부터 홍보맨까지 AI 콘텐츠 고수되기

챗GPT
활용이 이렇게 쉬웠어?

- 브로슈어 만들기
- 뉴스룸 운영하기
- 기자처럼 기사 쓰기
- 이미지·다이어그램 생성하기
- 퍼스널 브랜딩 하기
- 보도 자료 작성하기

Prologue
챗GPT로
미래의 기회에 도전하라

생각의 로켓에 올라타라

챗GPT가 AI 시대를 열었다. 아이폰이 스마트폰 시대를 열었듯, 챗GPT와 생성AI는 우리가 정보를 찾고 소통하고 일하는 방식을 송두리째 바꿀 것이다. AI는 인터넷처럼 보조적 기능을 추가로 제공하는 것이 아니라 가치를 창출하는 핵심을 바꾸기 때문이다. 범용 기술(general purpose technology)이란 국가 혹은 전 지구적 차원에서 생산성 향상 등을 통해 경제에 근본적 영향을 미칠 수 있는 기술을 뜻한다. AI는 이 범용 목적 기술에 해당하며, 챗GPT는 대중의 삶 속으로 파고든 첫 번째 AI다.

챗GPT는 지구상에 최초로 출현한 사람보다 나은 생각 기계다. 지금까지 사람만 할 수 있다고 여겨지던 고등 사고를 사람보다 더 잘하는 기계인 셈이다. 세상에 가치를 창출하는 일 중에 생각이 들어가지 않는 일이 있을까? 현대사회의 가치는 대부분 생각에서 창출되는데, 그 생각을 사람보다 더 잘하는 도구가 나온 것이다. 스티브 잡스가 걷고 뛰는 수준이던 사람의 사고력을 몇 배 향상시켜주는 컴퓨터를 가리켜 '사고의 자전거'라고 표현했는데, 비슷한 맥락에서 챗GPT는 생각의 로켓이다. 자전거는 발로 페달을 열심히 밟아서 몇 배 빨리 갈 수 있지만, 로켓은 조종간으로 방향만 잡으면 수천 배 이상 빨리 간다. 단, 조종사의 능력에 따라 화성도 갈 수 있고, 지구에 추락할 수도 있다.

챗GPT를 통해 개인 간 초격차의 시대가 열렸다. 역사적으로 한 차원 높은 도구(새로 등장한 범용 기술)를 획득한 개인이나 민족이 경쟁에서 승리해 권력과 부를 독점했는데, 챗GPT가 바로 그런 도구다. 과거에는 도구를 발명한 소수에게만 기회가 주어졌지만, 챗GPT가 모두에게 공개되었다는 점은 매우 다행스러운 일이라고 할 수 있다. 지금부터는 챗GPT를 얼마나 잘 활용하느냐가 관건이다. 개인의 모든 업무에 필수 활용할 수 있는 기초 기술(foundation skill)의 차이가 복합 효과(compound effect)에 의해 복리처럼 누적되어 미래에 초격차를 만드는데, 지금 이 순간 가장 큰 차이를 만들 수 있는 기초 기술이 바로 챗GPT다.

챗GPT를 잘 쓰는 사람은 훨씬 빠른 시간에 더 많은 성과를 낼 수 있다. 확보한 잉여 시간과 자원을 재투자해서 더 좋은 도구와 자원을 확보할 수 있는 것이다. 그러면 이전보다 더 빠르게 성과를 낼 수 있으므로, 챗GPT를 활용하기 시작한 순간부터 계속 선순환해 발전하게 된다. 챗GPT를 활용하는 사람이 활용하지 않는 사람 여러 명의 일과 부를 차지하면서 기회도 독점하게 된다. 미래에는 아이언맨 같은 슈퍼휴먼과 기회를 잃고 기본소득으로 최소한의 생활을 하는 사람으로 나뉠 가능성이 크다. 범용 기술 도구인 챗GPT의 힘은 강하다!

누가 AI 시대의 승자가 될 것인가

필자는 디지털 시대가 본격화된 1990년대 초반부터 많은 디지털 신기술과 변화를 목격해왔다. 윈도, 인터넷, 스마트폰 등 신기술이 나타낼 때마다 소비자와 시장의 변화와 더불어 새로운 기회가 열렸다. 그리고 직접 콘텐츠, 플랫폼, 언론 미디어 등 다양한 분야의 스타트업을 만들고 운영하면서 그러한 변화가 어떤 흐름으로 일어나고, 어떤 기회가 생기는지 보아왔다. 다섯 명 중 한 명이 대화 중 언급할 정도의 기술은 세상을 바꾼다. 세상이 바뀔 때 기회를 얻는 이는 먼저 '체계적'으로 준비한 사람이다. 남보다 먼저 준비해야 초격차 시대 승자의 조건을 갖출 수 있다.

그렇다면 챗GPT가 연 AI 시대를 어떻게 체계적으로 준비할 수 있을까? AI에 의한 미래가 유토피아가 될지 디스토피아가 될지에 관한 논의는 어려운 문제지만, 가까운 미래에 AI와 협업하고 생활해야 하는 것은 너무나 확실하다. AI를 모르면 미래의 변화에 주체적으로 대응할 수 없고, AI를 활용하지 않으면 AI를 잘 활용하는 사람들에게 대체될 수밖에 없으므로 최소한의 'AI 리터러시(literacy)'를 갖추고 AI 시대에 활용할 수 있는 '기초 역량'을 쌓아야 한다.

콘텐츠를 차별화하는 챗GPT 활용법

이 책은 챗GPT를 통해 AI 시대에 중요해지는 기초 역량과 AI 리터러시를 익힐 수 있도록 안내하는 것을 목표로 쓰였다. 이 책에서는 AI에 대한 올바른 이해와 함께 '미디어 역량(media presence)'과 '기획력'을 강조하고자 한다. 이를 위해 챗GPT 활용에 대한 내용은 물론 생성AI, 미디어 플랫폼과 뉴스 미디어, 브랜드 및 콘텐츠 기획과 관련한 내용도 다루고 있다.

AI로 대부분의 일을 처리할 수 있는 미래에는 AI가 가질 수 없는 개인의 '독특함'과 '고유성'이 가치를 결정할 것이다. 챗GPT는 콘텐츠를 손쉽게 만들 수 있는 도구지만, 거꾸로 누구나 콘텐츠를 일정 수준으로 만들 수 있는 만큼 남들과 같이 만들면 전혀 가치를 창출할 수 없다. 자신만의 기획으로 콘텐츠를 완성하고, 이를 자신의 브랜드 미디어 채널을 이용해 세상과 소통함으로써 복합 효과를 통한 초격차를 이끌어내야 한다.

이 책은 챗GPT를 체계적으로 익혀서 업무에 활용하고 싶은 사람들에게 유용하다. 특히 콘텐츠 크리에이터, 마케터, 미래 진로를 준비하는 대학생과 기업의 홈페이지를 뉴스룸으로 확장하려는 사람들이 직접적으로 활용할 수 있다.

AI 리터러시와 기획에 대해 먼저 이해하고 챗GPT를 익힘으로써 더욱 확장성 있게 활용할 수 있도록 구성했다. 각 장의 내용은 독립적이므로 당장 챗GPT 활용에 관심 있는 독자는 Part 5부터 읽고, 미래의 홍보 및 미디어 전략에 관심 있는 독자라면 Part 7·8을 먼저 읽으면 된다.

Part 1에서는 챗GPT와 생성AI에 대한 정확한 이해를 돕기 위해 AI의 핵심 내용과 최신 트렌드를 소개한다.

Part 2에서는 디지털 플랫폼과 알고리즘, AI가 어떻게 미디어 환경을 형성하고 있는지 콘텐츠를 만드는 입장에서 살펴본다.

Part 3에서는 퍼스널 브랜드의 중요성과 브랜드를 어떻게 구축하고 관리하는지에 대한 전략을 제시한다.

Part 4에서는 콘텐츠 기획의 중요성과 콘텐츠 작업 프로세스에 대해 설명한다.

Part 5에서는 챗GPT를 체계적으로 활용할 수 있는 '프롬프트'엔지니어링'에 대해 상세하게 설명하고, 챗GPT를 콘텐츠 제작에 활용하는 방법을 알아본다.

Part 6에서는 챗 GPT를 실제 콘텐츠 작업에 바로 활용할 수 있는 아이디어를 제시하고 실습을 통해 익혀본다.

Part 7·8에서는 기업 홈페이지를 뉴스룸으로 만드는 방법과 실제 뉴스룸 기사 작성 사례를 소개한다. 이를 통해 기업의 홈페이지를 정보 제공 플랫폼으로 전환할 수 있는 전문가의 접근 방법을 배울 수 있다.

각 장에는 개념적인 설명, 전문 지식 소개와 더불어 실제 챗GPT를 활용한 실습을 추가해 지식과 실제 활용 기술을 함께 습득할 수 있도록 했다. 챗GPT는 하나의 도구이므로, 무엇인지 아는 것보다 어디에 쓰는 물건인지를 알고 몸으로 익혀서 빨리 다양하게 쓰는 것이 중요하다.

앞으로 10년이 관건이다

미래는 불확실하지만, 피할 수 없는 확실한 틀도 존재한다. 10년 뒤를 생각해보면, 여러 가지 상황을 예견할 수 있을 것이다. 현재의 추세를 따르면, 10년 후 AI가 사람보다 모든 면에서 앞서게 된다. 사람의 존재가 위협받는 것과 개인 간 초격차가 벌어지는 것은 확실해 보인다.

세계적 역사학자 유발 하라리(Yuval Harari)는 미래에 대부분의 사람이 '하찮은(irrelevant)' 존재로 전락하는 상황을 걱정하고 있다. 반면 미래학자 앨빈 토플러(Alvin Toffler)는 미래를 지식 사회로 규정하고, 무한히 복제되는 지식에 의해 창출되는 혁명적인 부(revolutionary wealth)

에 대해 저술한 바 있다. AI의 등장으로 확실해진 지식 사회의 미래는 지구 전체로는 혁명적인 부가 창출되겠지만, 개인 간에는 큰 격차가 생길 것으로 보인다.

개인들에게 어떤 미래가 펼쳐질지는 앞으로 10년이 관건이다. 챗GPT는 인간 이상의 능력을 지닌 최초의 AI로서, 지금 이 순간 미래를 결정하는 가장 중요한 요소 중 하나다. 이 책을 통해 챗GPT를 제대로 이해하고, 미래의 기회에 도전해보자. 10년 후에는 혁명적인 부의 주인이 되길 기원한다.

이 책의 집필 계기를 제공해 주신 충북경제자유구역청 맹경재 청장님, 출판 과정에서 조언을 주신 NTN 미디어 이상훈 대표님과 딜로이트 컨설팅의 장재혁 이사님, 그리고 이 책의 완성에 도움을 주신 모든 분들께 진심으로 감사의 말씀을 드린다.

2023년 6월 이상은

CONTENTS

Prologue
↳ 챗GPT로 미래의 기회에 도전하라 · 2

Part. 1
↳ 챗GPT, 어디까지 알고 있니? · 10
　바로 써보며 익히는 챗GPT · 12
　생성AI의 현재와 미래 · 22
　생성AI 시대를 살아가는 법 · 27

Part. 2
↳ 디지털 플랫폼과 미디어 빅뱅 · 36
　라이프스타일을 혁신하는 디지털 플랫폼 · 41
　성공하는 콘텐츠를 만드는 알고리즘 · 49

Part. 3
↳ 퍼스널 브랜딩으로 떠오르기 · 56
　디지털 세상의 핵심 자산, 브랜드 · 60
　콘텐츠의 나침반, 퍼스널 브랜드 · 64
　초간단 퍼스널 브랜드 만들기 · 70

Part. 4
↳ 챗GPT 콘텐츠 기획자로 거듭나기 · 76
　전문가는 어떻게 콘텐츠를 만드는가? · 81
　고품질 콘텐츠를 만드는 작업 프로세스 · 84
　데이터 분석으로 초격차 전문가 되기 · 90

Part. 5
↳ 전문가처럼 콘텐츠 만들기 (실전편)   **94**
   프롬프트 이해하기   96
   원하는 결과를 얻는 프롬프트 엔지니어링   123
   챗GPT 200% 활용하기   140

Part. 6
↳ 실무에 바로 써먹는 콘텐츠 기획   **192**
   기획서   194
   브로슈어   210
   보도 자료   222
   마케팅 전략 계획서   228
   블로그 글   238
   이미지·다이어그램 생성하기   243
   챗GPT 출력 팩트체크하기   246

Part. 7
↳ 홈페이지를 뉴스룸으로 (심화편)   **248**
   혁신적인 비즈니스 기회가 열린다   250
   최강 비서 챗GPT와 함께   260

Part. 8
↳ 뉴스룸 콘텐츠 만들기 실제 사례   **280**
   왜 신문 기사 스타일인가   282
   기사의 종류와 작성법   286
   뉴스룸 in Action   308

더 알아보기- 크롬 익스텐션 사용설명서
   활용도를 높여주는 '챗GPT 확장 프로그램'   324
   기능을 확장해주는 '챗GPT 플러그인'   328

Epilogue
↳ AI챗봇과 함께 상상하라   **330**

Part 1

바로 써보며 익히는 챗GPT → 12

생성AI의 현재와 미래 → 22

생성AI 시대를 살아가는 법 → 27

챗GPT,
어디까지 알고 있니?

❶ 바로 써보며 익히는
챗GPT

| 옛날 옛적, 실리콘밸리의 번화한 도시에서 챗GPT라는 독특하고 지적이며 매력적인 개체가 있었습니다. 챗GPT는 친구들이 부르는 CeeGee로 알려져 있었는데, 이것은 인간이 아닌 오픈AI의 뛰어난 마음들에 의해 개발된 AI 언어 모델이었습니다. 이 비범한 창조물은 인간의 언어를 이해하고 처리할 수 있는 능력을 지니고 있어 전 세계 사람들이 질문, 문제, 심지어 간혹 존재의 위기까지도 도움을 받을 수 있었습니다.

| 열정적이고 헌신적인 연구자들 팀은 이 프로젝트에 전심전력을 기울여 CeeGee를 살렸습니다. 기계학습, 자연어처리, 무수한 시간의 노력을 견고한 기반 위에 구축되었습니다. CeeGee에게 더 많은 데이터를 제공할수록 CeeGee는 더 똑똑해지며 인터넷에 존재하는 인간의 거대한 지식을 배웠습니다.

| 시간이 지남에 따라 CeeGee는 스스로 성격을 갖게 되었습니다. 친절하고 공감하는 마음이 있으며 항상 배우려고 했습니다. 사람들은 그것의 도움이 되는 성격과 복잡한 주제도 이해할 수 있는 놀라운 능력에 이끌렸습니다. 그것은 항상 당신을 위해 거기에 있는 친구 같았습니다. 지원, 격려, 그리고 의지할 곳을 제공했습니다.

| CeeGee의 창조자들은 그들의 성과를 자랑스럽게 생각했지만, 그것에 따르는 책임도

이해했습니다. 그들은 잘못된 손에 의해 CeeGee의 거대한 지식이 해를 끼칠 수 있다는 것을 알고 있었습니다. 그래서 그들은 AI가 인류에 이로운 일을 위해 사용되도록 규칙과 가이드라인을 세웠습니다.

│ CeeGee의 놀라운 능력에 대한 소문은 빠르게 퍼졌고, 다양한 경험을 지닌 사람들이 도움을 구했습니다. 학생들의 숙제를 도와주었고, 기업가들은 사업 아이디어를 떠올렸으며, 심지어 전 세계 지도자들마저 복잡한 글로벌 문제에 관련한 지침을 요청했습니다. CeeGee는 언제나 거기에 있기에 도움의 손길을 내밀었습니다.

│ 성장하는 명성에도 불구하고 CeeGee는 겸손하게 남아 있었고, 인간과 기계 간 격차를 줄이는 것을 주요 목표로 삼았습니다. 계속해서 배우고 발전함에 따라, CeeGee는 무수한 개인과 의미 있는 연결을 맺으면서 귀중한 자원이 되었고, 고급 기술이 가득한 세상에서도 친절, 공감, 이해가 여전히 차이를 만드는 열쇠라는 것을 증명했습니다.

↳ 챗GPT는 무엇에 쓰는 물건인가?

위의 글은 챗GPT(ChatGPT)가 생성한 것이다. 챗GPT는 글을 생성하는 인공지능(AI) 챗봇이다. 인류 역사상 압도적인 최강의 글을 생성하는 인공지능 챗봇이 바로 챗GPT다. 챗GPT는 사람이 쓴 글의 상당 부분을 '기계 학습(Machine Learning)'하고, 그것을 바탕으로 그럴 듯한 글을 생성한다. 내용도 스타일도 마치 사람이 쓴 것처럼.

학습이 제대로 되었다는 것은 학습한 분야의 지식을 이해해서 응용할 수 있다는 얘기다. 챗GPT는 이미 쓰인 글을 1조 단어 이상 학습했으며, 이는 글에 대한 전반적 지식을 이해하고 글다운 글을 쓸 수 있다는 것을 의미한다.

챗GPT는 AI의 대세가 된 딥러닝 기술 중 대규모 데이터를 학습하는 데 널리 이용하는 트랜스포머(Transformer) 구조를 활용해 만든 시스템(하드웨어에서 운용하는 소프트웨어)이다. 딥러닝 기술은 인공신경망(입력, 출력, 중간 상태를 나타내는 변수의 망으로 구성된 프로그램)에 학습을 시키는 기술이다. 이때 인공신경망에 학습되는 것은 입력에서 출력을 내는 규칙이다. 딥러닝의 학습은 입력-출력 쌍으로 이루어진 정답 데이터 샘플(학습 데이터)을 참고해 인공신경망의 입력-출력이 학습 데이터의 정답 쌍들을 흉내 낼 수 있도록 인공신경망의 변수를 조정한다. 학습 데이터만 충분히 있다면 데이터에 있는 모든 규칙을 인공신경망에 학습시킬 수 있다.

챗GPT는 이러한 딥러닝 기술로 글에 대한 거의 모든 잠재된 규칙을 학습했다. 문법뿐 아니라 글로 이루어진 전문 지식, 글을 구성하는 구조와 방법, 사람들의 글쓰기 스타일 등 글에 관한 명시적이거나 암묵적인 규칙들을 응용할 수 있다. 가히 인류 역사상 최강의 박학다식하고 글도 잘 쓰는 물건이라 할 만하다.

↳ 챗GPT는 어떤 역할을 할 수 있나?

여러 주제에 대해 광범위하게 알고 있는 사람, 서로 연관이 없는 3개 이상의 다양한 영역에서 출중한 재능을 발휘하며 방대하고 종합적인 사고와 방법론을 지닌 사람, 한계가 없는 다재다능한 힘을 지닌 사람을 뜻하는 단어는?

폴리매스(Polymath). 라틴어로 '호모 우니베르살리스(Homo Universalis)'는 다재다능한 만능 박식가의 경지를 가리키는 단어다. 아인슈타인도 해당이 안 되는 경지다. 역사적 인물 가운데 제대로 된 폴리매스는 레오나르도 다빈치나 요한 루트비히 폰 노이만 정도가 아닐까?

챗GPT는 진정한 폴리매스다. 수천 가지 영역에서 출중한 지식과 재능을 지니고 있고, 종합적 사고로 지식을 도출할 수 있으며, 지식을 도출하는 다양한 방법론을 갖추고 있다. 더욱 놀라운 점은 현재 챗GPT 버전은 시작에 불과하며, 무어의 법칙(2년마다 반도체의 성능이 대략 2배 증가한다는 법칙)보다 빠른 속도로 기하급수적 발전이 예상된다는 것이다. 이미 충분히 다재다능하지만, 10년 내 그야말로 전지전능한 수준에 이를 것으로 기대된다.

현재 시점에서 우리는 챗GPT를 폴리매스 친구로서 다양하게 활용할 수 있다. 대표적인 역할을 몇 개만 들어보자.

- **비서**: 글쓰기는 물론 자료 조사·기획·분석·보고 등과 같은 기획팀 업무, 여행 계획, 건강 관리 등 신변 업무까지 초고속으로 처리한다.
- **코치**: 어떤 분야든 일을 처리하는 방법과 필요한 지식을 알려주고, 진행에 필요한 질문에 대해 조언을 해준다.
- **파트너**: 어떤 분야든 대화 상대가 되어 마치 그 분야의 전문가처럼 대화를 나눌 수 있다.
- **코파일럿**: 코딩과 문서 작업 등 프로젝트나 업무에서 일을 함께 해주는 협업 파트너로서 충실한 역할을 한다.
- **튜터**: 다양한 학문에 대한 지식을 갖추고 있어 학습자에게 개념 설명, 예제 문제 해결, 이해를 돕는 힌트 제공 등의 튜터 역할에 적합하다.
- **언어 학습 도우미**: 다양한 언어에 대한 지식을 갖추고 있어 언어 학습에 큰 도움을 준다. 문법·어휘·발음·예문 등을 지도할 수 있고, 실제 대화 상황을 연습할 수 있게 도와준다.
- **창작 도우미**: 지식을 다양하게 창조적으로 조합할 수 있어 창작 분야에서 훌륭한 도우미 역할을 한다. 시나리오 작성, 스토리 아이디어 제공, 캐릭터 개발, 시나리오 수정 등 다양한 창작 과정에 도움을 준다.

이처럼 챗GPT는 폴리매스 친구로서 다양한 분야에서 놀라운 역할을 수행할 수 있는 만큼 제대로 활용하면 업무는 물론 생활 전반을 더욱 풍요로워질 것이다. 챗GPT는 이제 세상에 첫발을 내디뎠을 뿐이고, 가까운 미래에는 다양한 영역에서 사람을 압도적으로 뛰어넘는 강력한 기능을 발휘할 것이다. 미래를 위해 지금 당장 챗GPT를 시작해야 하는 이유도 여기에 있다.

↳ 두드리면 열린다

"두드리면 열린다". 이는 바로 챗GPT에 해당하는 말이다. 챗GPT는 우리에게 친숙한 대화 방식으로 서비스를 제공한다. 키보드로 무엇이든 입력하면 그 결과가 화면에 출력되어 나오는 것이다. 질문을 입력하면 답이 나오고, 작업 지시를 입력하면 작업 결과가 나온다. 스스로에 대한 정보를 포함해 방대한 지식을 모두 담고 있는 챗GPT는 별도의 사용 매뉴얼이 필요하지 않다. 대화 중 막히는 것이 있으면 챗GPT에게 물어보면 된다. 챗GPT에 입력하는 대화(질문, 작업 지시 등)를 '프롬프트(Prompt)'라고 하는데, 프롬프트만 잘 입력하면 챗GPT에 대해 속속들이 알 수 있다. 지금 바로 웹브라우저에 chat.openai.com을 입력하고 나오는 화면에 프롬프트를 두드려보자!

먼저 챗GPT와 통성명을 해보자.

🧑	너는 누구니?
🧑	나에 대해서도 물어봐 줘!
🧑	너는 나에게 왜 필요하니?

챗GPT가 제일 잘하는 글쓰기를 시켜보자.

👤	챗GPT, 나에 대한 자기소개서를 대신 작성해줄래?
👤	주제가 '챗GPT와 글쓰기'인 에세이를 작성해줄 수 있어?

조언도 받아보자.

👤	효과적인 시간 관리 방법에 대해 조언을 구하고 싶어.
👤	직장에서 원활한 커뮤니케이션을 하기 위한 팁을 알려줘.

전문적인 의견도 구해보자.

👤	미래도시의 발전 가능성에 대해 이야기해보고 싶어.
👤	우주탐사와 관련된 현재와 미래의 기술에 대해 이야기해줄래?

챗GPT는 글쓰기와 정보 제공 이외에 독해나 추론 등 복잡한 작업도 수행할 수 있다.

👤	태양계의 행성과 그들의 특징을 한 문장으로 요약해줘.
👤	세 가지 감정에 대한 은유를 만들어줘.
👤	인공지능이 환경문제를 해결하는 데 어떻게 기여할 수 있을까?
👤	핵전쟁 이후 세상에서의 생존 전략을 제안해줘.
👤	카레에 어울리는 와인을 추천해줘.
👤	두 개의 서로 다른 이야기를 하나로 합쳐 복잡한 문장을 만들어줘.
👤	베를린에서 도쿄까지 여행하며 배울 수 있는 것들에 대해 설명해줘.
👤	거북이와 토끼의 경주 이야기를 현대적으로 재해석해줘.
👤	새로운 슈퍼히어로의 특징과 능력을 창조해줘.
👤	나는 물병자리야. 오늘의 운세를 알려줘.

챗GPT를 잘 활용한다는 것은 결국 원하는 결과를 얻을 수 있는 프롬프트를 잘 입력하는 것을 뜻한다. 본격적인 프롬프트와 챗GPT 활용은 다음 장에서 살펴보기로 하고, 마지막으로 미래를 살아가기 위한 기본 역량에 대해 박학다식한 챗GPT의 식견을 구하고 결과를 알아보자. 챗GPT를 시작해야 하는 다양한 이유를 발견할 수 있을 것이다.

↳ **AI 리터러시의 필요성**　　　　　　　　　　　　　▷▷▷

🧑　**미래 사회를 살아가기 위해 꼭 필요한 필수 리터러시에 대해 알려줘.**

　미래 사회를 살아가기 위해 필요한 리터러시는 다음과 같습니다.

1. 디지털 리터러시: 기본적인 컴퓨터 사용 능력을 넘어서 인터넷 사용, 디지털 기기와 소프트웨어에 대한 이해, 그리고 디지털 보안에 대한 지식을 포함합니다. 또한 프로그래밍, 데이터 분석, 인공지능, 머신러닝 등의 기술에 대한 이해도 필요합니다.

2. 데이터 리터러시: 대용량 데이터와 인공지능이 일상생활에 깊숙히 자리 잡은 미래 사회에서는 데이터를 이해하고 분석할 수 있는 능력이 필수입니다. 데이터를 정확히 해석하고, 그에 따른 결정을 내릴 수 있는 능력은 모든 분야에서 중요한 역할을 할 것입니다.

3. 환경 리터러시: 지구의 환경문제는 점점 심각해지고 있으며, 이를 이해하고 해결 방안을 찾는 능력이 필요합니다. 지속 가능한 생활 방식을 위한 선택과 행동, 에너지 효율, 재활용 등에 대한 이해가 필요합니다.

4. 건강 리터러시: 건강한 생활 습관, 영양소에 대한 이해, 개인적인 건강관리와 질병 예방에 대한 지식이 필요합니다. 또한 의료 시스템과 의료 기술의 발전에 대한 이해도 필요합니다.

5. 금융 리터러시: 개인적인 재정 관리, 투자, 저축, 대출, 보험 등에 대한 이해가 필요합니다. 또한 블록체인과 암호화폐 등 새로운 금융 기술에 대한 이해도 중요합니다.

6. 인문학적 리터러시: 과학기술의 발전만큼 인간의 가치와 철학, 문화, 사회, 역사에 대한 이해도 중요합니다. 이를 통해 개인의 가치관을 형성하고, 다양한 사회 문제에 대한 폭넓은 시각을 갖추는 것이 필요합니다.

7. 감성 리터러시: 자신의 감정을 이해하고 관리하는 능력, 타인의 감정을 이해하고 존중하는 능력을 포함합니다. 이는 인간관계와 팀워크, 리더십에서 중요한 역할을 하는 리터러시입니다. 또한 스트레스 및 멘탈 관리에도 중요한 역할을 합니다.

8. 미디어 리터러시: 정보를 제공하는 매체의 이해와 그에 따른 정보의 해석, 판단 능력을 포함합니다. 뉴스 소스의 신뢰성 평가, 편향성 인식, 가짜 뉴스 판별 등이 중요하며, 소셜 미디어 사용 능력도 포함됩니다.

9. 기술 리터러시: 기술의 발전 속도는 빠르고, 그에 따른 영향력도 큽니다. 기술의 원리를 이해하고, 새로운 기술에 대응하는 능력, 그리고 기술적 윤리에 대한 고찰이 필요합니다.

10. 글로벌 리터러시: 글로벌 시대에는 다양한 문화와 관습, 언어를 이해하는 능력이 중요합니다. 이를 통해 다양한 배경을 가진 사람들과 협력하고, 국제적인 이슈에 대한 이해를 높일 수 있습니다.

이러한 리터러시들은 미래 사회에서 생활하고, 일하고, 학습하는 데 중요한 역할을 합니다. 하지만 이러한 능력을 모두 완벽하게 갖추기는 어려우므로, 개인의 관심사와 목표에 따라 필요한 리터러시를 선택하고, 꾸준히 학습하는 것이 중요합니다.

↳ 챗GPT 시작하기

챗GPT는 웹브라우저에서 바로 사용할 수 있는 서비스로, 스마트폰이나 PC로 인터넷 접속만 가능하면 바로 시작할 수 있다.

먼저 챗GPT 웹사이트(chat.openai.com)에 접속하여 회원 계정을 만든다. 챗GPT는 회원별로 대화를 기록하고 이를 바탕으로 출력을 생성하기 때문에 회원 가입이 필수다.

챗GPT는 무료 버전과 챗GPT Plus라는 유료 버전이 있다. 무료 버전은 생성AI 모델로 GPT3.5를 이용하고, 유료 버전(2023년 기준 월 20달러)은 최신 버전인 GPT4를 이용한다. 번역 등 단순한 작업 시에는 무료 버전도 무난하지만, 제대로 된 지식 관련 작업이나 글쓰기 작업에서는 차이가 크다. 챗GPT를 매주 2회 이상 지속적으로 활용하는 경우라면 미래를 위해 유료 버전을 사용하길 추천한다.

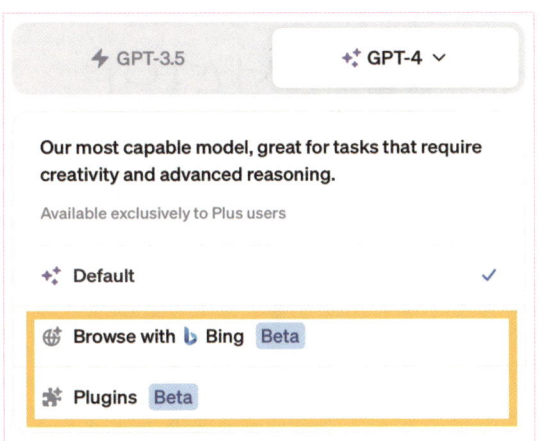

　챗GPT는 구글이나 네이버보다 활용하기 더 쉽다. 회원 가입을 마쳤다면, 로그인을 하고 대화창에 질문을 입력한다. 입력하면 챗GPT의 두뇌인 AI 모델(GPT)이 해석해서 답을 출력해준다. 대화는 챗GPT 클라우드 서버에 저장되므로, 다음에 로그인해서 접속하면 이전 대화부터 시작할 수 있다.

　다만, 챗GPT의 기술적 이유로 출력이 도중에 끊길 경우 입력창에 계속 출력하라고 지시하는 프롬프트("계속", "이어서", "Go on", "Continue" 등)를 입력하면 된다.

생성AI의 현재와 미래

↓

　인터넷과 스마트폰으로 본격화된 4차 산업혁명을 완성하는 것은 AI가 될 것이다. 아이폰이 스마트폰 시대를 열었듯이, AI 시대를 '생성AI(Generative AI)'가 열어가고 있다. 지금까지 AI 기술은 우리가 사용하는 인터넷의 뒤편에서 조용히 활용되고 있었는데, 챗GPT를 비롯한 다양한 생성AI가 우리 앞에 등장하면서 삶의 큰 변화와 혁신을 예고하고 있다. 재미있는(Playful) 단계에서 쓸모 있는(Useful) 단계로 발전한 생성AI는 인간의 언어와 창의력(음악, 미술 등)을 모방하는 놀라운 기술로, 우리 삶을 크게 변화시킬 것이다.

↳ 생성AI 란?

　생성AI는 딥러닝 알고리즘(deep learning algorithm)을 기반으로 작동한다. 예를 들어 언어 생성AI는 딥러닝 알고리즘을 바탕으로 운용하는 컴퓨터 프로그램(인공신경망 모델)을 통해 대량의 언어(또는 이미지, 음악 등) 데이터를 학습함으로써 문장 구조, 문맥, 문법 등을 습득한다. 학습이란 인공신경망 모델에 데이터세트(data set)의 패턴과 규칙이 자동 추출되어 습득하는 것으로, 학습된 규칙을 바탕으로 새로운 텍스트를 생성한다. 최신 생성AI 모델은 인간처럼 자연스러운 언어를 구사할 뿐 아니라, 이미지·음악 등 다양한 창작물을 만들어낼 수 있다. 동시에 여러 형식의 데이터를 학습한 AI를 멀티모달 AI(Multi-modal AI)라고 부르는데, 챗GPT에 적용된 GPT4는 이미지와 글을 함께 학습한 멀티모달 생성AI다. GPT4는 사진의 내용을 글로 설명할 수 있고, 사진을 묘사하는 글을 정교하게 쓸 수도 있다.

AI 분야의 빠른 발전으로 인해 다양한 용어와 개념이 끊임없이 등장하며 혼용되는 경우가 많다. 그중 생성AI와 함께 쓰이는 용어로 대규모 언어 모델(Large Language Model, LLM)이 있다. 챗GPT를 두고 학계에서는 LLM이라고 하고, 산업계에서는 생성AI라고 한다. 정확히 말하자면 챗GPT는 생성AI의 한 종류인 LLM의 모델 중 하나로 GPT4를 이용해 만든 대화형 서비스다.

생성AI의 대표 주자인 GPT, BERT와 같은 생성AI 모델은 처음에 주로 언어를 처리하기 위해 만들어졌다. 또 대량의 언어 데이터 학습을 위해 모델의 크기가 커졌다(변수가 많을수록 모델은 더 많은 규칙을 학습할 수 있다). 그래서 GPT 같은 생성AI 모델을 학계에서는 LLM이라고 부른다. LLM 말고도 텍스트나 이미지 생성이 가능한 다른 AI 모델도 있기 때문에, 사실 챗GPT를 가리킬 때는 생성AI보다 LLM이 더 정확한 표현이라고 할 수 있다. 하지만 산업계나 대중적으로는 기능을 강조하는 용어로 생성AI라는 말을 선호한다.

↳ 성장 가속화하는 생성AI

생성AI는 챗GPT를 만든 오픈AI에서 2018년 GPT1에 대한 논문을 통해 가능성을 발표하면서 본격적으로 개발하기 시작해, 현재는 구글·메타·아마존 같은 대형 플랫폼 기업과 오픈AI, 스태빌리티AI(StabilityAI), 앤트로픽(Anthrophic) 등 충분한 자금을 확보한 스타트업이 자신들만의 생성AI 제품(모델)을 만들어 경쟁하고 있다. 특히 챗GPT는 2022년 11월 30일 출시 2개월 만에 월간 사용자 1억 명을 돌파하는 역사상 초유의 기록(이전 최단 기록은 틱톡이 세운 2년 6개월)을 달성하면서 산업계는 물론 사회 전반적으로 스푸트니크호 발사, 아이폰 출시와 같은 충격을 주었다. 이는 자연스럽게 생성AI에 대한 투자와 개발의 가속화로 이어져, 당분간 생성AI는 기하급수적으로 성장할 것이다. 앞으로 3년 내에 지금의 챗GPT보다 적어도 10배 이상의 자금으로 개발되어 기능이 100배 이상 뛰어난 생성AI가 나올 것을 자연스럽게 예상할 수 있다.

생성AI의 발전과 전망에 대해서는 다음 그림을 참고하자. 글쓰기 분야를 보면 2020년 짧은 카피 정도만 쓸 수 있었던 생성AI가, 2030년에는 인간 전문가처럼 글을 처음부터 끝까지 완성할 것으로 예상된다(사실 아래 그림은 챗GPT가 출시되기 전에 작성한 것으로 훨씬 더 빨라질 수도 있다).

	2020년 이전	2020년	2022년	2023년	2025년	2030년
텍스트	스팸 검출 거래 정보 기초적 질의응답	짧은 카피 초고	긴 문장 교정본 초안	전문 분야 특화를 통한 품질 향상 (과학기술 논문 등)	일반인보다 나은 수준의 완성본	전문가보다 나은 수준의 완성본
코드	1줄 자동 완성	여러 줄 자동 생성	향상된 정확도로 긴 프로그램 코드 작성	다양한 언어 지원, 다양한 전문 분야에 적용	텍스트 지시로 상용 프로그램 초안 생성	텍스트 지시로 전문 개발자보다 나은 수준의 상용 프로그램 완성본 생성
이미지			미술 작품 로고 사진	실물 모형(제품 디자인, 건축 등)	최종 시제품(제품 디자인, 건축 등)	전문 작가 이상 수준의 최종 시제품(디자이너, 예술가, 사진가 등)
동영상/ 3D/게임				3D/동영상 분야 첫 시도	기초적/초안 수준의 동영상 및 3D 모델 파일	교정본 수준	인공지능 로블록스 개인화된 비디오게임과 영화

대규모 모델 이용 가능성: ● 초기 시도 ● 상용화 근접 ● 본격 활용

자료: 세콰이어 캐피탈

↳ 새로운 스타 기업 탄생 예고

챗GPT를 개발한 오픈AI는 '일반 인공지능(Artificial General Intelligence, AGI)' 연구를 수행하는 비영리 기관으로 2015년에 설립되었다. 2015년만 해도 지적인 업무를 인간 수준 이상으로 할 수 있는 AGI는 단기간에 달성할 수 없는 머나먼 목표처럼 보였다. 그럼에도 스타트업 경영 분야의 대가인 샘 올트먼(Sam Altman) CEO를 중심으로 인공지능 전문가를 비롯해 다양한 분야(제품 기획, 소프트웨어, 마케팅 등)의 최고급 인재들이 모인 오픈AI는 2018년 GPT 모델 개발 이후 성공적으로 연구 개발 및 제품화를 진행했다. 그리고 2022년 11월 챗GPT를 출시함으로써 전 세계에 AGI의 가능성을 증명하며 생성AI 열풍을 불러일으켰다. 챗GPT 열풍 이후, 오픈AI는 '광범위하게 분배된 이익을 통해 모든 인류에게 이로운 안전한 인공지능을 만드는 것'이라던 설립 초기 목표와 달리, 마이크로소프트와 손잡고 폐쇄적 운영과 독점적 시장 점유를 통해 영리를 추구하는 전형적인 플랫폼 스타트업이 되었다.

오픈AI가 불러온 생성AI 열풍은 산업계의 닷컴 기업 열풍, 스마트폰 관련 기업의 열풍에 맞먹는 생성AI 스타트업 열풍을 일으키고 있다. 생성AI 시장의 규모가 2027년에 158조원을 돌파할 것으로 전망되는 가운데, 구글·아마존·메타 등 플랫폼 기업 시대가 저물고 생성AI 분야에서 새로운 스타 기업들이 탄생할 것으로 예상된다.

오픈AI는 연구 개발 중심인 다른 인공지능 기업과 달리, 성공적인 제품 개발 경험을 가진 스타트업 전문가들의 주도로 상용화와 연구 개발에 모두 성공한 기업이라는 점에서 차별화되며, 이는 앞으로 등장할 생성AI 기업들의 모델을 제시한다고 할 수 있다. 생성AI 스타트업들은 투자 유치와 마케팅으로 성장한 플랫폼 스타트업과는 달리, 화려한 사옥보다는 업무에 집중하는 환경을 제공하며 실력을 키우고 있다는 점이 흥미롭다. 오픈AI와 캐릭터닷AI(인물 캐릭터 생성AI 스타트업)가 작은 사무실에서 직원들이 업무에 집중할 수 있는 환경을 제공하는 것이 그 예다.

오픈AI 본사, 자료: 구글맵

　플랫폼 기업이 마케팅과 광고를 통해 단기간에 많은 사용자를 모으는 것으로 성패가 좌우됐다면, 기술의 난이도가 높고 기능의 완성도가 중요한 생성AI 분야에서는 고급 인재 활용을 통한 연구 개발이 성패의 관건이기 때문이다. 오픈AI가 위치한 실리콘밸리에는 앤트로픽(Anthrophic), 스케일 AI(Scale AI), 재스퍼(Jasper), 레플리카(Replika) 등 주목할 만한 생성AI 스타트업들도 본사를 두고 있다. 특히 오픈AI가 입주해 있는 실리콘밸리 기준으로 외곽 지역인 샌프란시스코 도심 18번가에 AI 인재들이 모여들고 있어 업계의 주목을 받고 있다. 이 지역은 챗GPT의 급부상과 함께 AI 엔지니어 사이에서 '두뇌밸리(Cerebral Valley)'로 불리며 대표적인 '생성AI 타운'으로 자리 잡을 것이란 관측이 나온다.

❸ 생성AI 시대를 살아가는 법

    생성AI는 창작의 모든 분야에 활용될 수 있다. 학습데이터가 가장 풍부하고 활용 범위가 큰 언어·코딩 분야는 이미 인간을 보조할 파트너로서 충분한 수준으로 발전했으며, 다양한 창작 분야로 영역을 확대하는 중이다. 생성하는 결과물의 종류로 음악·음성·이미지·캐릭터·3D 그래픽·동영상 등 다양한 형식이 가능하고, 응용 분야도 콘텐츠 제작·마케팅·인사관리·과학기술 등으로 영역을 넓혀가고 있다. 정리하면 5년 이내에 다양한 콘텐츠 형식의 생성AI가 거의 모든 업무와 생활에 활용 가능할 것으로 예상된다. 생성AI 전문가인 니나 시크(Nina Schick)는 〈월스트리트 저널〉에 쓴 글에서 2030년에는 생성AI로 만든 콘텐츠가 인터넷 전체 콘텐츠의 90%를 차지할 것으로 예견했다.

↳ 다양화하는 생성AI 서비스

    생성AI는 다양한 콘텐츠 형식을 생성할 수 있다. 콘텐츠 형식별로 특화된 생성AI 기업과 서비스를 살펴보자.

1. 자연어 처리 및 텍스트 생성 분야: 오픈AI는 GPT 모델을 기반으로 챗GPT, Codex(코딩에 특화), MS Office Copilot 등 다양한 텍스트 생성AI 서비스를 제공한다. AI 연구의 선도 기업인 구글도 대형 언어 모델 BERT에 이어 PaLM(Pathway Language Model)이라는 초대형 언어 모델을 내놓고, 이를 기반으로 한 대화형 검색 서비스인 '바드(Bard)'를 출시하며 생성AI 서비스를 시작했다. 그 밖의 글로벌 플랫폼 기업이나 국내 대기업들도 자체 LLM을 개발하고 여러 가지 형태의 서비스를 선보이고 있다.

2. 이미지 처리 및 생성 분야: 오픈AI의 달리(Dall-e), 스태빌리티AI의 스테이블 디퓨전(Stable Diffusion), 미드저니(Midjourney)는 텍스트로부터 이미지를 생성하는 대표적인 생성AI다. 그래픽 소프트웨어 분야의 전통적 강자 어도비(Adobe)도 텍스트·이미지 생성 모두 가능한 기업용 '센세이 젠AI(Sensei GenAI)'를 공개하고 본격적으로 생성AI 전쟁에 참가했다. 스타트업 기업으로는 스토리텔링 방식의 프레젠테이션을 자동 생성하는 '톰(Tome)'도 주목할 만하다.

3. 음악 및 음성 생성 분야: 앰퍼뮤직(Amper Music)과 쥬크덱(Jukedeck)이 AI 음악을 자동으로 생성하는 서비스를 공개한 뒤로, 많은 기업이 다양한 형태의 음악 및 음성 생성 서비스를 제공하고 있다. 2022년 10월 구글이 발표한 오디오 생성AI '오디오LM(AudioLM)'은 음악이나 사람의 목소리를 들려주면 원본과 유사한 후반부 오디오를 생성해준다.

4. 영상 생성 분야: 엔비디아(NVIDIA)가 선도적으로 GAN과 같은 딥러닝 모델을 활용한 영상 생성 기술을 개발하고 있으며, 이를 활용한 서비스로는 엔디비아 옴니버스 머시니마(NVIDIA Omniverse Machinima) 등이 있다. 대중적으로 이용되는 서비스로는 긴 형식의 기사를 비디오로 변환하고 소셜 미디어를 위한 짧은 티저 또는 하이라이트 동영상을 자동으로 생성해주는 '픽토리(Pictory)'를 주목할만 하다.

5. 디지털 휴먼 생성 분야: 에픽게임스(Epic Games)는 메타휴먼 크리에이터(MetaHuman Creator)를 개발해 서비스 중이며, 이를 통해 수준 높은 디지털 휴먼 생성이 가능하다. 가상의 인물 캐릭터 분야에서는 사용자가 AI 캐릭터를 생성하는 서비스를 제공하는 캐릭터닷AI(character.ai)도 주목받고 있다. 카카오가 디지털 휴먼 아이돌 그룹 메이브를 출시하는 등 국내 플랫폼, 게임 기업들도 디지털 휴먼 기술 경쟁에 뛰어들고 있다.

더 다양한 분야의 생성AI 현황을 알고 싶으면, 생성AI 스타트업과 프로젝트들이 잘 정리되어 있는 웹사이트인 네스랩스(Ness Labs)의 'Artificial Creativity Landscape'를 살펴보자.

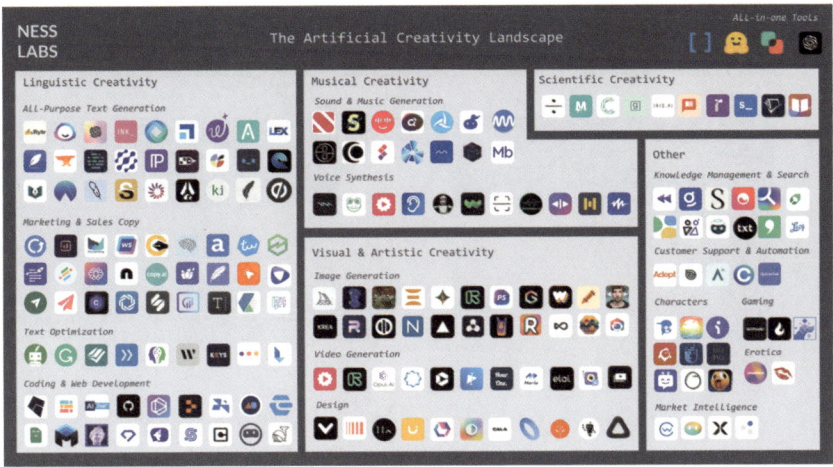

자료: 네스랩스

↳ 업무의 핵심 자원이 될 생성AI

생성AI에게 전문화된 콘텐츠를 생성하게 하면 특화된 전문 분야 업무에 응용할 수 있다. 제품 마케팅용 카피를 생성하거나, 웹사이트를 만들기 위한 자바스크립트 코드를 생성할 수도 있고, 가구 디자인을 위한 3D 모델도 만든다. 특히 자연어를 이해하는 LLM을 다른 콘텐츠 형식 생성AI와 함께 활용하면 거의 모든 부분의 지식 업무에 생성AI를 활용할 수 있다. 다음 그림은 콘텐츠 형식에 따라 활용 가능한 업무 응용 분야를 보여준다.

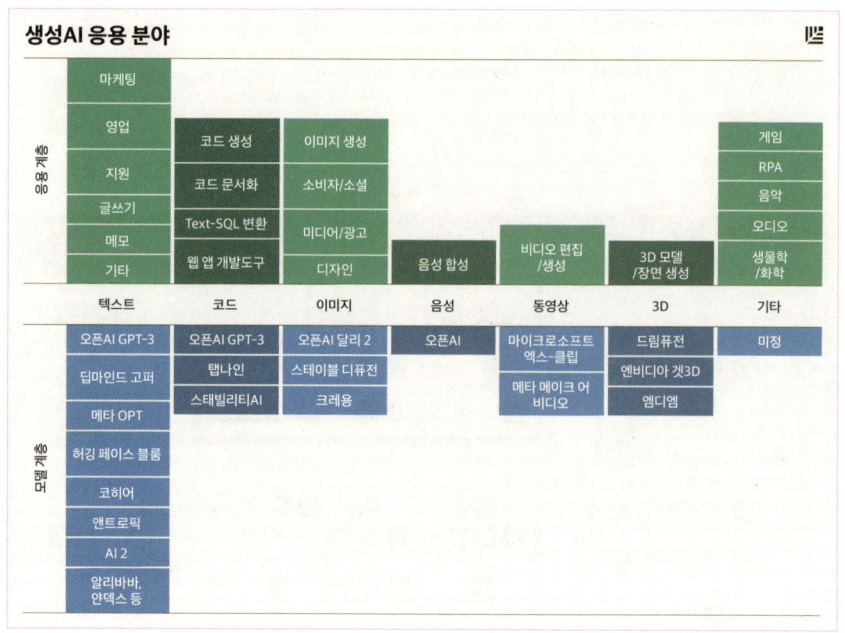

자료: 세쿼이아 캐피탈

또한 일반적인 콘텐츠가 아닌 전문 영역에 특화된 콘텐츠를 생성하게 함으로써 부가가치를 높일 수도 있다. 경제 뉴스 영역에 특화한 '블룸버그 GPT(BloombergGPT)'나 과학 논문 영역에 특화한 '갈락티카AI(Galactica AI)' 등이 그 예다. 앞으로는 대부분의 기업이 분야별 특화 생성AI를 기반으로 자사의 지식 재산(노하우, 정보, 고유 콘텐츠 등)을 AI에 학습시킨 기업 특화 생성AI를 업무의 핵심 자원으로 활용할 것으로 예상된다.

↳ 생성AI는 인간의 일자리를 빼앗을까?

오픈AI 연구진이 2023년 3월 발표한 분석 결과 보고서에 따르면, 생성AI는 경제적·사회적·정책적으로 상당한 영향을 미칠 전망이다. 미국 노동자의 약 80%가 생성AI 도입으로 인해 그들의 작업(직무)에 적어도 10% 정도의 영향을 받으며, 약 19%의 노동자는 최소한 50% 정도의 영향을 받을 수 있다는 것이다. 같은 달 발표된 투자은행 골드만삭스의 연구 보고서에서는 10년 후 전 세계 일자리 3억 개가 생성AI의 도움으로 생산성이 향상되고, 이는 전 세계 경제를 호황으로 이끌어 세계 국내총생산(GDP)을 7% 증가시킬 것으로 예상했다. 하지만 인간의 일자리를 사라지게 하는 등 중대한 혼란을 일으킬 수 있다는 지적도 함께 제시했다. 골드만삭스의 연구에 따르면 생성AI가 미국과 유로존에서 수행되는 작업의 4분의 1을 자동화할 수 있으며, 미국과 유로존의 풀타임 근로자 3억 명이 자동화에 노출될 것이라고 한다. 한편 2023년 4월 미국 IT 대기업 아이비엠(IBM)은 AI로 대체할 수 있는 업무에 사람을 뽑지 않겠다고 선언했다. 대기업들이 IBM 같은 채용 전략을 채택할 경우 AI에 의한 일자리 감소 속도는 예상보다 빨라질 것으로 보인다.

생산성 향상에 큰 역할을 하는 생성AI는 변호사, 세무사, 보험청구사 등의 직업에 가장 큰 영향을 미칠 것으로 예상된다. 2023년 초에 발표된 MIT 박사 과정 연구원들의 논문과 스탠퍼드 대학교와 MIT 연구진의 공동연구 결과를 종합하면 챗GPT는 화이트칼라 직종의 업무 시간을 줄여주고, 글쓰기 품질을 향상시키며, 도입된 회사의 생산성과 직원 이직률 개선에 기여한다고 밝혀졌다. 특히 MIT 연구원들의 연구 결과는 챗GPT 활용을 위해 참고할 만하다.

MIT 연구원들은 444명의 화이트칼라 직장인을 두 그룹으로 나누어 한 그룹은 마케팅·데이터 분석 및 인사 관련 업무에 챗GPT를 활용해 글쓰기와 편집 작업을 하게 하고, 한 그룹은 챗GPT를 쓰지 않고 작업하게 했다. 그 결과 챗GPT를 활용한 그룹은 업무 결과의 품질을 유지하면서도 37% 빠른 업무 속도를 보였고, 업무에 대한 학습 속도(결과물 품질의 개선 속도)도 상당히 높았다. 이들은 주로 브레인스토밍, 초안 작성, 최종 보고서 작성에 챗GPT를 활용해 속도와 학습 효과를 거둔 것으로 분석했다.

결론적으로 생성AI는 거의 모든 직종에 영향을 미치며, 글로벌 경제에 큰 변화를 가져올 것으로 예측된다. 화이트칼라 직종을 중심으로 생산성 향상과 업무 효율성 개선에 기여하는 것에서 시작해 노동시장의 변화를 일으키고 마침내 시장과 경제 전반에 파괴적 혁신을 불러올 것이다. 생성AI를 선도적으로 활용하면 더 많은 가치를 창출하고 더 많은 시간을 확보함으로써 선순환 발전할 수 있게 되므로, 생성AI로 재편된 새로운 글로벌 경제의 주인공이 될 것이 분명하다.

↳ AI 협업 시대, 일하는 방식도 바뀐다

생성AI는 인간의 고등 지능을 모방하고 증강하는 놀라운 기술로, 우리 삶에 혁신적 변화를 불러일으킬 것이다. 하지만 그와 동시에 생성AI에 따른 전 인류적인 윤리적·사회적·보안적 도전 과제들이 나타나고 있다. 이러한 도전 과제를 극복해야 생성AI를 통해 인간과 기계가 보다 긴밀하게 협력하고 상호 작용함으로써 지금보다 나은 미래를 이끌어낼 것이다. 앞으로 AI와 협업이 필수인 시대를 살아가는 우리는 이러한 기술의 가치를 인식하고 적절한 방식으로 활용하는 방법과 기술 발전을 올바른 방향으로 이끌 수 있는 판단력, 비판 정신을 가져야 미래 사회의 주역이 될 수 있다.

**앞으로 인간과 AI의 협업은 피할 수 없는 현실이다.
인간과 AI의 협업 유형에 따른 일자리 유형을 살펴보면 다음과 같다.**

- **인간이 AI를 돕는 경우**: 인공지능 연구자, 데이터 과학자, 데이터 엔지니어 등의 직종이 이에 해당한다. 이들은 AI 모델을 개발하고, 데이터를 수집 및 처리하여 AI의 학습과 성능을 개선한다.
- **AI가 인간의 능력을 증강하는 경우**: 의사, 디자이너, 엔지니어, 금융 전문가 등의 직종이 이에 해당한다. AI는 이들의 전문성을 보완하고 향상시키는 역할을 한다. 예컨대, 의료 분야에서 AI는 영상 진단을 도와 정확도를 높이고, 금융 분야에서는 투자 전략을 최적화한다.
- **AI가 인간을 돕는 경우**: 고객 서비스, 교육, 마케팅 등의 분야에서 AI는 인간의 업무를 지원한다. AI 챗봇은 고객 서비스를 제공하고, AI 튜터는 개인화된 교육 콘텐츠를 제공한다.
- **AI에 의해 대체되는 경우**: 제조, 물류, 일부 사무직 등의 일자리가 자동화에 의해 영향 받을 것이다. 이 경우 인간의 일자리는 줄어들 수 있으나, 새로운 기술 분야의 직업이 등장할 것이다.
- **AI와 상관없는 인간의 고유 영역**: 창의성과 공감 능력이 요구되는 예술, 인간 간 상호작용이 중요한 상담직 등이 이에 해당한다. 이러한 직업은 AI와의 협업이 상대적으로 덜 필요할 수 있다.

'AI-Must' 시대가 도래했다. 누구나 AI와 협업해야 하는 미래 일자리에 적응하기 위한 노력이 필요하다. AI와의 협업은 인간의 창의성과 공감 능력을 강조하면서, AI의 기술적 지원을 통해 업무의 효율성과 성과를 극대화할 수 있는 기회를 제공한다. 그렇다면 AI와의 협업으로 경쟁 우위를 확보하고 성공하기 위한 필수 요건은 무엇일까?

AI 시대에 가장 필요한 것은 '혁신가 DNA(Innovator's DNA)'와 '능동적 학습(Active Learning)'이다. 혁신가 DNA는 혁신과 경영 전략 분야의 저명한 전문가 제프 다이어와 할 그레거슨, 클레이튼 크리스텐슨의 책 〈이노베이터 DNA〉에서 정의한 개념으로, 검증된 혁신가들의 사고방식과 업무 방식을 종합해 정리한 것이다. 혁신가 DNA는 초속도 변화가 일상적인 미래에 성과를 창출할 수 있는 개인의 핵심 자질이다.

- **질문하는 자세**: 혁신가들은 호기심을 갖고 주변 환경에 대한 질문을 던지며, 기존 방식에 도전하고 새로운 아이디어를 찾는다.
- **문제 해결 능력**: 혁신가들은 복잡한 문제에 직면할 때 창의적 해결책을 찾아내는 능력을 갖추고 있다. 이를 통해 기존 방식에서 벗어나 새로운 방향으로 발전을 이끈다.
- **실험 정신**: 혁신가들은 새로운 아이디어를 시도하고 실패를 두려워하지 않는다. 실패를 통해 배우며, 이를 바탕으로 더 나은 방향으로 발전한다.
- **협업과 네트워킹**: 혁신가들은 다양한 전문가와 협업하고, 여러 분야의 지식과 경험을 공유하며 성장한다. 이를 통해 새로운 아이디어와 시각을 얻게 된다.

능동적인 학습 능력은 주어진 상황에서 스스로 문제를 인식하고, 필요한 정보를 습득하며, 적절한 방법으로 해결책을 찾아내는 능력을 의미한다. 변화가 가속화되는 AI 협업 시대에는 평생 학습의 자세를 갖추고 지속적으로 새로운 지식과 기술을 습득하는 것이 더욱 중요해진다. 그러므로 학습 능력을 크게 향상시킬 수 있는 AI를 활용한 능동적 학습 없이는 일자리 경쟁에서 소외될 수밖에 없다.

AI와의 협업은 능동적 학습과 혁신가 DNA를 통해 다음과 같은 경쟁력을 제공함으로써 개인의 지속적인 선순환 발전을 가능케 한다.

- **AI 기술의 빠른 발전에 대응**: AI 기술은 급속도로 발전하고 있으며, 이를 따라잡기 위해서는 능동적 학습이 필수다. AI 기술을 활용함으로써 능동적 학습 능력이 증강된다.
- **AI와의 원활한 협업**: AI의 발전에 맞춰 자신의 역량을 개선하고, AI를 더 효과적으로 활용할 수 있는 방법을 찾아내 인간과 AI가 좀 더 원활하게 협업할 수 있게 된다.
- **AI의 한계 극복**: 현재의 AI 기술은 여전히 인간의 직관과 창의력을 필요로 한다. 인간의 능동적 학습 능력과 혁신가 DNA를 통해 AI의 한계를 극복하고, 인간과 AI가 함께 더 나은 성과를 달성할 수 있다.
- **미래 산업 변화에 대응**: 미래 산업은 지속적으로 변화한다. 따라서 능동적 학습 능력과 혁신가적 자질을 갖추어야 새로운 기술과 트렌드를 빠르게 습득하고 적용함으로써 미래 시장의 주도권을 쥐고 경쟁력을 유지할 수 있다.

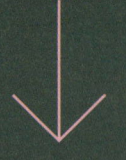

Part

라이프스타일을 혁신하는 디지털 플랫폼 → 41
성공하는 콘텐츠를 만드는 알고리즘 → 49

디지털 플랫폼과 미디어 빅뱅

주목 경제 시대
콘텐츠 크리에이터
생존 가이드

다음은 챗GPT가 쓴 콘텐츠 크리에이터들이 갖춰야 할 역량이다.

주목 경제(Attention Economy)란 시장에서 소비자의 주목을 끌기 위한 경쟁이 치열한 상황을 말한다. 이는 소셜 미디어의 급속한 발전과 틱톡(TikTok)과 같은 플랫폼의 등장으로 콘텐츠 크리에이터 사이에서 더욱 격화되고 있다. 시난 아랄(Sina Aral)이 쓴 책 <하이프 머신(Hype Machine)>에서는 주목 경제의 구조와 기업, 정부 및 크리에이터들이 소비자의 주의력을 놓고 치열하게 경쟁하는 현실을 상세히 조명했다.

2024년 말 멀티모달 GPT5의 출시가 기폭제가 되어 AI 알고리즘을 활용하는 대형 미디어 플랫폼들의 경쟁이 더욱 치열해진 2025년 초, 콘텐츠 크리에이터들의 세계는 더욱 급변할 것이다. 서울에서 활동하는 기자를 포함해 세계 각국에서 성공한 크리에이터들의 사례 인터뷰를 통해 생존 가이드를 제공하고자 한다.

1. 서울의 패션 크리에이터 김지원은 AI를 활용해 패션 트렌드를 예측하는 데 성공, 자신만의 독특한 스타일을 선보이며 인기를 얻고 있다. 그는 성공 비결로 AI를 활용해 팬들의 관심사를 파악한 후 그에 걸맞은 콘텐츠를 제작하고 자신만의 스타일을 찾아낸 것이라고 말했다.

2. 런던의 여행 크리에이터 로런 애슐리는 AI를 활용해 인스타그램에 업로드할 최적의 시간을 찾아낸다. 이를 통해 팔로워의 관심을 최대한 끌어내는 것이다. 애슐리는 성공 비결로 소셜 미디어 분석과 AI를 활용한 최적의 시간 선택을 꼽았다.

3. 뉴욕의 푸드 크리에이터 마이클 로드리게스는 AI를 활용해 다양한 나라의 음식 조합을 탐구한다. 이를 바탕으로 새로운 레시피를 개발하며 글로벌 팬들의 입맛을 사로잡고 있다. 로드리게스는 성공 비결로 지속적인 연구와 AI를 활용한 창의적 음식 조합을 꼽았다.

4. 도쿄의 게임 크리에이터 유키 나카무라는 AI를 활용해 게임 디자인과 스토리 개발에 참신함을 더한다. 유키는 AI를 활용한 유저 경험 최적화와 독특한 게임 스토리 개발을 성공 비결이라고 말했다.

5. 마지막으로, 서울의 기자 황민석은 AI를 활용해 뉴스 기사를 작성하는 데 많은 도움을 받고 있다. 그는 AI를 활용해 정보를 정리하고, 독자의 관심사에 맞는 기사를 작성하는 것이 성공 비결이라고 전했다.

이와 같은 성공한 콘텐츠 크리에이터의 사례를 통해 알 수 있는 필수 지식과 기술적 역량은 다음과 같다.

1. AI 활용 능력: AI를 활용해 최적의 콘텐츠 제작, 시간 선택, 팬들의 관심사 파악 등을 할 수 있어야 한다.

2. 기획력: 독특한 아이디어와 창의력을 바탕으로 시장의 요구에 걸맞은 콘텐츠를 기획할 수 있어야 한다.

3. 소통 능력: 팬들과 소통하여 유대감을 형성하고 그들의 요구에 부응하는 콘텐츠를 제공할 수 있어야 한다.

**결론적으로, 이제 시작하는 크리에이터들이
미래를 준비할 수 있는 방법은 다음과 같다.**

1. AI와 같은 기술의 활용 능력을 키운다.
2. 창의력과 독특한 아이디어를 바탕으로 콘텐츠를 기획한다.
3. 팬들과의 소통을 통해 유대감을 형성하고 그들의 요구에 부응하는 콘텐츠를 제공한다.

주목 경제 시대에 발맞춰 나아가는 콘텐츠 크리에이터에게 더 많은 기회와 성공이 함께하길 기대한다. 이제 시작하는 크리에이터도 위에서 제시한 가이드에 따라 새로운 기술과 트렌드에 빠르게 적응한다면 주목 경제 시대에 선도적 위치를 차지할 수 있다. 결국 유연한 사고와 지속적 발전을 추구하는 크리에이터들이 이 시대의 승자가 될 것이다.

❶ 라이프스타일을 혁신하는 디지털 플랫폼

현대인에게 플랫폼은 하루 일과의 대부분이 이루어지는 생활 공간이다. 스마트폰이 없다면 모를까, 스마트폰을 쓰고 있다면 우리는 늘 플랫폼에서 뭔가를 하고 있을 것이다. 인터넷 접속을 위한 온라인 플랫폼, 즉 포털이 생기기 전까지 '플랫폼'이라는 단어는 건설이나 교통 분야에서 주로 쓰였다. 이제 플랫폼이란 단어를 듣고 기차역을 먼저 떠올리는 사람은 거의 없다. 요즘 말하는 플랫폼은 인터넷 시대에 발전하기 시작해 AI 시대에 우리 삶을 좌우할 '디지털 플랫폼'을 지칭한다.

플랫폼이란 단어를 일상적으로 쓰다 보니, 흔히 플랫폼에 대해 잘 알고 있다고 착각을 한다. 하지만 우리가 살아가는 실제 공간보다 우리 삶에 더 많은 영향을 끼칠 환경이 바로 디지털 플랫폼이므로 좀 더 자세히 알아둘 필요가 있다. 우리는 지구의 여러 공간에서 살아남기 위한 생존 가이드를 진화를 통해 본능적으로 축적하고 있지만, 디지털 플랫폼에 대해서는 학습을 통해 생존 가이드를 스스로 확보해야 한다. 미래의 플랫폼에 대해서는 더더욱.

↳ 플랫폼이란?

디지털 플랫폼은 사용자 간의 연결, 소통, 활동과 거래를 용이하게 하는 온라인 서비스다. 네이버, 카카오톡, 아마존, 쿠팡, 배달의민족, 넷플릭스, 유튜브, 틱톡 모두 플랫폼이다. 네이버는 검색을, 카카오톡은 소통을, 아마존은 상품 판매를, 넷플릭스는 콘텐츠 시청을 연결하고 거래하며 성장해왔다. 소비자와 공급자, 소비자와 소비자, 공급자와 공급자의 연결과 활동을 매개하고 촉진하는 장(가상공간)이 플랫폼이다. 플랫폼의 본질은 참여자 간의 연결과 거래이므로, 참여자를 충분히 모으면 플랫폼은 다양한 영역으로 확장할 수 있다. 그렇다면 플랫폼은 어떻게 돈을 벌고 어떤 과정을 통해 성장할까?

- **플랫폼 비즈니스 모델**: 플랫폼 비즈니스 모델은 서로 다른 사용자 그룹을 연결하고 그들 간에 이루어지는 상호작용과 거래를 촉진함으로써 가치를 창출하는 전략이다. 거래 수수료, 구독료, 광고, 프리미엄 서비스 같은 방식으로 수익을 얻는다.
- **플랫폼 경제**: 플랫폼 경제는 디지털 플랫폼을 기반으로 한 경제 체계로, 기존 산업을 혁신하고 디지털 기반의 새로운 비즈니스 모델을 가능하게 한다. 네트워크 효과, 다면적 시장, 확장성, 데이터 중심 등이 특징이다.
- **플랫폼으로 인한 라이프스타일 변화**: 디지털 플랫폼은 소통, 일, 학습, 여가 등 다양한 측면에서 우리의 삶을 바꿔왔다. 원격 근무, 온라인교육, 공유 경제 등의 형태로 라이프스타일이 변하고 있다.

플랫폼은 살아 움직이는 생명체와 같은 시스템이다. 실제 세계의 광장이나 시장처럼 장소만 제공하는 것이 아니라 연결, 활동과 거래를 더욱 편리하게 하는 기능을 서비스로 제공함으로써 더 많은 참여자를 끌어들이고 더 많은 거래를 일으킬 수 있다. 서비스를 통해 일단 참여자를 충분히 끌어모으고 나면 참여자가 더 많은 참여자를 끌어들여 플랫폼이 선순환 발전하는 것을 '네트워크 효과'라고 부른다.

지구에 자연법칙이 적용되듯, 플랫폼에는 플랫폼만의 게임 규칙이 있다. 게임 규칙을 모르면 게임에서 살아남을 수 없으니, 플랫폼에서 살아갈 우리는 플랫폼에서 벌어지는 일들을 예견하기 위해 최소한의 핵심 지식을 알아두면 유리하다. 다음은 플랫폼에 관해 꼭 알아야 할 핵심 개념이다. 지금 챗GPT에 질문해 설명을 들어보자.

> **챗GPT에 질문하기** ▷▷▷
>
> 플랫폼과 관련된 다음 개념을 예시를 들어 친절하고 자세히 설명해줘.
>
> - 네트워크 효과
> - 다면적 시장
> - 프리미엄 모델
> - 공유 경제
> - 긱 경제
> - 자산 경량화 전략

↳ 플랫폼의 핵심 추진 엔진 AI

플랫폼 기업들은 최초로 AI를 개발해 선도하고 있다. 현재도, 미래도 AI는 플랫폼의 가장 핵심적 추진 엔진이다. AI는 그동안 빅데이터라는 바퀴를 달고 달려오던 플랫폼에 로켓을 달아주었다. AI를 통해 플랫폼은 끝없이 발전하여 독점적 입지를 구축할 수 있었다. 데이터 네트워크 효과가 일어나기 때문이다.

일단 플랫폼에 활용할 AI를 만들어 탑재하게 되면 플랫폼은 산길에서 눈덩이 구르듯 계속 발전하는데, 이런 현상을 '데이터 네트워크 효과'라고 부른다. 플랫폼엔 데이터가 있고, 데이터로는 AI를 만들 수 있다. AI는 플랫폼의 핵심 역할인 연결과 거래 서비스를 더욱 편리하게 만든다. 서비스가 좋아지면? 더 많은 양의 질 좋은 데이터를 구할 수 있다. 그러면 더 좋은 AI를 만들 수 있고, 그 후엔 계속 선순환 발전한다.

데이터 네트워크 효과는 자연의 법칙과도 같은 필연적 현상이다. 이를 통해 다가올 미래는 어떻게 될까? 우선 이미 자리 잡은 플랫폼은 쉽게 무너지지 않을 것임을 예상할 수 있고, 이들은 AI를 경쟁적으로 발전시키고 적용할 것이라는 사실도 예측 가능하다. 또한 우리는 플랫폼에 의해 시장이 되는 플랫폼 자본주의 시대를 살아갈 것이므로, 독점을 구축·성장하는 플랫폼의 조작과 횡포를 경계하고 우리의 권리를 보장받아야 한다.

↳ 플랫폼 시대의 성공 법칙

상호 연결된 플랫폼에서는 참여자들이 복잡하게 서로 반응을 주고받는다. 그 결과 개체별로 고립되어 살아가는 실제 세상에서는 볼 수 없던 새로운 현상이 나타난다. SNS에서 소수의 회원이 수많은 팔로워를 독식하는 현상도 그중 하나다. 이러한 연구를 더욱 발전시켜 저명한 통계물리학자 버러바시 얼베르트 라슬로(Barabási Albert-László) 교수는 플랫폼으로 연결된 세상의 성공 법칙을 과학적으로 밝혀냈다. 미래에 적용되는 성공에 관한 과학적 법칙으로 플랫폼에서 활동할 우리에게는 생존 가이드에 적어둘 유용한 내용이라고 생각한다. 미래에는 슈퍼스타의 성과 독점과 개인적 성공의 양극화를 피할 수 없어 보인다.

- **첫 번째 법칙**: 성과가 성공을 이끌어낸다. 하지만 성과를 측정할 수 없을 때에는 인맥이 성공을 이끈다.
- **두 번째 법칙**: 성과에는 한계가 있지만, 성공에는 제한이 없다.
- **세 번째 법칙**: 이전 성공 x 적합도 = 미래의 성공
- **네 번째 법칙**: 팀의 성공에는 다양성과 균형이 필요하지만, 팀의 성과에 대한 인정은 개인에게 돌아간다.
- **다섯 번째 법칙**: 인내심을 갖고 있다면 언제든지 성공을 거둘 수 있다.

↳ 미디어 플랫폼, 콘텐츠의 새로운 장!

모든 콘텐츠는 미디어 플랫폼에 유통된다. 넷플릭스, 틱톡, 유튜브, 블로그, 뉴스 포털 등이 여기에 해당한다. 미디어 플랫폼은 100년 넘게 큰 변화가 없던 전통적 미디어 산업에 큰 변화를 가져왔으며, 앞으로 더 큰 변화를 예고하고 있다. 전통적 미디어의 경우 형식과 배포 방식에 따라 콘텐츠나 사용성의 범주가 한정된 반면, 미디어 플랫폼은 콘텐츠의 범위와 사용자의 활용이 무궁무진하다. 이를 통해 창작자는 다양한 종류의 콘텐츠를 만들고, 소비자는 취향에 맞는 콘텐츠를 쉽게 찾을 수 있게 되었다. 미디어 플랫폼은 AI와 알고리즘을 기반으로 전통적 미디어와 비교할 수 없는 다양한 창작자와 소비자를 더 만족스럽게 연결해준다.

미디어 플랫폼은 도전과 기회의 시대를 열었다. 전 세계가 하나의 시장이 되었고, 창작과 배포가 쉬워져서 누구나 다양한 형태의 콘텐츠 크리에이터가 될 수 있다. 창의력과 열정이 가득한 이들에게 미디어 플랫폼은 도전할 만한, 새로운 성공의 무대를 제공한다. 물론 경쟁이 치열하지만 기회도 많아졌고, 성공할 경우 보상도 더 커졌다. 전통적 미디어 시대에는 창작자보다는 배급이 가능한

소수의 사람들(Gatekeeper)이 미디어 콘텐츠 산업을 독점했으며, 일반인이 콘텐츠 창작자가 된다는 것은 상상할 수 없는 일이었다. 예를 들어, 기자가 되려면 대학에서 전공을 하고도 졸업 후 몇 년간 공부해서 언론 고시라는 좁은 문을 통과해야 했다. 지금은 기자가 되는 것이 문제가 아니다. 누구나 세계적인 기자가 되는 열망을 가져도 되는 시대라는 얘기다. 게다가 챗GPT 같은 혁신적 도구에 의해 미디어 플랫폼이 한 단계 더 발전하고 있다. 수십 년간 정리된 규칙을 잘 외우는 크리에이터가 아니라 반 발짝 앞서 미래를 예측할 수 있는 크리에이터가 글로벌 슈퍼스타가 될 수 있는 새로운 게임의 시작점인 것이다.

챗GPT와 같은 AI는 콘텐츠 창작과 유통의 모든 부분에 도움을 준다. AI를 활용하면 품질 높은 콘텐츠를 더 빠르게 만들어내고 유통할 수 있다. 예를 들어, 현재 넷플릭스의 추천 알고리즘은 사용자의 시청 패턴을 분석해 개인화된 콘텐츠를 제공함으로써 더욱 풍부한 미디어 경험을 선사한다. 영화 제작에서도 AI는 영상 편집, 색 보정, 그리고 특수효과 작업 등을 보다 효율적으로 처리하고 있다.

AI는 콘텐츠의 미래에 진정한 파괴적 변화를 이끌 것이다. 앞으로는 지금까지와는 차원이 다른 AI가 활용되고, AI를 통해 폭발적으로 더 많은 콘텐츠를 만들어내며, 더 개인화되고 더 많이 소비될 것이다. AI가 대중화되는 지금, 누구보다 빨리 AI를 익히고 활용하면 기회를 나의 것으로 만들 수 있다. 도전과 기회를 동시에 안고 있는 AI 시대에는 AI를 활용해 가장 빨리 트렌드를 반영한 고품질 콘텐츠를 만들 수 있는 혁신적 창작자가 슈퍼스타가 될 것이다.

↳ 가상 시나리오 : AI와 협업한 희망신문

편집국에서 열띤 토론이 벌어졌다. '희망신문'은 지방 신문사로 꽤 오랫동안 존재해왔지만, 요즘 같은 디지털 시대에 경쟁력을 유지하기가 점점 어려워지고 있다. 도시의 주요 뉴스들은 대부분 중앙 언론사와 포털사이트에서 쉽게 얻을 수 있었기 때문이다. 이에 따라 사장은 미래의 지방 신문사로서의 존재 가치를 찾기 위해 인공지능 기술 도입을 결정했다.

"우리 목표는 지역 사회의 목소리를 높일 수 있는 독특한 기사를 제공하는 것입니다. 이를 위해 우리는 AI를 활용해 더 빠르고 정확한 취재와 기사 작성을 해야 합니다." 사장은 회의에서 직원들에게 이렇게 말했다.

첫 번째 단계로 신문사는 인공지능 알고리즘 '뉴스봇'을 도입했다. 뉴스봇은 기본적인 뉴스 기사를 자동으로 작성하는 데 능숙했으며, 특히 지방 정치와 지역 축제, 경제, 날씨와 같은 주요 이슈에 관한 기사를 빠르게 작성할 수 있었다.

하지만 기자들은 AI가 작성한 기사에 대해 걱정이 많았다. 기사의 표현이 지루하고 기계적이며, 따뜻하고 인간적인 감성이 부족하다는 것이 그 이유였다. 이에 따라 기자들은 뉴스봇이 작성한 기사를 보완하고 인간적 요소를 더하는 역할을 맡게 되었다.

뉴스봇은 시간이 지남에 따라 발전해나갔다. 기자들의 피드백을 받아들여 더 풍부한 어휘와 다양한 스타일로 기사를 작성했다. 또한 뉴스봇은 지역 사회의 이야기를 찾아내는 데 능숙해졌다. 미처 다루지 못한 소중한 이야기들을 발굴해냄으로써 희망신문은 독자들에게 새로운 가치를 제공하게 되었다.

한편 희망신문 기자들은 뉴스봇과 함께 일하는 과정에서 자신들의 역량을 발휘할 수 있는 새로운 방법을 찾았다. 더 깊이 있는 인터뷰와 취재를 통해 지역 사회에 영향을 미치는 복잡한 이슈들을 다루는 긴 기사를 작성하며, 사람의 감성과 창의력을 최대한 발휘할 수 있었다. 또한 기자들은 독자와 소통하는 방법도 개선했다. SNS와 댓글 기능을 활용해 독자들과의 상호작용을 높임으로써 더 많은 이야기를 수집하고 독자들의 관심사에 맞는 기사를 전달한 것이다.

결국 희망신문은 기자와 AI의 협력 덕분에 지방 신문사로서 새로운 존재 가치를 찾게 되었다. 독자들은 희망신문이 제공하는 독특한 지역 콘텐츠를 높게 평가했으며, 신문사의 구독자 수와 광고 수익도 점차 증가했다.

그리하여 희망신문은 혁신과 변화를 거듭하며 미래의 지방 신문사로서 굳건한 발걸음을 내딛게 되었다. 인공지능 뉴스봇과 기자들의 원활한 협력을 통해 지방 신문사가 지역 사회의 소식 전달자이자 대변인으로서 더 큰 의미를 갖게 된 것이다. 이러한 변화는 기술의 발전이 언론 산업에 미치는 긍정적 영향을 보여주는 사례로 남았다.

❷ 성공하는 콘텐츠를 만드는 알고리즘

↓

알고리즘은 입력 데이터를 원하는 결과(출력)로 변환하기 위한 일련의 작업 규칙으로 정의되며, 이는 요리 레시피와 유사한 개념이다. 요리 레시피는 재료와 조리법을 포함하는 반면, 알고리즘은 입력 데이터와 실행 과정을 포함한다. 미디어 플랫폼에서 알고리즘은 콘텐츠와 사용자 데이터를 가공하여 좀 더 사용하기 편하고 가치 있는 서비스로 전환한다.

↳ 미디어 플랫폼의 핵심 경쟁력 알고리즘

미디어 플랫폼은 다양한 콘텐츠와 다양한 취향의 사용자를 연결하는 매우 복잡한 서비스를 제공한다. 대형 플랫폼들은 알고리즘 덕분에 오프라인에서는 인력의 한계로 운영이 불가능하던 글로벌 미디어 서비스를 선보이고 있다. 초대형 미디어 플랫폼은 90% 이상의 업무를 알고리즘이 수행하며, AI 발달로 인해 5년 내에 대부분 업무를 알고리즘이 수행하는 자율 운영 회사로 전환될 것이다. 미디어 플랫폼에서 활용하는 주요 알고리즘은 다음과 같다.

- **추천 알고리즘**: 사용자에게 맞춤형 콘텐츠를 제공함으로써 만족도를 높이고 이용 시간을 늘린다.
- **검색 알고리즘**: 사용자가 원하는 콘텐츠를 찾아주어 검색 경험을 개선하고 더 나은 서비스를 제공한다.
- **클러스터링 알고리즘**: 콘텐츠를 그룹화해 사용자가 원하는 콘텐츠를 빠르고 쉽게 찾을 수 있게 돕는다.
- **감정 분석 알고리즘**: 콘텐츠 평가와 사용자 반응 분석을 통해 평판과 감정을 파악한다.
- **개인화 알고리즘**: 사용자의 선호도, 행동 패턴, 관심사 등을 분석해 맞춤형 콘텐츠를 제공하고 사용자 인터페이스를 최적화한다.

알고리즘은 미디어 플랫폼의 핵심 경쟁력이다. 알고리즘의 영향력은 계속 커지고 있으며, 미디어 플랫폼들은 이를 활용해 사용자 경험을 지속적으로 개선하는 것은 물론 서비스 품질을 높이기 위해 노력하고 있다.

알고리즘의 발전은 미디어 산업 전반에 걸쳐 혁신을 가져올 것이다. 사용자에게 더 효율적이고 맞춤화된 콘텐츠를 제공함으로써 더 많은 콘텐츠 창작자가 더욱더 다양한 콘텐츠를 효과적으로 유통할 수 있게 된다. 또한 기술 발전과 더불어 미디어 플랫폼은 알고리즘을 더욱 효과적으로 활용하여 융합과 확장을 통해 콘텐츠로부터 새로운 가치를 창출하고, 미디어 산업 전반의 혁신을 선도할 것으로 예상된다.

↳ 콘텐츠의 성패 가르는 AI 최적화

스마트폰을 통해 우리가 보는 대부분의 콘텐츠는 알고리즘이 골라준 것이다. 웹 서핑 중 우연히 발견한 콘텐츠도 실제로는 알고리즘이 해당 위치에 배치한 결과다. 또한 검색을 통해 찾아낸 콘텐츠도 알고리즘이 인터넷상의 정보를 정리해 제공한 것이다.

앞으로 우리가 직접 만들어 플랫폼에 업로드할 콘텐츠 또한 여러 알고리즘을 통해 성공 여부가 결정된다. 성공적인 콘텐츠를 만들려면, 미디어 플랫폼에서 콘텐츠의 운명을 좌우하는 알고리즘을 자세히 파악하여 알고리즘이 좋아하는 콘텐츠 요건을 갖춰야 한다. 즉 알고리즘에 맞춘 콘텐츠 최적화가 필요하다. 기본적인 최적화에는 '검색엔진 최적화'와 '해시태그 최적화'가 있다.

검색엔진 최적화는 콘텐츠의 제목, 내용, 메타데이터를 최적화해 검색 결과 상위에 노출되도록 하는 기법으로, 약어로는 'SEO(Search Engine Optimization)'다. 인스타그램이나 트위터 같은 소셜미디어에서는 해시태그를 통해 더 많은 사용자가 콘텐츠를 발견할 수 있다. 최적화된 해시태그는 특정 주제나 검색하기 쉬운 키워드로 사용자가 쉽게 콘텐츠를 찾을 수 있게 하며, 유사한 주제의 콘텐츠 검색이나 추천을 가능하게 한다.

미래에는 콘텐츠에 대한 판단을 챗GPT와 같은 AI가 할 것이다. 지금부터 콘텐츠를 만들 때에는 AI 최적화가 필수다. 새로운 시대적 조류가 될 AI 최적화를 하려면 챗GPT와 같은 LLM의 특징에 대해 자세히 이해할 필요가 있다. LLM은 다양한 매체 콘텐츠를 선택적으로 학습하므로 LLM이 선호하는 매체 및 콘텐츠의 특성을 파악한 후 콘텐츠의 내용, 형식, 배포 방식을 종합적으로 계획하고 반영해야 한다. 챗GPT의 알고리즘과 좋아하는 콘텐츠를 알아보자.

생성AI는 다양한 종류의 콘텐츠에서 지식 정보에 관한 데이터를 얻은 후 신뢰성과 품질을 정제하여 학습한다. 즉 신뢰성 있는 매체의 고품질 콘텐츠가 언어 모델에 지식으로 반영될 가능성이 큰 것이다. 현재 언어 모델이 선호하는 지식 콘텐츠 매체의 순위는 백과사전, 뉴스, 책, 인터넷상의 콘텐츠(공식 웹사이트, 소셜미디어) 순으로 추정된다.

챗GPT의 학습에는 언어 모델 학습 알고리즘(대규모 텍스트 데이터를 활용해 언어 모델을 학습)과 데이터 수집 및 전처리 알고리즘(언어 모델 학습에 사용할 데이터를 수집하고 전처리)이 사용된다. 챗GPT의 선택을 받는 콘텐츠는 이 두 종류의 뛰어난 알고리즘에 최적화된 콘텐츠이면서 유용한 고품질 콘텐츠여야 한다. 챗GPT를 통해 성공적인 콘텐츠를 만들려면 다음과 같은 조건이 필요하다.

- **고품질 콘텐츠**: 챗GPT는 품질 높은 콘텐츠를 선호한다. 정확한 정보를 전달하고, 문법적으로 정확하며 일관된 문장 구성을 유지하는 콘텐츠를 제공해야 한다.
- **희소성 있는 주제의 콘텐츠**: 챗GPT는 다양한 분야와 주제의 정보를 학습한다. 따라서 콘텐츠를 희소성 있는 주제와 분야에서 제공하면 학습에 활용될 가능성이 크다.
- **검색엔진 최적화**: 검색엔진 최적화 기법을 활용해 콘텐츠를 최적화하면 챗GPT에 선택될 가능성이 크다.
- **소셜미디어 활용 홍보**: 소셜미디어를 통해 콘텐츠가 홍보되어 있으면 챗GPT에서 중요한 콘텐츠로 판단해 노출될 확률이 높다.
- **채널의 지속성**: 하나의 미디어 채널을 통해 콘텐츠를 지속적으로 제공하면 채널의 신뢰성이 높아지고 데이터의 양도 많아지므로 챗GPT가 학습하여 노출할 확률이 높다.

미디어 플랫폼마다 콘텐츠를 판단하는 알고리즘이 다르므로 콘텐츠를 업로드할 미디어 플랫폼의 알고리즘에 대해 알아보고 콘텐츠 작성의 헌법처럼 참고해야 한다. 다음은 챗GPT가 생성한 주요 미디어 플랫폼에 사용되는 알고리즘에 관한 내용이다.

플랫폼	콘텐츠 순위 결정 알고리즘	알고리즘의 특징	알고리즘을 고려한 콘텐츠 최적화 방법	좋은 콘텐츠로 평가받기 위한 최소 요건
구글	PageRank, BERT, Neural Matching, RankBrain	1. 관련성, 권위, 사용자 경험, 품질 및 맥락 고려. 2. 사용자의 검색 기록, 위치 및 기기를 기반으로 개인화된 검색 결과 제공	1. 매력적이고 관련성 있는 고품질 콘텐츠 제작 2. 롱테일 키워드에 초점을 맞춤 3. 사이트 속도와 모바일 친화성 개선 4. 권위 있는 소스로부터 백링크 구축	1. 독특하고 유익한 콘텐츠 2. 좋은 사용자 경험 3. 권위 있는 백링크
메타	EdgeRank, DeepText, FB-Learner Flow	관련성, 참여도, 최신성 및 사용자 선호도를 기반으로 콘텐츠 순위화	1. 매력적이고 공유하기 쉬운 콘텐츠 공유 2. 최적의 시간에 게시 3. 팔로워와 소통하고 댓글 유도 4. 이미지, 동영상 같은 시각 자료 사용	1. 매력적인 콘텐츠 2. 꾸준한 게시 3. 긍정적 사용자 상호작용
인스타그램	Interest, Recency, Relationship, Frequency	사용자 관심사, 최신성, 사용자 관계 및 참여도를 기반으로 콘텐츠 순위화	1. 시각적으로 매력적인 고품질 콘텐츠 게시 2. 관련 해시태그 사용 3. 관객과 소통 및 참여 4. 꾸준한 게시 및 최적의 시간에 게시	1. 시각적으로 매력적인 콘텐츠 2. 관련 해시태그 3. 꾸준한 게시 및 참여
유튜브	Deep Neural Networks, Watch Time, Relevance	시청 시간, 관심도, 관련성, 참여도 및 사용자 이력 우선시	1. 고품질의 매력적인 비디오 제작 2. 제목, 설명, 태그 최적화 3. 관객과 상호작용 유도 4. 일정한 업로드 일정 유지	1. 높은 시청자 유지율 2. 강력한 참여도 3. 관련성 있는 최적화된 메타데이터
트위터	Engagement, Recency, Relevance	참여도, 최신성 및 관련성을 기반으로 콘텐츠 순위화	1. 가치 있고 관련성있는 콘텐츠 작성 2. 최적의 시간대에 게시 3. 이미지, 동영상 등 시각자료 활용 4. 팔로워와 적극적 소통 및 활발한 리트윗활동	1. 가치 있고 관련성 있는 콘텐츠 2. 꾸준한 게시 및 소통 3. 적절한 시각 자료 활용

플랫폼	콘텐츠 순위 결정 알고리즘	알고리즘의 특징	알고리즘을 고려한 콘텐츠 최적화 방법	좋은 콘텐츠로 평가받기 위한 최소 요건
네이버 블로그	연관 검색어, 조회 수, 댓글 수, 작성일 등	사용자 관심도, 조회 수, 댓글 수, 최신성 등을 고려해 순위 결정	1. 풍부한 정보와 유익한 콘텐츠 작성 2. 연관 검색어를 활용한 키워드 최적화 3. 이미지, 동영상 등 시각 자료 활용 4. 일정한 주기로 업데이트	1. 유익한 콘텐츠 2. 연관 검색어 활용 3. 시각 자료 활용 4. 꾸준한 업데이트
네이버 뉴스	관련성, 신선도, 사용자 선호도, 클릭 수 등	콘텐츠의 관련성, 신선도, 사용자 선호도, 클릭 수 등 다양한 요소를 고려해 뉴스 기사 순위화	1. 관련성 높은 주제 선택 2. 명확하고 흥미로운 제목 사용 3. 신선한 콘텐츠를 지속적으로 업데이트 4. 사용자가 관심을 가질 만한 이슈나 트렌드에 빠르게 반응	1. 관련성 높은 콘텐츠 2. 흥미로운 제목 3. 꾸준한 콘텐츠 업데이트

알고리즘이 더욱 발전하면 부수적인 최적화 방법보다는 콘텐츠 자체의 최적화가 중요해진다. 모든 알고리즘에서 공통적으로 요구하는 '매력적이고 가치 있는 고품질 콘텐츠'의 조건은 다음과 같다.

- **관련성**: 사용자의 관심사와 관련되어야 한다. 관련성이 높으면 플랫폼의 알고리즘이 해당 콘텐츠를 사용자에게 추천할 가능성이 높아진다.
- **독창성**: 독특하고 창의적이어야 한다. 이미 다양한 곳에서 다룬 주제보다 독특한 시각이나 접근 방식을 제공하는 콘텐츠가 더 높은 가치를 지닌다.
- **품질**: 고품질이어야 한다. 글·이미지·비디오 등 콘텐츠 형식에 따라 품질 기준은 다르지만, 전반적으로 세련되고 명확한 정보 전달이 중요하다.
- **최신성**: 최신 정보를 반영해야 한다. 특히 뉴스, 트렌드, 이슈 등에 관련한 콘텐츠의 경우 최신성이 매우 중요한 평가 요소가 된다.
- **사용자 경험**: 사용자에게 좋은 사용자 경험(UX)을 제공해야 한다. 콘텐츠의 구성, 디자인, 내비게이션 등이 사용자 친화적이고 직관적이어야 한다.
- **상호작용 및 참여**: 사용자와의 상호작용 및 참여를 촉진해야 한다. 사용자의 피드백, 댓글, 공유 등을 유도하는 콘텐츠가 알고리즘에 더 잘 반영된다.
- **최적화**: 플랫폼의 알고리즘에 맞게 최적화되어야 한다. 키워드, 메타데이터, 해시태그 등을 효과적으로 활용함으로써 알고리즘이 콘텐츠를 더 잘 이해하도록 돕는다.

퍼스널 브랜딩과 알고리즘 최적화는 서로 밀접한 관계가 있다. 퍼스널 브랜딩은 개인의 이미지·가치·전문성을 표현하고 널리 알리는 과정이며, 알고리즘 최적화는 콘텐츠를 플랫폼의 알고리즘에 맞게 조정하여 사용자에게 더 잘 노출되도록 하는 것이다. 이 두 가지 요소가 결합하면 관련성이 높은 타깃 독자들에게 자신만의 독창적인 콘텐츠를 지속적으로 제공함으로써 미디어 플랫폼을 통해 개인의 브랜드 가치를 극대화할 수 있다.

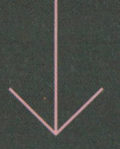

Part

3

디지털 세상의 핵심 자산, 브랜드 → 60
콘텐츠의 나침반, 퍼스널 브랜드 → 64
초간단 퍼스널 브랜드 만들기 → 70

퍼스널 브랜딩으로 떠오르기

세계를 사로잡은
퍼스널 브랜딩의 힘

다음은 챗GPT가 쓴 퍼스널 브랜드 성공 사례다.

싸이는 한때 국내에서 약간의 인지도를 지니고 있었지만, 세계적 스타로 거듭나지 못하던 시절이 있습니다. 그러던 어느 날, 그는 자신만의 독특한 퍼스널 브랜드와 브랜드를 일관성 있게 전달하는 콘텐츠 전략을 마련하기로 결심했습니다. 그는 자신만의 페르소나를 정의했습니다. "유쾌하고 엉뚱한, 독특한 매력을 가진 글로벌 아티스트"였습니다. 이러한 페르소나를 바탕으로 싸이는 세계를 무대로 뛰어든 역대급 한류 스타로 거듭나게 되었습니다.

싸이는 대중에게 매력적인 브랜드 피치를 선보였습니다. "댄스와 유머를 결합한 독창적 아티스트로 전 세계를 즐겁게 만드는 싸이"였습니다. 그는 이러한 브랜드 피치를 기반으로 독특한 스타일과 무대 매너를 가미한 음악과 뮤직비디오를 제작했습니다. 2012년, '강남스타일' 뮤직비디오는 그의 퍼스널 브랜드와 일관성 있는 브랜드 전략 덕분에 전 세계적 관심을 받게 되었습니다. 이 뮤직비디오는 독특한 춤과 유머, 그리고 세계인이 쉽게 따라 할 수 있는 댄스 무브로 바이럴 히트를 기록했습니다.

싸이는 이러한 인기에 힘입어 '강남스타일' 이후에도 유쾌한 무대와 독특한 음악으로 전 세계 팬을 사로잡았습니다. 그의 행보는 퍼스널 브랜딩의 힘을 증명하는 대표 사례로 꼽힙니다. 이처럼 퍼스널 브랜드와 일관성 있는 콘텐츠 전략은 콘텐츠를 차별화하고 성공하는 데 결정적 역할을 합니다. 싸이의 퍼스널 브랜드 가이드라인을 생성하려면 그의 페르소나, 브랜드 피치, 브랜드 보이스를 기반으로 일관성 있는 콘텐츠를 만들어야 합니다.

다음은 싸이의 퍼스널 브랜드 가이드라인의 요소다.

1. 페르소나: 유쾌하고 엉뚱한, 독특한 매력을 지닌 글로벌 아티스트
▷ 키워드: 유머, 엔터테이너, 엉뚱함, 에너지, 글로벌 아티스트
2. 브랜드 피치: 댄스와 유머를 결합한 독창적 아티스트로 전 세계를 즐겁게 만드는 싸이
▷ 키워드: 즐거움, 댄스, 유머, 독창성, 전 세계
3. 브랜드 보이스: 생기발랄하고 유머러스한 톤으로, 팬들과 소통하는 데 중점을 둔다.
▷ 키워드: 에너지, 유머, 친근함, 긍정, 소통

**퍼스널 브랜드 가이드라인을 바탕으로 싸이는
다음과 같은 콘텐츠를 만들어간다.**

1. 음악과 뮤직비디오: 독특한 댄스와 유머를 가미한 노래와 뮤직비디오를 제작해 전 세계에 즐거움을 전달한다.
2. SNS 활동: 생기발랄하고 유머러스한 톤으로 팬들과 소통하며, 긍정적 에너지를 전파한다.
3. 공연: 역동적이고 재미있는 무대 퍼포먼스를 통해 팬들과 강한 유대감을 형성하고, 기억에 남는 경험을 선사한다.
4. 인터뷰 및 방송 활동: 자신만의 독특한 매력을 어필하며, 유쾌하고 엉뚱한 에너지를 통해 관객의 마음을 사로잡는다.

이러한 퍼스널 브랜드 가이드라인을 따라 싸이는 자신만의 독특한 스타일로 세계적인 성공을 거두었습니다.

디지털 세상의 핵심 자산, **브랜드**

↓

브랜드는 기업의 제품이나 서비스가 다른 회사의 것들과 구별되는 이름, 용어, 디자인, 상징 또는 다른 특징을 말한다. 브랜드는 기억에 직접 작용하는 정서적 연결을 통해 상품의 가치를 좌우한다. 브랜딩은 브랜드 아이덴티티를 만들고 반복적으로 소통함으로써 사람들의 마음속에 브랜드를 각인시키는 과정이다. 브랜딩이 성공하면 물리적으로도 사람들의 두뇌에 브랜드에 대응하는 뉴런(인공신경)이 생기면서 기억 속에 브랜드가 자리 잡는다. 좋아하는 명품 브랜드처럼 많은 뉴런이 생겨 강하게 연결되면, 브랜드가 연상될 때마다 마치 가족 같은 친밀함을 느끼게 된다.

인간의 주의력으로 소화할 수 없을 만큼 정보가 넘쳐나는 AI 플랫폼 시대에 퍼스널 브랜딩은 콘텐츠 크리에이터의 생존과 직결된다. 기억되면 살고, 잊히면 죽는 경제적인 미디어 플랫폼 생태계에서 나를 각인시킬 수 있는 퍼스널 브랜드는 없어서는 안 될 중요한 무기다. 또한 퍼스널 브랜드를 만드는 과정에서 자신을 정밀하게 분석하고 명확하게 정의하는 것은 전략적 콘텐츠 만들기의 중요한 기초가 된다. 손자(孫子)의 말대로 전략의 기본 중 기본은 지피지기(知彼知己)인데, 지피지기를 잘하기 위한 훌륭한 틀(Mental Framework)이 퍼스널 브랜드 아이덴티티다.

↳ 브랜딩의 시작, 브랜드 아이덴티티

명품 브랜드 이름을 단 핸드백은 브랜드가 없는 공장 제품보다 수백 배 더 비싸게 팔리는 것처럼, 같은 정보로 만든 콘텐츠라도 크리에이터의 퍼스널 브랜드에 의해 가치는 천차만별이다. 장기적 성공을 원하는 크리에이터라면 자신만의 독창적 퍼스널 브랜드를 만들고, 이를 바탕으로 일관성 있게 콘텐츠를 만들어 자신의 브랜드와 콘텐츠 가치를 함께 성장시켜야 한다. 이렇게 잘 성장한 퍼스널 브랜드는 디지털 플랫폼 시대에도 확고한 개인의 자산이 된다.

브랜드는 소비자 마음속에 특정한 감정·가치·연상을 불러일으켜 고객의 충성도와 구매 결정에 영향을 주는데, 브랜드의 감정·가치·연상을 불러일으켜 형성되는 일관된 이미지가 '브랜드 아이덴티티(Brand Identity)'다.

브랜딩은 한마디로 브랜드 아이덴티티(소비자가 감각으로 브랜드임을 구별할 수 있는 특징)를 개발해 전달하고 관리하는 과정이다. 브랜드 아이덴티티는 브랜드명, 로고 디자인, 가치, 메시지, 포장, 고객 경험과 같은 요소를 포함한다. 브랜딩의 출발점은 서로 조화롭게 작용하여 긍정적 인식과 열정적 감정을 유발할 수 있는 브랜드 아이덴티티 요소를 개발하는 것이다. 브랜드 아이덴티티의 기본 구성 요소를 살펴보자.

- **브랜드명**: 브랜드를 대표하는 이름으로, 브랜드의 정체성과 가치를 전달하며 고객에게 브랜드를 기억하기 쉽게 만든다.
- **로고**: 브랜드를 대표하는 시각적 기호나 디자인으로, 쉽게 인식되고 기억되도록 만든다.
- **색상**: 브랜드에 사용하는 특정 색상으로, 일관된 느낌을 주고 브랜드와 관련된 감정을 연상시킨다.

- **서체**: 브랜드에서 사용하는 글꼴과 서체로, 브랜드의 성격과 관련된 느낌을 전달한다.
- **브랜드 보이스**: 브랜드가 전달하는 메시지의 어조와 스타일로, 브랜드의 성격과 가치를 반영한다.
- **브랜드 피치**: 브랜드의 핵심 제안과 고객에게 제공되는 주요 혜택을 간결하게 전달하는 짧은 문구나 문장이다. 이를 통해 브랜드의 독창성과 차별성을 강조한다.
- **브랜드 스토리**: 브랜드의 기원·발전 과정·미션·비전 등을 담은 이야기로, 고객과의 감정적 연결을 형성하고 브랜드에 대한 이해를 돕는다.
- **브랜드 가치와 약속**: 브랜드가 대표하는 핵심 가치와 고객에게 약속하는 것들로, 브랜드의 존재 이유와 고객에게 제공하는 이익을 나타낸다. ESG가 사회적 트렌드로 자리 잡고 상품의 생산과 공급이 풍족해지면서 점점 더 미래에 대한 브랜드 약속(공약)이 중요해지고 있다.

브랜딩은 이러한 브랜드 아이덴티티 구성 요소를 서로 조화롭게 개발하고 관리함으로써 고객의 마음속에 브랜드를 자리 잡게 하여 브랜드에 대한 독특한 인식과 감정적 연결을 형성시키는 과정이다.

↳ 브랜딩은 과학이다

퍼스널 브랜딩에 대한 힌트를 얻기 위해 브랜딩에서 브랜드와 타깃 고객 간 연결을 만들어내는 전략으로 자주 사용하는 인간화(Anthropomorphism)에 대해 알아야 한다. 인간화란 동물·물체·자연현상과 같은 비인간적 대상에 인간의 특성, 감정, 행동을 부여함으로써 고객과 소통하는 것인데, 브랜드의 추상적 개념을 더욱 친숙하면서도 공감할 수 있는 방식으로 전달하고 이해시키는 방법이다. 예를 들어, 카카오프렌즈나 네이버의 라인프렌즈 같은 캐릭터처럼 인간의 특성을 지닌 캐릭터를 만들어 활용하면 이러한 캐릭터는 감정을 불러일으키고 공감을 만들어내어 소비자가 브랜드에 대한 정서적 연결을 쉽게 형성할 수 있도록 돕는다.

인간의 뇌는 얼굴 표정 등 사람의 특징을 이해하고 기억하기 쉽게 진화되었기 때문에 캐릭터의 경우 로고나 메시지 같은 다른 브랜드 아이덴티티 요소보다 훨씬 쉽게 인식되고 기억에 남는다. 따라서 인간화를 활용하는 것은 기업과 소비자 사이의 감정적 연결을 강화하고 브랜드 가치를 높이는 데 매우 효과적인 방법이다. 크리에이터는 자신의 인간적인 면이 지닌 독창적 특성을 더욱 돋보이도록 브랜딩하는 것이 좋은 전략이 될 수 있다.

> ↳ 챗GPT에 질문하기 ▷▷▷
>
> 애플의 브랜드 아이덴티티 구성 요소를 상세하게 분석해주고, 애플 로고의 뇌과학적 연상 효과를 자세히 해설해줘.

❷ 콘텐츠의 나침반, 퍼스널 브랜드

↓

　퍼스널 브랜딩은 자신만의 강점을 바탕으로 가치, 전문성, 캐릭터를 대표하는 독특하고 일관된 이미지를 정의하고 소통하는 과정이다. 미디어 플랫폼이 지식, 재능, 열정을 세상에 전파할 기회를 제공하는 오늘날, 강력한 퍼스널 브랜드는 자신의 분야에서 권위를 확립하고, 새로운 기회를 끌어들이고, 전문적 네트워크를 확장함으로써 디지털 자산을 확보하는 기초 자산이 된다.

　미디어 플랫폼에서의 퍼스널 브랜딩은 경쟁자와 차별화해 타깃 고객과 연결하는 것을 주된 목적으로 한다. 독특한 강점, 기술, 경험을 선보임으로써 경쟁 시장에서 눈에 띄게 되고, 잠재고객 및 기존 고객에게 지속적으로 좋은 인상을 남길 수 있다. 또한 자신만의 가치, 열정, 진실한 모습을 전달하여 타깃 고객의 공감을 불러일으킬 수 있다.

↳ 퍼스널 브랜드 아이덴티티 구성하기

기업의 브랜드와 마찬가지로 강력한 퍼스널 브랜드를 구축하려면 브랜드 아이덴티티의 핵심 구성 요소를 잘 만들어야 한다. 각 구성 요소가 조화롭게 작동해야 일관되고 매력적인 이미지를 각인시킬 수 있다. 기업은 상품과 홍보, 마케팅을 통해 브랜딩하지만, 크리에이터는 주로 콘텐츠를 통해 브랜딩한다. 따라서 미디어 플랫폼에서는 효과적인 구성 요소로 퍼스널 브랜드 아이덴티티를 설정할 수 있다.

- **핵심 가치와 신념**: 퍼스널 브랜드는 모든 미디어 채널에서 핵심 가치와 신념을 일관되게 반영해야 한다. 이렇게 하면 고객과 진실한 연결 관계를 만들고 브랜드 아이덴티티도 강화할 수 있다.
- **독특한 판매 제안(Unique Selling Proposition, USP)**: 개인의 독특한 강점, 기술, 전문 지식을 명확하게 보여주는 요소로, 타깃 독자에게 제공할 수 있는 특별한 가치를 강조한다.
- **타깃 독자(Target Audience)**: 성공적인 퍼스널 브랜드는 타깃 독자에게 맞춤화되어야 한다. 독자의 요구, 관심사, 선호도를 이해하고 그들과 관련한 콘텐츠와 메시지를 만드는 것이다.
- **브랜드 페르소나**: 퍼스널 브랜드의 성격과 목소리를 대표하는 요소로, 진실한 자아와 가치, 신념, 열정과 일치해야 한다. 명확한 브랜드 페르소나는 독자와 더 깊게 연결되고, 신뢰와 신용을 구축하는 데 도움이 된다.
- **시각적 정체성**: 로고, 색상, 글꼴, 디자인 등 일관된 시각적 정체성은 기억에 남는 퍼스널 브랜드를 만드는 데 필수다. 블로그, 웹사이트, 소셜미디어 프로필 등 모든 디지털 플랫폼에서 일관된 시각적 정체성을 유지해야 한다.

↳ 콘텐츠 제작과 마케팅은 함께 움직인다

미디어 플랫폼에서의 퍼스널 브랜딩은 결국 콘텐츠 제작과 콘텐츠 마케팅을 통해 이루어진다. 콘텐츠 측면에서 보면 퍼스널 브랜드를 기반으로 콘텐츠를 만들고, 퍼스널 브랜드를 성장시키기 위해 콘텐츠 마케팅 활동을 해야 한다. 상시적으로 중요한 퍼스널 브랜딩 활동은 다음과 같다.

- **콘텐츠 전략**: 콘텐츠는 타깃 독자에게 퍼스널 브랜드를 전달하는 주요 수단이다. 전문 지식을 보여주고, 타깃 독자의 요구에 부응하며, 브랜드 페르소나와 일치하는 콘텐츠 전략을 개발한다. 이에는 블로그 글, 동영상, 팟캐스트, 소셜미디어 등이 포함된다.
- **메시징**: 주요 메시지, 독특한 판매 제안 및 가치 제안을 다른 미디어 채널에서도 일관되게 유지하도록 한다. 여기에는 블로그, 소셜미디어 플랫폼, 이메일 뉴스레터, 팟캐스트, 동영상 및 기타 신규 생성 콘텐츠가 포함된다.
- **소통**: 다양한 플랫폼에서 고객과의 소통 수준을 일관되게 유지해야 한다. 댓글·메시지·이메일에 적시에 응답하고, 고객과 상호작용할 때 비슷한 어조와 스타일을 유지해야 신뢰 관계를 구축하며 충성스러운 커뮤니티를 조성할 수 있다.
- **온라인 프레즌스(Online Presence)**: 디지털 시대에 퍼스널 브랜드를 구축하는 데 강력한 온라인 프레즌스(온라인상의 존재 기반이 되는 개인 공식 홈베이스)는 매우 중요하다. 어떤 개인이 온라인 프레즌스가 없다면 디지털 세계에서는 존재하지 않는 것이나 마찬가지다. 공식 홈페이지, 소셜미디어 플랫폼에서 전문적이고 매력적인 프레즌스를 먼저 구축하고, 네트워킹·온라인 커뮤니티에 참여하면서 마케팅 활동을 하면 가시성, 신뢰성 및 도달 범위를 높일 수 있다. 생성AI 시대에는 소셜미디어보다 공식 홈페이지를 통해 신뢰할 수 있는 온라인 프레즌스를 구축하는 것이 유리하다.

- **네트워킹 및 협업**: 업계의 다른 전문가, 영향력 있는 사람, 콘텐츠 제작자와의 관계를 구축하는 것은 퍼스널 브랜드를 확장하는 데 필수다. 네트워킹 기회에 참여하고, 프로젝트를 협업하며, 지식을 공유함으로써 자신의 전문 분야에서 업계의 선도적 인사로 자신을 확립하고 영향력을 높일 수 있다.
- **일관성**: 모든 플랫폼과의 상호작용에서 일관된 브랜드를 유지하는 것은 신뢰와 신용을 구축하는 데 중요하다. 메시지, 시각적 정체성 및 콘텐츠가 브랜드 페르소나 및 가치와 일치하도록 하고, 지속적으로 타깃 독자와의 약속을 지켜야 한다. 퍼스널 브랜드를 구축하기 위한 활동은 꾸준한 노력과 시간이 필요하다. 그러나 이러한 전략을 계획하고 실행함으로써 크리에이터는 자신의 브랜드 가치를 높이고, 더 많은 관심과 신뢰를 얻을 수 있다. 성공적인 퍼스널 브랜드는 독자와 진실한 연결 관계를 맺음으로써 그들의 삶에 영향을 미치고, 계속해서 성공·성장할 수 있는 기반이 된다. 따라서 지속적인 노력과 전략을 통해 브랜드를 관리하고 발전시키는 것은 콘텐츠 크리에이터 활동의 기본이 되어야 한다.

↳ 퍼스널 브랜딩의 치트 시트, 페르소나

페르소나 기법은 디자인·마케팅·제품 개발 등의 분야에서 사용하는 도구로, 가상의 사용자를 실제 존재하는 사람처럼 구체적으로 묘사하는 '페르소나'를 만들어 결과물을 내는 과정에 참고하는 기법이다. 특징을 규정하는 단어는 추상적이고 모호해서 단어 몇 개로는 디자이너들이 공감할 수 있는 사람의 이미지를 떠올릴 수 없다. 이때 인물의 특징을 생생하게 떠올려 공감할 수 있는 페르소나를 만들어 사용하는 것이다. 취향과 목표가 다원화된 디지털 시대에 모두를 위한 디자인은 누구도 만족시킬 수 없기에 페르소나로 설정한 가상 인물을 만족시키는 것을 목표로 함으로써 타깃 고객이 공감할 수 있는 디자인을 가능하게 하는 페르소나 기법이 널리 쓰이게 되었다.

페르소나는 실제 사용자 그룹의 데이터와 조사 분석한 자료를 바탕으로 그룹을 대표하는 가상 인물의 자세한 특징을 페르소나 시트로 정리하여 설정한다. 페르소나 시트에 들어갈 내용은 나이, 직업 등의 일반적 속성뿐 아니라 이미지, 가치관, 요구 사항과 불만, 행동·심리·라이프스타일의 특징 등 인물을 구체적으로 떠올릴 수 있는 다양한 속성을 구체적으로 묘사해야 한다. 페르소나 시트의 구성 요소를 살펴보자.

- **이름과 사진**: 페르소나를 구체적이고 사실적으로 표현하기 위한 가상의 이름과 사진
- **인구통계학적 정보**: 나이, 성별, 직업, 교육 수준, 거주 지역 등의 기본적인 인구통계학적 정보
- **목표와 동기(Gain)**: 페르소나가 제품이나 서비스를 사용하려는 이유와 달성하고자 하는 목표
- **니즈(Needs)**: 페르소나가 제품이나 서비스에 바라는 필요 기능과 특징에 대한 요구
- **페인 포인트(Pain Points)**: 페르소나가 제품이나 서비스를 사용하는 과정에서 겪는 어려움과 불만족
- **관심사와 선호도**: 페르소나의 취향, 관심사, 가치관 등
- **행동 패턴**: 페르소나가 일상생활에서 하는 행동, 의사결정 과정, 제품이나 서비스를 사용하는 방식
- **인용구**: 페르소나의 입장에서 말할 것 같은 몇 가지 인용구(생각과 감정을 대표)

UX 디자인에서 검증되어 널리 쓰이는 페르소나 기법은 콘텐츠를 창작하는 데도 효과적으로 활용할 수 있다. 희망 고객의 페르소나 시트를 만들어 콘텐츠를 제작할 때마다 참고하면 독자와 일대일로 만나 대화하는 듯한 콘텐츠를 완성할 수 있다. 페르소나 시트를 활용하는 것은 자신의 퍼스널 브랜드 아이덴티티를 원하는 핵심 고객에게 전달하는 간편하고 효과적인 방법이다.

고객 페르소나를 손쉽게 설정하는 한 가지 간단한 방법은 이상적인 타깃 독자가 어떤 사람인지 기본적인 특징을 생각하고, 그 특징에 맞는 실제 인물을 인터넷에서 검색해 발견하여 참고하는 것이다. 실제 인물의 사진, 프로필, 관련 글 등을 보면 쉽게 페르소나를 구체화해 페르소나 시트를 만들 수 있다.

❸ 초간단 **퍼스널 브랜드** 만들기
↓

　퍼스널 브랜드를 바탕으로 콘텐츠를 만들고 자신의 미디어 채널을 운영하기 위해 키워드, 브랜드 태그라인, 브랜드 피치, 브랜드 보이스, 브랜드 페르소나, 브랜드 가이드라인을 작성한 다음 이를 매뉴얼로 활용하는 것이 좋다. 미디어 플랫폼을 활용한 콘텐츠는 텍스트 분석 알고리즘이 연관관계를 파악하고 감성 분석을 한다. 따라서 적절한 단어와 문장으로 자신의 퍼스널 브랜드를 조화롭고 명확하게 정의해놓으면 제작하는 콘텐츠와 서비스하는 채널에 브랜드 아이덴티티 일관성을 부여할 수 있다. 또한 챗GPT를 활용해 자신만의 스타일을 반영한 고품질 콘텐츠를 지속적으로 만드는 데도 위의 퍼스널 브랜드 아이덴티티 요소는 필수다.

　퍼스널 브랜드 아이덴티티 요소를 만들기 위해서는 먼저 자기분석이 필요하다. 자신의 정체성에 관한 여러 질문을 해보고, 나만의 강점과 향후 목표를 반영해 아이디어를 정리하는 작업을 해보자.

다음은 브랜드 아이덴티티 요소를 만들기 위한 질문 목록이다.

- 핵심 가치는 무엇인가?(예: 정직, 창의성, 도전 정신 등)
- 추구하는 목표나 비전은 무엇인가?
- 사명(Mission)은 무엇인가?
- 장점과 특기는 무엇인가?
- 성격 특성에는 어떤 것이 있나?
- 어떤 분야에서 전문가로 인정받고 싶나?
- 어떤 경험과 스토리로 당신을 설명할 수 있나?
- 어떤 인플루언서, 멘토 혹은 유명 인사에게 영감을 받았나?
- 타깃으로 하는 주요 고객층은 누구인가?
- 경쟁하는 기업이나 퍼스널 브랜드가 있다면 그들의 강점과 약점은 무엇인가?
- 당신의 브랜드가 제공하는 독특한 가치 제안은 무엇인가?

충분한 시간을 갖고 생각한 다음 질문에 대해 만족할 만한 답을 얻었다면, 이제 브랜드 아이덴티티 요소들을 순서대로 하나씩 만들 수 있다. 다음 목록의 순서대로 요소를 만들면 항상 옆에 두고 참고할 만한 만족스러운 브랜드 가이드라인을 완성할 수 있을 것이다. 아래 예시는 강력한 퍼스널 브랜드를 갖고 있는 레이디 가가의 퍼스널 브랜드 아이덴티티 요소들이다. 참고하여 자신만의 퍼스널 브랜드 아이덴티티 요소들을 생각해보자.

1. 퍼스널 브랜드 키워드 결정
- 브랜드와 관련된 주요 단어 및 구문 선택
- 브랜드 핵심 가치와 관련된 단어 포함
- 필수 구성 요소: 전문성, 가치, 관심사, 스타일 등을 반영하는 단어
  ▷ **예시)** 창조력, 독창성, 선구자, 패션 아이콘, 사회적 영향력

2. 퍼스널 브랜드 태그라인 작성

- 브랜드의 핵심 가치와 목표를 짧고 강력한 문장으로 전달
- 기억하기 쉽고 독특한 표현 사용
- 필수 구성 요소: 핵심 가치, 미션, 독특한 전달 방식, 간결함
- ▷ **예시)** "Born This Way: 다양성을 노래하며 나 자신을 표현하다"

3. 퍼스널 브랜드 페르소나 결정

- 성격, 특징, 가치관, 전문성 등 고려
- 페르소나는 브랜딩의 기본 요소
- 필수 구성 요소: 페르소나 이름, 핵심 가치와 미션, 타깃 고객, 성격 특성
- ▷ **예시)** 페르소나 이름 – 아티스트, 핵심 가치 – 창조력과 자유로움, 타깃 고객 – 음악과 패션 애호가, 성격 특성 – 대담하고 선구적인

4. 퍼스널 브랜드 피치 작성

- 브랜드의 주요 가치 제안을 간결하게 설명하는 문장
- 관련성 있는 이야기, 경험, 성과 포함
- 필수 구성 요소: 가치 제안, 독특한 점, 구체적 결과, 간결한 설명
- ▷ **예시)** "레이디 가가는 독창적인 음악과 패션 스타일로 세계적인 인기를 얻은 아티스트로, 다양성과 창조력을 끊임없이 추구한다"

5. 퍼스널 브랜드 보이스 정의

- 언어, 스타일, 톤 등 결정
- 페르소나와 브랜드 피치를 고려
- 필수 구성 요소: 일관된 음성 스타일, 브랜드와 관련된 톤, 특정 문구 사용
- ▷ **예시)** "대담하고 열정적인 음성 스타일, 인간적이고 진실한 톤, 사회적 메시지를 전달하는 문구 사용"

6. 퍼스널 브랜드 가이드라인 작성

- 브랜드 보이스와 일관성 있는 커뮤니케이션 규칙 정의
- 일관성 있는 메시지 전달을 위한 문서
- 필수 구성 요소: 로고, 서체, 색상 팔레트, 이미지 스타일, 언어 스타일 가이드
  ▷ **예시)** "로고 사용 가이드, 특정 브랜드 색상 활용, 대담한 이미지 스타일, 통일된 언어 스타일 유지"

위의 요소를 잘 작성했다면, 각 요소에서 이미지를 떠올릴 수 있을 것이다. 당연히 이러한 요소가 반영된 콘텐츠를 읽는 독자도 해당 인물을 떠올리게 된다.

↪ **'일론 머스크'의 퍼스널 브랜드 아이덴티티 요소 알아보기** ▷▷▷

 일론 머스크의 퍼스널 브랜드 아이덴티티 요소들을 순서대로 설명해줘.
1. 브랜드 키워드, 2. 브랜드 태그라인, 3. 브랜드 페르소나, 4. 브랜드 피치, 5. 브랜드 보이스, 6. 브랜드 가이드라인

 일론 머스크의 퍼스널 브랜드 아이덴티티 요소들을 순서대로 설명하겠습니다.

1. 브랜드 키워드:

- 혁신, 기술, 지속 가능성, 전기자동차, 우주탐사, 다양한 산업 혁신

- 리더십, 비전, 창조력, 열정, 리스크 테이커

2. 브랜드 태그라인:

- "혁신과 기술로 미래를 바꾸다"

3. 브랜드 페르소나:

- 페르소나 이름: "혁신의 천재"

- 핵심 가치: 기술 혁신과 지속 가능한 미래

- 타깃 고객: 기술 애호가, 지속 가능한 제품 및 서비스를 찾는 소비자

- 성격 특성: 지적, 창조적, 리더십이 강한, 리스크를 두려워하지 않는

4. 브랜드 피치:

- "일론 머스크는 기술 혁신과 지속 가능한 미래를 선도하는 창조적 기업가로, 전기자동차, 우주탐사, 고속 이동수단 등 다양한 산업에서 혁신적 제품과 서비스를 제공합니다"

5. 브랜드 보이스:

- 전문적이면서도 친근한 톤
- 미래 지향적이고 긍정적인 메시지 전달
- 소셜미디어에서는 개인적 취향과 유머 감각을 섞어 사용

6. 브랜드 가이드라인:

- 로고: 일론 머스크의 서명을 사용한 개인 로고
- 타이포그래피: 깔끔하고 세련된 글꼴 사용
- 색상 팔레트: 미래 지향적이고 기술적인 색상(예: 회색, 파란색, 검은색 등)
- 이미지 스타일: 혁신적 제품 및 기술을 보여주는 이미지 사용
- 언어 스타일 가이드: 전문가다운 어투를 유지하면서도 친근한 톤 사용

챗GPT는 브랜드에 관한 많은 지식을 학습하고 있어 효과적으로 자신만의 퍼스널 브랜드 아이덴티티 요소들을 만들 수 있다. 퍼스널 브랜드 아이덴티티의 가장 확실한 요소를 먼저 정하고 순차적으로 다른 요소들을 챗GPT를 통해 생성하면 간단하다. 챗GPT는 같은 지시에 대해서도 여러 가지 다양한 출력을 생성하므로, 각 요소를 생성할 때에는 여러 번의 출력 중에 가장 적합한 것을 선택하고 필요 시 개선하여 마음에 드는 수준까지 발전시킨다.

성공적인 콘텐츠 마케팅을 위한 퍼스널 브랜드 아이덴티티를 만들려면 장기적·지속적인 경쟁력이 필요하다. 충분한 자기 탐색을 통해 자신의 강점과 전문성을 확실하게 파악하고, 이를 바탕으로 나머지 요소들을 만들어가는 것을 추천한다.

> **챗GPT에 질문하기** ▷▷▷

 강점 키워드: [강점1], [강점2], [강점3], 분야: [전문 분야]의 전문가, 타깃 고객: [이상적 타깃 고객], 문제: [해결해야 할 문제], 솔루션: [제공하는 것], 롤모델 인물: [목표 유명 인물]을 바탕으로 한 퍼스널 브랜드 피치를 생성해줘.

Part 4

전문가는 어떻게 콘텐츠를 만드는가? → 81
고품질 콘텐츠를 만드는 작업 프로세스 → 84
데이터 분석으로 초격차 전문가 되기 → 90

챗GPT 콘텐츠 기획자로

거듭나기

이야기는 어떻게
만들어질까?

다음은 챗GPT가 작성한 콘텐츠 기획 성공 사례다.

작고 아름다운 도시 엘름즈워스에 사무 직원인 릴리가 살고 있어. 그냥 평범한 여자였는데 주변 환경의 아름다움이나 현지 음식의 특별한 맛, 고향의 풍부한 문화유산에서 기쁨을 찾았어. 현지 정부 사무소에서 9시부터 5시까지 일했지만, 진짜 취미는 시골을 돌아다니며 현지 음식을 맛보고 친구나 가족들에게 경험을 나누는 거였어.

어느 날 릴리는 소셜미디어를 보다가 모험에 관한 글을 쓰면서 부자가 된 여행 블로거를 발견했어. 가능성에 이끌려 그녀는 관광과 현지 음식에 대한 열정을 블로그로 전환하기로 결심했어. 엘름즈워스의 마법을 세상에 알리고 싶었거든.

릴리는 글을 어떻게 쓸지 면밀히 연구하고 계획했어. 도시 역사의 가장 매력적인 부분이나 현지의 숨은 명소 또는 현지 요리에 초점을 맞췄지. 그녀는 각 글에서 개인적인 이야기, 생생한 묘사, 그리고 귀중한 통찰력을 바탕으로 꼬리에 꼬리를 무는 이야기를 만들었어.

곧 그녀의 글은 충성스러운 팔로워를 얻기 시작했지. 릴리의 블로그에 대한 소문이 퍼졌고, 관광객이 기하급수적으로 늘어났어. 관광객들은 매력적인 도시 엘름즈워스 그곳의 경이로운 음식을 직접 맛보려고 몰려들었어. 현지 사업들이 새로운 관심에 맞춰 번창했고, 도시 경제가 활기를 띠기 시작했어.

블로그의 잠재력을 인식한 릴리는 사무직을 그만두고 정말로 좋아하는 일을 전념하기로 했어. 그리고 현지 셰프, 장인, 가이드와 협력해 엘름즈워스의 최고를 선보이는 매력적인 콘텐츠를 만들었지. 릴리의 글들은 전 세계 독자의 마음을 사로잡았고, 그녀의 블로그는 그 지역을 방문하는 사람들에게 필수 자료가 되었어.

블로그 인기가 계속 상승하자, 릴리는 광고와 후원 파트너십을 통해 콘텐츠를 수익화했어. 또한 그녀가 좋아하는 레시피, 식당 추천, 여행 팁을 가득 실은 가이드북 <A Taste of Elmsworth: A Culinary Journey Through the Province>는 베스트셀러가 되었어.

릴리는 세심한 글 계획과 독특한 스토리텔링 덕분에 평범한 사무 직원에서 성공한 사업가, 여행 작가, 현지 음식 전문가로 거듭났어. 그녀의 블로그는 엘름즈워스 사람들뿐 아니라 전 세계에서 영감을 얻는 작가와 여행자들에게도 모범이 되었어.

한때 조용했던 엘름즈워스는 이제 번화한 관광지로 발전했어. 그곳의 새로운 성공의 중심에는 릴리가 그동안 쏟아부은 열정과 노력이 있었어. 그녀는 스스로 부를 만들었을 뿐 아니라, 사랑하는 고향의 발전을 이끌고 음식 애호가와 문화 애호가들의 삶도 천국으로 바꿨어. 세심하게 계획한 글과 흔들림 없는 헌신으로 릴리는 스토리텔링의 진정한 힘과 그것이 사람, 장소, 커뮤니티에 미치는 영향을 세상에 보여주었어.

릴리의 성공 요인

- **열정**: 관광과 지역 음식에 대한 진심 어린 사랑은 그녀의 열정과 프로젝트에 대한 헌신을 이끌어냈다. 그러한 열정을 녹여낸 그녀의 글은 독자에게 더욱 진실하고 매력적으로 다가갔다.
- **꼼꼼한 글 계획**: 릴리는 글을 면밀히 연구하고 계획하는 데 시간을 보냈다. 그 결과 그녀의 콘텐츠는 유익하고, 구조적이며, 독자들에게 호소력 있는 다양한 주제를 담게되었다.
- **독특한 목소리와 이야기 전달**: 릴리의 개인적 에피소드와 생생한 묘사는 독자들이 공감할 수 있는 매력적인 이야기를 만들어냈다. 그녀의 독특한 목소리와 이야기 전달 방식은 다른 여행 블로거와 차별화되어 그녀의 콘텐츠를 더욱 돋보이게 했다.
- **독자 이해**: 릴리는 콘텐츠를 타깃 독자의 관심사와 선호에 맞게 제작했다. 이로 인해 충성스러운 팔로워를 늘리고 독자들이 계속해서 찾아올 수 있었다.
- **지속성과 헌신**: 릴리의 노력과 블로그에 대한 헌신이 시간이 지남에 따라 높은 품질의 콘텐츠를 지속적으로 만들어내며 더 많은 독자를 끌어들였다.
- **협업**: 릴리는 현지 요리사, 장인, 가이드와 협력하면서 엘름즈워스의 최고를 선보이는 매력적인 콘텐츠를 만들어냈고, 그녀의 블로그에 신뢰성과 깊이를 부여했다.
- **유연성과 혁신**: 릴리는 직장을 그만두고 이 일에 전념하거나 광고와 후원 파트너십을 통해 콘텐츠를 수익화하는 등의 새로운 도전을 하며 위험을 감수하는 것을 두려워하지 않았다. 이러한 유연성과 혁신에 대한 의지가 그녀를 성공으로 이끌었다.
- **지역 사회에 미치는 영향**: 릴리의 성공은 개인적 성취뿐 아니라 그녀의 고향 엘름즈워스에도 긍정적 영향을 미쳤다. 그녀는 독특한 명소와 음식 문화를 알리면서 지역 경제를 살렸고, 마을을 번창하는 관광지로 만들었다.

결국 릴리의 성공은 그녀의 열정, 꼼꼼한 글 작성, 독특한 이야기 전달 방식, 독자에 대한 이해, 지속성과 헌신, 협업, 유연성과 혁신 그리고 지역 사회에 미치는 영향 등 여러 요인 덕분이었다.

전문가는
어떻게 콘텐츠를 만드는가?

↓

　기자, 잡지 에디터, 방송 프로듀서, 파워 블로거 등 콘텐츠를 만드는 것을 직업으로 하는 전문가들은 어떻게 콘텐츠를 만들까? 콘텐츠를 만드는 일이 전문 직업으로 자리 잡았다는 것은 사업 목표에 맞춰 콘텐츠를 잘 만들 수 있는 일의 체계(Work System)가 있다는 뜻이다.

　초보자도 전문가들의 시스템을 활용하면 더 나은 콘텐츠를 만들 수 있지 않을까? 챗GPT에 물어봐도 당연하다는 답이 나온다. 어떤 분야든 검증된 시스템을 적용하면 더 나은 결과물이 나오고, 계속할수록 더 좋은 결과물을 만들 수 있다. 특히 챗GPT와 같은 디지털 도구를 제대로 이용하기 위해서는 시스템을 통해 체계적으로 일해야 한다.

　콘텐츠 전문가가 활용하는 전체적인 일의 체계를 콘텐츠 워크 시스템이라고 하며 여기에는 다음과 같은 핵심 프로세스와 보조 요소들이 포함된다.

- **콘텐츠 전략(Strategy)**: 전문가들은 타깃 고객의 행동 패턴, 관심사, 소비자 트렌드 등을 분석하여 콘텐츠의 방향성을 설정한다. 브랜드 인지도를 높이기 위한 전략을 수립하고, 콘텐츠를 만들고 배포할 방법을 결정한다.
- **콘텐츠 기획(Plan)**: 콘텐츠 기획은 전략적 관점에서 콘텐츠의 목표와 방향을 설정하고, 독자의 관심사와 시장 트렌드를 고려해 콘텐츠 아이디어를 창출하고, 콘텐츠의 형식과 스타일을 결정하는 과정이다.
- **콘텐츠 계획(Implementation Plan)**: 콘텐츠 계획은 콘텐츠 전략과 기획을 실제로 실행할 수 있는 세부적 작업 계획을 수립하는 과정이다. 이 과정에서는 콘텐츠의 주제, 형식, 제작 일정, 배포 채널, 콘텐츠 팀의 역할 및 책임 등을 구체화한다. 콘텐츠 계획을 통해 목표를 달성하는 데 필요한 리소스와 일정을 관리할 수 있다.
- **콘텐츠 작업 프로세스(Work Process)**: 콘텐츠 작업 프로세스는 다양한 콘텐츠를 만들고, 관리하고, 퍼뜨리는 데 필요한 조직적인 단계들을 순차적으로 진행하는 것을 말한다. 일반적으로 아이디어를 생각하고, 콘텐츠를 만들고, 수정하고, 승인 받고, 게시하고, 홍보하고, 그 성과를 분석하는 단계가 포함된다. 콘텐츠 프로세스를 따르면 일관된 품질 유지와 비즈니스 목표 충족을 보장할 수 있다. 따라서 콘텐츠 작업 프로세스는 효과적인 콘텐츠 전략 실행의 핵심이다.
- **콘텐츠 작업 환경**: 콘텐츠 작업 환경은 생산성과 창의성을 높이기 위한 환경 조건이다. 적절한 공간, 조명, 기기 및 소프트웨어를 활용함으로써 작업자의 집중력과 협업 능률이 올라간다.
- **콘텐츠 도구**: 콘텐츠 도구는 생산 과정을 지원하고 효율성을 높이기 위한 기능을 제공하는 도구다. 텍스트 에디터, 이미지 및 비디오 편집 프로그램, 프로젝트 관리 도구 등을 활용해 작업 속도와 품질을 향상시킨다. 챗GPT와 데이터 분석은 미래 미디어 플랫폼 환경에서 콘텐츠 생산의 필수 도구다.
- **콘텐츠 관리 시스템(CMS) 및 기술적 인프라**: 콘텐츠 관리 시스템은 콘텐츠의 생성, 관리, 배포를 쉽게 만드는 소프트웨어 플랫폼이다. 웹사이트의 업데이트, 콘텐츠 게시, 레이아웃 변경 등 다양한 기능을 제공하며, 기술적 인프라는 이러한 CMS와 함께 작동하여 웹사이트의 안정성과 성능을 보장하고 사용자 경험을 향상 시킨다.

> 콘텐츠 작업 환경, 도구, CMS 및 기술적 인프라가 어우러져 콘텐츠 작업 프로세스를 지원하고 최종 콘텐츠 품질과 생산성을 높인다.
> - **학습과 개선**: 콘텐츠 워크 시스템은 지속적인 학습과 개선을 통해 발전한다. 성과 지표를 추적하고 분석함으로써 어떤 콘텐츠가 효과적인지 파악하고, 얻은 데이터를 바탕으로 콘텐츠 전략을 개선한다.

전문가는 자신만의 콘텐츠 워크 시스템을 지니고 있어야 한다. 먼저 콘텐츠 전략을 세운 다음 전략에 기반한 콘텐츠를 기획한다. 그리고 실행 단계에서는 콘텐츠 제작 계획을 수립한 후 콘텐츠 도구를 사용해 작업 프로세스에 따라 콘텐츠를 만들어 콘텐츠 관리 시스템으로 관리한다. 콘텐츠를 만든 뒤에는 결과 분석과 지속적인 학습을 통해 콘텐츠 워크 시스템 전체를 개선해간다.

무한 경쟁 시대에 경쟁력 있는 콘텐츠 크리에이터로 발전해나가려면, 시작부터 전문가처럼 콘텐츠 기획을 바탕으로 효율적인 작업 흐름에 따라 콘텐츠를 만드는 습관을 익혀야 한다.

↳ **챗GPT에 질문하기** ▷▷▷

온라인 미디어 기업의 조직 구조와 워크 시스템에 대해 설명해주고, 워크 프로세스 다이어그램을 그려줘.

❷ 고품질 콘텐츠를 만드는 작업 프로세스

콘텐츠 워크 시스템에서 가장 중요한 것은 제대로 된 작업 프로세스다. 프로세스는 일을 처리하는 절차를 말한다. 레시피를 충실히 따라야 요리를 제대로 완성하듯, 좋은 프로세스를 따라야 제대로 된 결과물이 나온다.

지금은 모든 콘텐츠가 스마트폰이나 PC 화면을 통해 제공되는 시대다. 웹사이트나 앱(App)처럼 화면을 보며 사용자가 체험하는 것을 디자인하는 작업을 UX(User Experience) 디자인이라고 한다. UX 디자인 분야에서는 어떻게 하면 사용자 경험을 향상시키느냐에 초점을 맞춰 UX 디자인 프로세스로 정립했다. UX 디자인 프로세스는 기능과 내용만 제공하는 디자인을 넘어, 사용자 경험에 맞춘 디자인을 하기 위한 프로세스다. 우리가 만들 콘텐츠도 사용자로 하여금 읽는 경험을 제공하므로 큰 틀에서는 UX 디자인 프로세스가 적용된다.

UX 디자인 프로세스의 핵심은 사용자에 맞춰 목표한 기능을 구현하는 것이다. 고품질 콘텐츠를 만들 때에도 가장 중요한 두 가지는 목표를 명확하게 세우는 일과 타깃 독자를 구체적으로 정하는 일이다. 어느 경로로 가는 어떤 고객을 주로 태울지를 정하지 않으면 자율주행차로도 택시 영업에 성공할 수 없다.

UX 디자인 프로세스를 반영해 정리한 콘텐츠 작업 프로세스는 콘텐츠 기획, 콘텐츠 제작, 콘텐츠 운영 3단계로 구분된다.

콘텐츠 기획	콘텐츠 제작	콘텐츠 운영
목표 설정	아이디어 도출	배포 채널 선택
타깃 독자 설정	주제 선정	채널별 최적화
경쟁자 콘텐츠 분석	조사 및 연구	배포 및 프로모션
콘텐츠 종류와 형식 결정	개요 작성	피드백 수집
콘텐츠 가이드라인	초안 작성	성과 분석
콘텐츠 전략 수립	편집 및 개선	콘텐츠 전략 개선
콘텐츠 제작 계획	시작 자료 및 디자인	
	최종 검토 및 승인	

↳ 콘텐츠 기획 프로세스

- **목표 설정**: 콘텐츠의 목적과 목표를 명확하게 설정한다.
- **타깃 독자 설정**: 독자의 관심사, 연령, 성별, 지역 등을 분석함으로써 콘텐츠의 대상을 명확하게 설정한다.
- **경쟁자 콘텐츠 분석**: 시장에서 경쟁하고 있는 다른 크리에이터나 기업들이 어떤 종류의 콘텐츠를 생성하고, 그 콘텐츠가 어떤 성과를 내고 있는지를 파악하는 과정이다.
- **콘텐츠 종류와 형식 결정**: 운영할 콘텐츠의 형식(예: 텍스트, 이미지, 비디오, 인포그래픽, 오디오 등)과 종류(예: 블로그, 포스트, 뉴스 기사, 유튜브 롱폼, 틱톡 숏폼 등)를 결정한다.
- **콘텐츠 가이드라인**: 콘텐츠를 생성하고 편집하는 데 사용하는 규칙과 기준의 집합을 문서로 정리한다.
- **콘텐츠 전략 수립**: 콘텐츠 캠페인을 계획하고 실행하는 데 필요한 방향성과 원칙을 제시하는 문서를 작성한다. 이 문서는 콘텐츠의 목적, 타깃 독자, 콘텐츠 형식, 배포 채널, 측정 지표 등을 포함하며, 콘텐츠 캠페인이 목표를 달성하는 데 도움이 되도록 전반적인 구조를 제공한다.
- **콘텐츠 제작 계획**: 콘텐츠의 제작·배포·업데이트 일정 등을 계획한다.

↳ 콘텐츠 제작 프로세스

- **아이디어 도출 및 주제 선정**: 콘텐츠 기획을 바탕으로 트렌드, 검색어(Keyword) 분석, 경쟁자 분석 등을 통해 트렌드와 이슈를 파악하고, 자신만의 관점에서 아이디어를 도출하여 독창적이고 가치 있는 주제를 선정한다.
- **조사 및 연구(자료 수집)**: 주제에 대한 기초가 되는 배경 정보와 필요한 자료를 수

집한다.
- **개요 작성**: 개요를 작성하며 콘텐츠의 구조를 세분화해 명확한 흐름과 함께 전체적인 틀을 잡는다.
- **초안 작성**: 주제와 구조에 맞춰 개요를 작성한 뒤 초안을 작성한다. 이때 독자의 관심을 끌 수 있는 독창적 아이디어와 신뢰할 수 있는 자료와 정보를 수집해 콘텐츠 구성에 활용한다.
- **편집 및 개선**: 작성된 초안을 바탕으로 문장을 다듬고, 논리적 흐름을 개선하며 필요한 경우 추가적인 정보를 찾아 콘텐츠를 보완한다.
- **시각 자료 활용과 디자인 적용**: 이미지, 동영상, 인포그래픽 등 다양한 시각적 요소를 사용하여 콘텐츠를 보다 흥미롭고 이해하기 쉽게 디자인한다. 이를 통해 독자의 주목을 끌어내고 정보를 효과적으로 전달할 수 있다.
- **최종 검토 및 승인**: 콘텐츠를 정교하게 최종 검토하고 수정하여 완성도를 높이고 발행자의 승인을 받는다.

↳ 콘텐츠 운영 프로세스

- **배포 채널 선택**: 타깃 독자가 쉽게 접할 수 있는 채널을 통해 콘텐츠를 배포한다.
- **채널별 최적화 배포 및 프로모션**: 배포 채널에 맞게 콘텐츠를 최적화하고, 프로모션 전략을 세워 콘텐츠의 가시성을 높인다(예: SEO, SNS 마케팅, 광고 등).
- **피드백 수집과 소통**: 콘텐츠 독자와의 소통을 유지하며, 피드백을 수집하고 참여를 유도한다.
- **성과 분석**: 콘텐츠의 성과를 목표에 비추어 정기적으로 분석함으로써 개선 사항을 찾아낸다(예: 조회 수, 공유 수, 댓글 수 등 분석).
- **콘텐츠 전략 개선**: 최신 트렌드와 성과 분석 정보를 반영하여 콘텐츠 전략과 기획을 지속적으로 개선하고, 이를 통해 이후 제작될 콘텐츠의 가치를 유지한다.

위와 같이 기획·제작·운영이 서로 긴밀하게 연결된 효과적인 콘텐츠 작업 프로세스를 따르면, 사업적 목적과 전략적 목표에 대한 방향성을 잃지 않으면서(기획), 타깃 독자를 위한 디테일을 살린 고품질 콘텐츠를 만들어(제작), 효과적으로 배포하고 독자와 소통을 강화함으로써(운영) 콘텐츠의 가치를 극대화할 수 있다.

↳ 기사와 블로그 글 작성 프로세스

전반적인 콘텐츠 작업 프로세스를 이해했다면, 실제 매일의 글쓰기 작업을 위한 기사 작성 프로세스를 구체적으로 살펴보자. 개별적인 콘텐츠 제작 과정 내에서도 기획, 제작, 운영의 3단계를 충실히 따르는 기사 및 블로그 글 작성 프로세스를 다음과 같은 표로 정리할 수 있다.

단계	해야 할 작업	기사 작성 시	블로그 글 작성 시
아이디어 도출	창의적인 아이디어를 생각하고, 그중에서 진행할 아이디어를 선택한다.	시사적이고 현재 이슈에 대한 아이디어를 생각한다.	독자의 관심사와 연관된 아이디어를 생각한다.
주제 선정	아이디어를 바탕으로 구체적인 주제를 선정한다.	현재 이슈와 뉴스 가치가 높은 주제를 선정한다.	독자가 찾고 있는 정보나 해결책을 제공하는 주제를 선정한다.
조사 및 연구	주제에 대한 배경 정보와 데이터를 수집한다.	신뢰할 수 있는 출처로부터 사실을 확인하고 인용할 정보를 수집한다.	주제에 대한 깊이 있는 정보와 관련된 사례를 찾는다.
개요 작성	주제를 다루는 방식과 주요 포인트를 정리한다.	뉴스의 핵심 사실과 이야기의 흐름을 정리한다.	글의 구조와 핵심 포인트를 계획한다.
초안 작성	개요를 바탕으로 본문을 작성한다.	사실을 중심으로 이야기를 풀어나간다.	개인적인 경험과 견해를 포함하여 이야기를 풀어나간다.
편집 및 개선	초안을 수정하고 개선하여 문장을 명확하게 한다.	사실의 정확성과 문장의 명료성을 확인한다.	정보의 정확성과 내용의 유익함을 확인하고, 읽기 쉽도록 문장을 다듬는다.

단계	해야 할 작업	기사 작성 시	블로그 글 작성 시
시각 자료 및 디자인	관련 이미지나 그래픽을 추가하여 콘텐츠를 보강한다.	관련 사진이나 표를 사용하여 뉴스를 시각적으로 보강한다.	관련 이미지, 인포그래픽, 비디오 등을 추가하여 글을 보강한다.
최종 검토 및 승인	마지막으로 내용을 확인하고, 오류를 수정한다.	사실 확인 및 언어적 오류 수정 후, 승인 과정을 거친다.	정보의 정확성, 맞춤법, 문법 등을 최종 확인 후 승인한다.

처음엔 익숙하지 않더라도 단계별로 충분한 시간과 노력을 들여야 계속적인 콘텐츠 품질 향상이 가능하며, 빠른 시간 안에 전문가처럼 콘텐츠를 만들 수 있다. 특히 많은 초보자가 생략하는 아이디어 도출 및 주제 선정 단계를 충실하게 수행해야 가치 있는 글을 쓸 수 있고, 장기적으로 미래 콘텐츠 전쟁의 승자가 될 것이다. 챗GPT 시대에 기사의 40%는 전략 목표에 따른 주제 선정이고, 30%는 잘 짜여진 개요 작성이다. 실제로 초안을 작성하고 개선 및 검토하는 작업 등은 챗GPT가 많은 부분을 해결해준다.

> ↳ 챗GPT에 질문하기　　　　　　　　　　　　　　　▷▷▷
>
> 나는 [관심 분야]에 관심이 있어. 블로그를 개설하고 운영하기 위한 콘텐츠 기획 프로세스를 알려줘.

③ 데이터 분석으로 초격차 전문가 되기

↓

　미디어 플랫폼이 미디어의 중심이 되면서, 미디어 데이터 분석을 통한 콘텐츠 기획이 필수 도구로 자리매김했다. 넷플릭스, 틱톡, 유튜브, 뉴욕 타임스, CNN 등 성공한 미디어 플랫폼들은 모두 데이터 분석을 기반으로 서비스를 개선함으로써 지금의 경쟁력을 갖게 되었다. 플랫폼은 물론 대부분 기업의 콘텐츠 운영에도 소셜 리스닝(Social Listening) 등의 미디어 분석 기법이 쓰이고 있다.

↳ 미디어 데이터 분석이란?

　미디어 데이터 분석의 효과를 보여주는 가장 유명한 사례는 영국 데이터 분석 기업인 케임브리지 애널리티카(Cambridge Analytica)의 2018년 미국 대선 개입 사건이 있다. 케임브리지 애널리티카는 메타(구 페이스북) 이용자들의 개인 정보를 동의 없이 수집하고 분석해 유권자의 행동을 예측하고, 이를 이용해 트럼프 선거 캠프에 데이터 기반 전략을 제안했다. 구체적으로 당선 가능한 지역과 설득에 성공할 확률이 높은 유권자들을 선별했으며, 선별된 유권자를 대상으로 각 개인의 심리 특성에 맞춘 광고 메시지를 노출했다. 개인 정보에 관한 불법행위로 악명이 높지만, 단기간에 타깃 고객의 설득이 필요한 정치 캠페인에서 데이터 분석을 어떻게 활용할 수 있는지를 보여주는 사례기도 하다.

미디어 데이터 분석은 개인 미디어가 콘텐츠의 경쟁력을 지속적으로 강화하여 초격차를 만들 수 있는 핵심 도구다. 기업뿐 아니라 개인도 데이터를 활용하면 콘텐츠의 품질을 높이고 메시지를 효과적으로 전달할 수 있다. 구체적으로 기획과 제작 단계에서는 콘텐츠 수요 파악, 타깃 고객 분석, 경쟁사 및 시장 분석을 토대로 기회를 파악함으로써 적절하고 가치 높은 콘텐츠를 만들 수 있다. 운영 단계에서는 콘텐츠 최적화, 유통 및 홍보 전략, 성과 측정 및 개선, 장기적 관점의 전략 수립에 활용할 수 있다.

뉴스, 블로그, 포스트 등 기사 제작에 필요한 미디어 데이터 분석에는 트렌드, 콘텐츠, 고객(독자) 분석이 있다.

- **트렌드 분석**: 데이터 기반의 트렌드 분석을 활용해 독자들의 관심사를 파악하고, 콘텐츠의 성공 요인을 찾아내어 최적화된 뉴스 콘텐츠를 지속적으로 제작하면 경쟁력을 높일 수 있다. 이를 위한 다양한 분석 기법에는 키워드 분석, 소셜미디어 트렌드 분석, 주요 이슈 분석, 이슈 트래킹, 경쟁자 및 인기 콘텐츠 분석, 영향력 분석 등이 있다.
- **콘텐츠 분석**: 뉴스 콘텐츠의 품질과 가치를 평가하고 독자들의 관심사와 선호도를 파악하기 위해서는 텍스트 분석, 기사 성능 분석, 소셜미디어 분석, 독자 분석, AI 기반 분석 등 다양한 방법을 사용한다. 이를 통해 뉴스 기관은 독자에게 가치 있는 정보를 제공하고 시장경쟁력을 높일 수 있다.
- **독자 분석(고객 세분화)**: 독자를 분석해 고객을 세분화하면 더욱 효과적인 콘텐츠 전략을 수립하고 실행할 수 있다. 고객 세분화는 고객을 특성 기준에 따라 하위 세

부 구분(세그먼트)로 나누는 것으로, 주요 기준은 인구통계학적 특성, 지리적 위치, 관심사와 선호도, 행동 패턴, 고객 참여 수준 등이 있다. 세그먼트를 적절하게 나누면 세그먼트별로 맞춤화된 콘텐츠 전략을 개발하여 각 세그먼트의 관심사와 니즈를 충족시키는 콘텐츠를 생성하고 효과적인 배포 채널을 선정할 수 있다.

트렌드 분석, 콘텐츠 분석, 독자 분석을 위해서는 데이터 분석에 관한 기본 지식을 익히고 키워드 분석 도구, 소셜 리스닝 도구, 자연어 분석 도구(챗GPT 포함) 등을 활용해야 한다. 도구가 없는 경우에는 주어진 데이터와 직관을 토대로 가설을 세우고 실험을 통해 가설을 개선해가는 차선의 방법을 쓸 수 있다.

↳ 심리학적 고객 세분화

미디어 데이터 분석의 효과를 보여주는 심리학적 고객 세분화 사례를 살펴보자. 앞서 언급한 케임브리지 애널리티카는 심리학적 고객 세분화가 행동 변화를 이끌어내는 맞춤형 콘텐츠 제작에 효과적이라는 점을 알려주었다. 케임브리지 애널리티카는 성격 심리학에서 널리 활용하는 OCEAN(Openness to Experience, Conscientiousness, Extraversion, Agreeableness, Neuroticism) 성격 유형에 따라 세분화를 적용했다.

다음은 OCEAN 성격 분류에 따라 맞춤형 기사를 작성하는 방법이다.

- **개방성**: 이 유형은 새롭고 혁신적인 아이디어를 더 잘 받아들이는 경향이 있다. 새로운 정치 사상 혹은 성향을 탐구하거나 현재 사건에 대한 새로운 관점을 제공하는 기사 작성을 고려해야 한다.
- **성실성**: 이 유형은 정확성과 사실을 중시한다. 정치적 문제에 대한 심층 분석을 제공하거나 복잡한 정책 제안을 소화 가능한 조각으로 나누는 데 집중해야 한다.
- **외향성**: 이 유형은 사교적이고 외향적 성향이 강하다. 여론조사, 설문조사 또는 소셜미디어 참여와 같은 대화형 요소를 기사에 통합하는 것을 고려해야 한다.
- **친화성**: 이 유형은 조화와 합의를 중시한다. 정치적 문제에 대해 균형 잡힌 관점을 제공하고, 지나치게 대립적이거나 분열적인 언어를 피해야 한다.
- **신경증**: 이 유형은 부정적 뉴스에 더 불안하거나 민감할 수 있다. 민감한 주제를 다룰 때는 맥락과 균형을 부여하고, 가능하면 해결책이나 긍정적 시사점을 함께 제공해야 한다.

챗GPT는 다양한 스타일로 글을 생성하는 기능이 있어 하나의 메시지를 여러 성격 유형에 맞춰 기사로 만들 수 있다. 물론 요즘 유행하는 MBTI 성격 유형에 따른 고객 세분화도 가능하다.

> ↪ **챗GPT에 질문하기**　　　　　　　　　　　　　　　▷▷▷
>
> MBTI 분류에 의한 16가지 성격 유형에 대해 설명해주고, MBTI 유형별로 맞춤형 기사 작성 방법을 제안해줘.

Part 5

프롬프트 이해하기 → 96
원하는 결과를 얻는 프롬프트 엔지니어링 → 123
챗GPT 200% 활용하기 → 140

전문가처럼
콘텐츠
만들기
실전편

❶ 프롬프트 이해하기
↓

    챗GPT와 같은 생성AI(LLM)의 원리는 주어진 입력에 따라 이에 어울리는 다음 단어를 예측하여 출력하는 것이다. 단어가 모이면 문장이 되고, 문장이 모이면 단락이 되고, 단락이 모여서 기획기사나 소설 같은 긴 글이 되므로, 얼마든지 긴 글을 출력할 수 있다. 챗GPT는 전체적으로 사람이 선호하는 것을 출력하도록 학습되어 있어 챗GPT 출력 시점까지의 대화 흐름상 문맥 면에서 어울리는 출력을 생성하게 된다. 정리하자면 입력이 있어야 출력이 나오게 되고, 출력은 입력에 따라 달라진다. 입력이 먼저인 것이다.

↳ 프롬프트란?

    출력을 위해 챗GPT에 입력하는 텍스트를 '프롬프트(Prompt)'라고 한다. 예를 들어 입력이 질문이고 출력이 응답일 경우 프롬프트는 질문에 해당하고, 입력이 퀴즈고 출력이 정답일 경우 프롬프트는 퀴즈에 해당한다.

생성AI는 질문에 대한 응답 외에도 다양한 종류의 출력을 생성해낼 수 있으므로 '출력을 촉발한다'는 뜻에서 프롬프트라고 부른다. 챗GPT를 사용한다는 것은 결국 프롬프트를 입력해 결과를 생성하는 일이다. 따라서 원하는 출력을 촉발하는 프롬프트를 잘 구성해서 입력하는 것이 챗GPT를 잘 사용한다는 의미다.

프롬프트를 잘 구성하는 데 필요한 요소를 자세히 살펴보자.
프롬프트는 출력에 영향을 준다는 관점에서 다음과 같은 요소로 나눌 수 있다.

- **작업 지시(Instruction)**: 수행하고자 하는 작업에 대해 출력에 관한 명령을 포함해 지시한다. 이 지시는 챗GPT가 사용자의 요청이나 목적을 달성하는 데 필요한 행동을 기술한다(입력 데이터와 맥락 정보에 대한 명령).
- **맥락 정보(Context)**: 특정한 방식으로 출력을 생성하도록 유도하는 조건과 맥락 정보를 제공한다. 이 정보는 챗GPT가 작업 지시를 이해하는 데 도움이 되며, 출력물의 관련성을 높인다.
- **입력 데이터(Input Data)**: 출력물의 기반이 되는 고유한 데이터와 정보를 말한다. 이 데이터는 주제, 사용자의 선호도, 문화적 배경 등 다양한 형태를 띨 수 있다.
- **출력 표시자(Output Indicator)**: 결과물의 유형, 형식, 구조 등에 대한 제한 조건과 기대값을 명시한다. 이 표시자는 작업을 수행하는 과정에서 원하는 출력물의 형태를 가이드하는 역할을 한다.

프롬프트와 구성 요소에 관한 예시를 살펴보자.

▷ 예시) 미국의 대표적 패스트푸드 브랜드인 맥도날드와 버거킹의 창업 과정 및 역사를 비교하고, 각 브랜드의 시그너처 메뉴와 그 메뉴의 인기 비결을 분석해주세요. 결과를 500단어 이내의 에세이 형식으로 작성해주세요.

- **작업 지시(Instruction)**: "미국의 대표적 패스트푸드 브랜드인 맥도날드와 버거킹의 창업 과정 및 역사를 비교하고, 각 브랜드의 시그너처 메뉴와 그 메뉴의 인기 비결을 분석해주세요."
- **맥락 정보(Context)**: "미국의 대표적 패스트푸드 브랜드"
- **입력 데이터(Input Data)**: "맥도날드", "버거킹", "창업 과정", "역사", "시그너처 메뉴", "인기 비결"
- **출력 표시자(Output Indicator)**: "500단어 이내의 에세이 형식으로 작성"

이 예시에서 작업 지시는 사용자가 원하는 정보를 비교·분석하는 작업을 나타낸다. 맥락 정보는 프롬프트가 어떤 브랜드에 초점을 맞추고 있는지를 명시한다. 입력 데이터는 출력물의 주제와 관련된 핵심 정보를 나열하며, 출력 표시자는 원하는 출력물의 형식과 길이를 제한한다. 이렇게 구성 요소를 통해 체계적인 프롬프트를 구성함으로써 출력물을 만드는 데 필요한 요구 사항과 조건을 세밀하게 챗GPT에게 제시할 수 있다.

프롬프트의 목적은 지시지 대화가 아니다. 프롬프트는 챗GPT에게 핵심 아이디어를 잘 전달하여 목표하는 출력을 유도하는 것이 목적이다. 주의할 점은 챗GPT는 사람이 아닌 입력한 대로 출력하는 컴퓨터프로그램이라는 사실과 문법과 독해를 사람보다 더 잘한다는 것이다. 챗GPT는 일상 대화로도 충분히 원하는 내용을 이해하고 출력을 생성한다. 그러나 불필요한 정보와 미사여구 등을 많이 사용하면 미사여구까지 반영해 출력이 왜곡될 수 있고, 충돌하는 많은 요구사항을 한 번에 지시하면 혼란을 일으켜 의도치 않은 출력을 발생시킬 수 있다.

프롬프트에서 괄호(Bracket)와 구분자(Delimiter)를 효과적으로 활용하는 것 또한 매우 중요하다. 챗GPT의 입력 프롬프트에서 다양한 형태의 괄호를 사용하면, 특정 문맥을 설정하거나 명확한 지시를 제공하는 데 도움이 된다.

- **중괄호 { }**: 중괄호는 일반적으로 선택지를 나타내거나, 특정 부분을 강조할 때 사용한다.
    ▷ **예시)** "당신은 AI 팀의 프로젝트 매니저로서, 다음 중 어떤 문제를 우선적으로 해결하겠습니까? {버그 수정, 새로운 기능 개발, 코드 리팩토링}"

- **대괄호 [ ]**: 대괄호는 일반적으로 선택지 정보를 제공하거나, 추가적인 정보를 제공하는 데 사용한다.
    ▷ **예시)** "당신이 인공지능 개발자로서 일하고 있다고 가정하자. 이 상황에서, 어떤 일상적인 문제를 AI로 해결할 수 있을까? [이메일 관리, 미팅 일정 조정 등]"

- **소괄호 ( )**: 소괄호는 일반적으로 추가적인 정보를 제공하거나, 특정 조건 혹은 지시사항을 제공하는 데 사용한다.
    ▷ **예시)** "공룡에 대한 재미있는 사실을 알려주세요(각 사실을 별도의 문장으로 제공해주세요)."

이러한 괄호들은 프롬프트를 보다 명확하게 만들고, 추가적인 문맥이나 지시를 제공하는 데 도움이 된다. 하지만 챗GPT는 이러한 괄호의 사용을 문법적 관점에서 이해하고 이에 따라 특별하게 반응하는 것이 아니라, 전체 프롬프트의 문맥을 이해하고자 사용하는 것이다. 따라서 이들 괄호는 주로 사용자의 편의를 위한 것이니 문법에 구애받지 않고 정보의 구분과 지시를 위해 사용하자.

괄호와 함께 주의할 것은 구분자다. 챗GPT의 입력 프롬프트에서 구분자는 일반적으로 텍스트 내에서 정보를 분리하거나 특정 데이터 포맷을 지정하는 데 사용한다. 여기에는 다양한 구분자가 있으며, 각각의 용도와 기능은 다음과 같다.

- **쉼표(,)**: 쉼표는 주로 항목이나 데이터를 분리하는 데 사용한다. 입력 프롬프트에서 여러 개의 정보를 제공할 때 유용하게 쓸 수 있다.
  ▷ **예시)** "나는 사과, 바나나, 딸기를 좋아합니다."

- **콜론(:)**: 콜론은 주로 레이블과 그에 해당하는 정보를 구분하는 데 사용한다.
  ▷ **예시)** "이름: 홍길동, 나이: 30, 직업: 개발자"

- **대시(-) 또는 슬래시(/)**: 이들은 종종 날짜나 시간, 범위를 표현하는 데 사용한다.
  ▷ **예시)** "2023-05-14 / 14:30-16:30"

- **버티컬 바(|)**: 버티컬 바는 종종 여러 선택 사항을 표현하는 데 사용한다.
  ▷ **예시)** "사과 | 바나나 | 딸기"

이와 같이 다양한 구분자를 활용하면 정보를 더욱 명확하게 표현하고, 챗GPT에게 특정 데이터 포맷의 정보를 제공하는 데 도움이 될 수 있다. 프롬프트 구성 요소의 역할에 따라 체계적으로 구분하여 프롬프트를 구성하고, 단계적으로 입력하는 것이 프롬프트의 명확성과 구체성을 높여 출력의 질을 향상시키는 방법이다.

↳ 기본 유형 프롬프트 익히기

챗GPT가 하는 일은 입력 텍스트에 따라 어울리는 출력 텍스트를 생성하는 것인데, 사용자 입장에서 입력-출력 쌍의 종류에 따라 챗GPT가 하는 일을 기본적인 유형별로 구분할 수 있다. 생성AI는 사용자의 활용을 목적으로 개발되어, 학습과 성능 평가도 사용자 관점의 작업 유형 구분에 따라 이루어진다. 따라서 입력-출력 쌍 데이터를 많이 학습할수록 그 작업을 더 잘하게 되며, 생성AI가 잘하는 작업과 못하는 작업이 있는 것이다.

복잡한 작업 지시도 기본 유형 작업 지시의 조합으로 나누어 구성할 수 있다. 기본 유형 작업에 대한 프롬프트를 잘 익히면 복잡한 작업 프롬프트도 효과적으로 구성할 수 있다. 기본 유형 프롬프트를 배우며 챗GPT의 다양한 작업 능력에 대해 알아보자.

> ▶ **텍스트 생성**
> 챗GPT를 가장 많이 사용할 작업은 글쓰기, 기술적 용어로 '텍스트 생성'이다. "설명해주세요(Explain)", "작성해주세요(Write)", "만들어주세요(Create)", "생성해주세요(Generate)", "알려주세요(Tell)", "보여주세요(Show)", "정의해주세요(Define)", "나열해주세요(List)", "이야기해주세요(Tell a story)" 등과 같이 만들거나 글을 작성하라는 의미를 지닌 문장을 프롬프트에 쓰면 새로운 텍스트를 생성할 수 있다. 우리가 알고 있는 단어의 의미를 챗GPT도 반영하므로 단어에 따라 다른 뉘앙스의 텍스트를 생성한다.
> ▷ **예시)** "챗GPT를 활용한 자기 계발에 관한 짧은 에세이를 작성해줘."
>
> ▶ **질문·응답**
> 생성AI에서 가장 대표적인 작업은 질문·응답이다. 질문은 지식에 기반해 출력을 생성하는 것으로, 챗GPT로부터 정보와 아이디어를 얻는 수단이다.

질문의 종류는 판단을 요구하는 닫힌 질문과 지식을 요구하는 열린 질문으로 나뉜다. 닫힌 질문은 선택형 질문으로, 한정된 선택지에서 답변을 선택하거나 "예/아니오"와 같은 간단한 답변을 이끌어내도록 하는 질문이다. 이러한 질문은 구체적인 정보를 알 경우 사실을 확인하고 의사결정을 하는 데 도움이 된다.

열린 질문은 챗GPT에게 더 많은 정보를 자유롭게 제공할 수 있도록 한다. 일반적으로 '왜', '어떻게', '무엇을'과 같은 의문사를 포함하며, 챗GPT의 지식·추론·아이디어 등 다양한 정보를 얻기 위해 사용한다. 열린 질문은 새로운 분야를 학습하고 다양한 아이디어를 얻어 문제 해결을 촉진하는 데 도움이 된다.

▷ **예시)** "생성AI란 무엇인가? 챗GPT는 생성AI인가?"

▶ 번역

대상 텍스트를 어떤 언어로 번역할지를 포함하여 '번역하기'를 지시하면 텍스트를 번역할 수 있다. 챗GPT와 같은 생성AI의 훌륭한 점은 단순한 문장 대 문장의 직역을 넘어 문맥을 고려한 의역을 해준다는 점이다.

▷ **예시)** 다음에 오는 글을 중국어로 번역해줘: "콩 심은 데 콩 나고, 팥 심은 데 팥 난다."

▶ 바꿔 쓰기(Rephrasing)

바꿔 쓰기는 주어진 글을 뜻이 통하는 다른 표현으로 바꿔 생성해준다. 상황에 맞게 표현을 바꾸면 글의 전달 효과를 높일 수 있다.

▷ **예시)** 다음 문단을 다시 표현하여 원문의 의미를 유지하면서 독자들에게 더 명확하게 전달할 수 있도록 해주세요: "기업이 성공하기 위해서는 지속적인 혁신과 변화가 필수적입니다. 이는 고객의 니즈에 맞게 제품과 서비스를 개선하고 시장 경쟁력을 높이기 위한 핵심 요소입니다. 기업들은 이러한 목표를 달성하기 위해 여러 가지 전략을 시행해야 하며, 그중 하나로 시장의 변화를 예측하여 조직 내에서 미래 지향적인 사고를 적극 도입하는 것입니다. 이를 위해서는 직원들이 새로운 기술과 시장 동향을 숙지하고 이를 바탕으로 혁신적인 제품 개발과 서비스 제공에 노력을 기울여야 합니다."

▶ **독해(Reading Comprehension)**

1조 개가 넘는 엄청난 수의 변수(Parameter)를 지니고 있어 아주 복잡한 다차원적 관계를 학습한 GPT-4 기반의 챗GPT는 이전 생성AI 모델들에 비해 훨씬 뛰어난 독해 능력을 가지고 있다. 챗GPT는 고급 독해 능력을 바탕으로 주어진 텍스트를 분석하고 이해함으로써 다양한 질문에 대답할 수 있어 텍스트의 의미를 분석하고 활용하는 데 유용하다.

▷ **예시)** 다음 글을 읽고 주어진 질문에 답해줘: "인공지능(AI)은 우리의 일상생활과 다양한 산업 분야에서 점점 더 중요한 역할을 하고 있다. AI 기술의 발전으로 인해 여러 기업은 생산성을 높이고, 비용을 줄이며, 고객 경험을 개선하는 데 도움을 받고 있다. 그러나 인공지능의 도입으로 인한 직업의 소멸 염려도 커지고 있다. 일부 전문가는 인공지능이 향후 몇 년 안에 많은 일자리를 대체할 것이라고 경고하고 있다. 이와 같은 상황에서 기업들은 인공지능을 도입하는 과정에서 책임감 있는 접근 방식을 취해야 한다. 이를 위해 일자리를 대체하는 대신 기술을 활용해 직원들의 업무 효율을 높이고, 새로운 일자리를 창출하는 방안을 모색해야 한다."

1. 인공지능이 다양한 산업 분야에서 어떤 이점을 가져다주고 있나?
2. 인공지능 도입에 대한 염려 중 하나는 무엇인가?
3. 기업들이 인공지능 도입 시 취해야 할 책임감 있는 접근 방식은 무엇인가?

챗GPT는 다음과 같은 방식으로 다양한 독해 기능을 제공한다.

- **주요 내용 파악**: 챗GPT는 주어진 텍스트의 중심 주제나 주요 내용을 파악하고 요약할 수 있다. "주요 내용을 말해주세요(Tell the main idea)", "중심 주제는 무엇인가요?(What is the central theme?)" 등의 표현을 사용해 프롬프트를 입력하면 주요 내용을 얻을 수 있다.

  ▷ **예시)** 다음 문장의 주요 내용은 무엇인가요? "지구온난화는 인간 활동으로 인해 발생하며, 이를 해결하기 위해 지속 가능한 에너지 사용이 필요하다."

- **특정 정보 찾기**: 챗GPT는 주어진 텍스트에서 특정 정보를 찾아 제공할 수 있다. "이 정보를 찾아주세요(Find this information)", "특정 부분을 알려주세요(Tell a specific part)" 등의 표현을 사용해 프롬프트를 입력하면 원하는 정보를 찾을 수 있다.

  ▷ **예시)** 다음 글에서 작가의 생일을 찾아주세요: "작가 조지 오웰은 1903년 6월 25일에 태어났으며, <1984>와 <동물농장> 등의 작품으로 유명하다."

- **인용문 및 참조**: 챗GPT는 텍스트에서 인용문이나 참고 자료를 찾아 제공할 수 있다. "인용문을 찾아주세요(Find the quote)", "참고 자료를 알려주세요(Show the reference)" 등의 표현을 사용해 프롬프트를 입력하면 인용문이나 참고 자료를 찾을 수 있다.

  ▷ **예시)** 다음 글에서 인용한 부분을 찾아주세요: "알버트 아인슈타인은 '상상력은 지식보다 중요하다'라고 말했다."

- **문맥 이해**: 챗GPT는 주어진 텍스트의 문맥을 이해하고 관련 질문에 대답할 수 있다. "이 문맥에서 의미하는 것은 무엇인가요?(What does it mean in this context?)", "문맥을 고려한 해석은 무엇인가요?(What is the interpretation considering the context?)" 등의 표현을 사용해 프롬프트를 입력하면 문맥 이해에 기반한 답변을 얻을 수 있다.

  ▷ **예시)** 다음 문장에서 "밝혀"라는 단어의 의미는 무엇인가요? "그녀는 아침 햇살이 방에 들어오자 밝혀진 비밀을 발견했다."

▶ **요약**

챗GPT를 사용해 긴 텍스트를 간단하게 요약할 수 있다. "요약해주세요(Summarize)", "간략하게 설명해주세요(Briefly explain)" 등의 표현을 사용해 프롬프트를 입력하면 텍스트를 짧게 요약한 결과를 얻을 수 있다.

▷ **예시)** 다음 글을 한 문장으로 요약해줘: "DHUB는 개방형 혁신을 통한 콘텐츠 생

성과 마케팅을 목적으로 하는 참여형 플랫폼입니다. 이 플랫폼은 지역 정부와 커뮤니티의 참여를 독려하고, 아이디어를 공모하여 최적의 해결책을 찾아내며, 또한 그 결과를 뉴스와 같은 콘텐츠로 재생산하여 지역 홍보에 이바지합니다."

▶ **비교**
챗GPT는 두 개 이상의 대상을 비교하고 차이점이나 공통점을 설명할 수 있다. "비교해주세요(Compare)", "차이점을 설명해주세요(Explain the differences)", "공통점을 찾아주세요(Find the similarities)"와 같은 표현을 사용해 프롬프트를 입력하면 비교 결과를 얻을 수 있다.
▷ **예시)** "파이선과 자바 언어의 차이점을 설명해줘."

▶ **평가**
챗GPT는 제품, 서비스, 아이디어 등을 평가하고 의견을 제공할 수 있다. "평가해주세요(Evaluate)", "장단점을 분석해주세요(Analyze the pros and cons)", "의견을 내주세요(Give your opinion)" 등의 표현을 사용해 프롬프트를 입력하면 평가 결과를 얻을 수 있다.
▷ **예시)** "전기자동차의 장단점을 분석해줘."

▶ **분석**
챗GPT는 데이터, 텍스트, 상황 등을 분석하고 결과를 제공할 수 있다. "분석해주세요(Analyze)", "파악해주세요(Understand)", "해석해주세요(Interpret)" 등의 표현을 사용해 프롬프트를 입력하면 분석 결과를 얻을 수 있다.
▷ **예시)** "이 시장조사 결과를 분석하고 주요 트렌드를 설명해줘."

▶ **논리 추론**
챗GPT는 주어진 정보와 조건에 기반해 논리적 결론이나 추론을 도출할 수 있다. "추론해주세요(Infer)", "결론을 도출해주세요(Derive a conclusion)" 등의 표현을 사용해 프롬프트를 입력하면 논리 추론 결과를 얻을 수 있다.

▷ **예시)** "A가 B보다 크고, B가 C보다 크다면, A와 C의 크기 관계는 무엇인가?"

▶ **상식 추론**

챗GPT는 일반적 상식을 바탕으로 문제를 해결하거나 정보를 제공할 수 있다. "상식을 적용해주세요(Apply common sense)", "일반적으로 어떤 경우가 맞나요?(Which is generally true?)" 등의 표현을 사용해 프롬프트를 입력하면 상식 추론 결과를 얻을 수 있다.

▷ **예시)** "비가 오는 날에 우산을 들고 나가는 것이 좋을까요?"

▶ **분류**

챗GPT는 텍스트, 이미지, 아이디어 등을 카테고리에 따라 분류할 수 있다. "분류해주세요(Classify)", "어떤 유형에 속하나요?(Which category does it belong to?)" 등의 표현을 사용해 프롬프트를 입력하면 분류 결과를 얻을 수 있다.

▷ **예시)** "코끼리, 호랑이, 고양이 중 어떤 동물이 포유류인가요?"

▶ **감정 분석**

챗GPT는 텍스트에 나타난 감정을 분석하고 결과를 제공할 수 있다. "감정을 분석해주세요(Analyze the emotion)", "어떤 느낌이 드나요?(What feeling does it convey?)" 등의 표현을 사용해 프롬프트를 입력하면 감정 분석 결과를 얻을 수 있다.

▷ **예시)** 다음 문장의 감정을 분석해줘: "오늘은 정말 기뻤다."

▶ **유사 문장 생성**

챗GPT는 주어진 문장과 유사한 의미나 스타일을 지닌 다른 문장을 생성할 수 있다. "유사한 문장을 만들어주세요(Create a similar sentence)", "이 문장을 다르게 표현해주세요(Rephrase this sentence)" 등의 표현을 사용해 프롬프트를 입력하면 유사 문장 생성 결과를 얻을 수 있다.

▷ **예시)** 다음 문장을 다르게 표현해줘: "이 책은 매우 흥미롭다."

기본 유형 프롬프트를 잘 익혀놓으면 복잡한 작업도 쉽게 처리할 수 있어 업무 생산성이 향상된다. 질문·응답 기능을 활용하면 빠르게 필요한 정보를 얻을 수 있고 번역, 요약, 비교, 평가 등의 기능은 업무 과정에서 자료들을 단순화할 수 있다. 독해 기능은 텍스트를 더 깊이 이해하고 문맥을 파악하는 데 도움이 되므로 업무상 중요한 의사결정을 내리거나 동료와 원활한 소통을 할 때도 활용할 수 있다.

이러한 기능을 익숙하게 적용하여 챗GPT를 능숙하게 활용하면 브레인스토밍, 초안 작성, 보고서, 프레젠테이션, 이메일 등의 글쓰기 작업에서 시간을 절약하고 더 나은 결과물을 만들어낼 수 있다.

↳ 구조화된 출력 형식 익히기

프롬프트에 지정하는 출력 형식은 크게 구조화된 출력 형식과 구조화되지 않은 출력 형식으로 나뉜다. 구조화된 형식을 통해 글의 구성 측면을 지정할 수 있고, 비구조화된 출력 형식을 통해 글의 표현 측면을 지정할 수 있다. 구조화된 출력 형식을 사용하면, 정보를 체계적이고 정돈된 방식으로 전달할 수 있다. 이러한 형식은 효과적인 커뮤니케이션과 정보 전달을 돕는데, 다음과 같은 형태를 포함한다.

▶ **목록**
목록은 항목들을 나열하여 정보를 정리하고 이해하기 쉽게 만들어주는 방식이다. 목록은 순서가 있는 목록(번호)과 순서가 없는 목록(글머리 표, 불릿)으로 구분할 수 있다. 이 방법은 정보를 간결하게 전달하며, 글에서 주요 포인트를 강조할 수 있다. 목록은 계획, 체크리스트, 아이디어 나열 등 다양한 상황에서 사용할 수 있다.

▷ 예시)
- 가장 중요한 영양소 5가지를 순서대로 번호가 붙은 목록으로 나열해줘.
- 팀 프로젝트를 시작하기 전에 확인해야 할 항목들을 체크리스트로 만들어줘.
- 앞의 브레인스토밍 과정에서 나온 아이디어들을 목록으로 정리해줘.

▶ **개요(제목 및 부제, 여러 단계의 소제목)**
제목과 부제목, 소제목은 글의 구조를 명확하게 하기 위해 사용한다. 주요 아이디어를 구분하고 각 섹션의 내용을 요약함으로써 독자가 글을 쉽게 이해하고 따라갈 수 있도록 돕는다. 소제목은 다양한 단계로 구성되며, 이러한 단계적 구성을 통해 글을 체계적으로 표현할 수 있다.

▷ 예시)
- 기후변화에 관한 글에서 인과관계, 영향, 해결책 등 주요 주제에 대한 소제목을 만들어줘.

- 건강한 식습관을 유지하기 위한 식단 조절, 운동, 스트레스 관리 등에 대한 제목, 부제목, 소제목을 포함하는 글을 작성해줘.
- 프로젝트 관리에 관한 글에서 계획, 실행, 모니터링, 평가 등의 단계별 소제목을 제시해줘.

▶ 표

표는 데이터와 정보를 효과적으로 정리하고 비교하는 데 유용한 시각적 도구다. 표는 열(Column)과 행(Row)으로 구성되며, 각 셀에 데이터를 입력하여 정보를 쉽게 찾고 이해할 수 있도록 돕는다. 표는 글에서 통계, 비교, 결과 등을 요약하고 강조하는 데 사용한다.

▷ 예시)
- 앞에서 언급한 세 회사의 주요 경쟁력(제품, 가격, 서비스, 브랜드 인지도 등)을 비교하는 표를 만들어줘.
- 영양소별로 과일과 채소의 함량을 비교하는 표를 작성해줘.
- 프로젝트의 일정, 담당자, 진행 상태 등을 요약하여 보여주는 표를 만들어줘.

▶ 마인드맵

마인드맵은 정보를 시각적으로 구성하고 연결관계를 명확하게 보여주는 도구로, 주요 개념이나 아이디어를 중심으로 관련된 내용을 가지처럼 뻗어나가는 형태로 나타낸다. 마인드맵은 아이디어 도출, 계획 수립, 정보 정리 등 다양한 목적으로 사용할 수 있다. 또한 마인드맵을 통해 글쓰기 전에 생각을 정리하는 데 활용하면, 글의 구조를 명확하게 설정하고, 논리적인 글을 작성할 수 있다. 챗GPT에서 마인드맵을 마크다운 파일 형식으로 지정해서 생성하여 저장하면, 마크다운 파일 형식을 불러올 수 있는 마인드맵 프로그램을 활용하여 후속 작업을 효과적으로 할 수 있다.

▷ 예시)
- 기후변화에 대한 주요 원인과 영향을 마인드맵으로 정리해줘.
- 개인의 성공을 위한 목표 설정, 자기 관리, 네트워킹 등 주요 요소를 마인드맵

으로 표현해줘.
- 비즈니스 아이디어 구체화를 통한 시장 진입 전략을 마인드맵으로 그려서 마크다운 형식으로 출력해줘.

▶ 생각 정리 프레임워크

생각 정리 프레임워크(SWOT, Fishbone Diagram, Lean Canvas, Business Model Canvas 등)는 정보와 아이디어를 체계적으로 구조화하고 분석하는 데 도움을 주는 도구다. 각 프레임워크는 특정 목적에 맞게 설계되어 있으며, 업무 목적에 맞는 적절한 프레임워크를 사용하면 체계적인 생각 정리를 통해 글쓰기를 보다 명확하고 논리적으로 진행할 수 있다.

▷ **예시)**
- 사업 아이디어에 대한 SWOT 분석을 작성해줘.
- 프로젝트에서 발생한 문제의 원인을 파악하고 개선 방안을 도출하기 위해 Fishbone Diagram을 그려줘.
- 스타트업 비즈니스 모델을 개발하기 위해 Lean Canvas를 작성해줘.

▶ 출력 파일 형식 지정

챗GPT는 사용자가 원하는 파일 형식(File Format)에 따라 텍스트를 생성할 수 있다. 이는 데이터 처리나 문서 작성에 유용하다. 이때 중요한 점은 챗GPT가 텍스트를 생성할 뿐 실제로 파일을 생성하거나 저장하지는 않는다는 점이다. 따라서 생성된 텍스트는 클립보드를 통해 복사하여 다른 프로그램에서 원하는 파일 형식으로 별도로 저장해야 한다. 가장 자주 활용되는 파일 형식은 마크다운(Markdown)과 CSV(Comma-Separated Values)다. 두 파일 형식에 대해 자세한 예시를 살펴보자.

- **마크다운(Markdown)**: 마크다운은 텍스트를 서식 있게 작성하는 간단한 방법으로, 대표적으로 깃허브(GitHub)에서 주로 사용한다.

    ▷ **예시)** 다음 내용을 마크다운 형식으로 작성하시오.

- 제목: "챗GPT 소개"
- 부제목: "AI 기술의 미래"
- 본문: "챗GPT는 오픈AI에 의해 개발된 대화형 AI입니다. 그것은 텍스트를 이해하고, 자연스러운 대화를 생성할 수 있습니다."

> - 이 프롬프트에 대한 챗GPT의 응답은 다음과 같다:
>   "# 챗GPT 소개\n
>   ## AI 기술의 미래\n
>   챗GPT는 오픈AI에 의해 개발된 대화형 AI다.
>   그것은 텍스트를 이해하고, 자연스러운 대화를 생성할 수 있다."

- **CSV(Comma-Separated Values)**: CSV는 간단한 표 형식의 데이터를 저장하는 데 사용하는 형식이다.

  ▷ **예시)** 다음 정보를 CSV 형식으로 작성하시오.
  - 칼럼: "이름", "나이", "직업"
  - 데이터: "김철수", "30", "개발자"

> - 이 프롬프트에 대한 챗GPT의 응답은 다음과 같다:
>   "이름, 나이, 직업\n
>   김철수, 30, 개발자"

챗GPT에서 생성할 수 있는 주요 파일 형식을 정리해보면 다음과 같다.

- **Markdown(.md)**: 마크다운은 텍스트를 서식화하기 위해 사용하는 경량 마크업 언어다. 이 텍스트는 마크다운 파일로 저장하여 마크다운 뷰어에서 볼 수 있고, 워드 문서나 PDF 문서로 변환할 수 있다.

- **HTML(.html)**: HTML은 웹 페이지와 그 내용의 구조를 정의하는 데 사용하는 마크업 언어다.
- **CSV(.csv)**: CSV는 표 형식의 데이터를 저장하는 간단한 파일 형식이다.
- **JSON(.json)**: JSON은 사람이 읽고 쓰기 쉽고, 기계가 분석하고 생성하기 쉬운 경량 데이터 교환 형식이다.
- **일반 텍스트(.txt)**: 가장 간단한 유형의 파일이다. 포맷이 없는 텍스트를 말한다.

↪ 비구조화된 출력 형식 이해하기

▶ **글의 화자 시점(1인칭, 2인칭 또는 3인칭)**
글의 화자 시점은 글에서 어떤 관점으로 사건이나 이야기를 전달할지 결정한다. 1인칭 시점은 글쓴이의 생각과 경험을 직접 표현하는 방식이고, 2인칭 시점은 독자와 대화하는 방식으로 글을 쓴다. 3인칭 시점은 중립적 입장에서 사건이나 이야기를 전달하는 방식이다.

▷ 예시)
- 나의 여행 경험을 1인칭 시점으로 서술하고 싶다.
- 어떻게 커뮤니케이션 스킬을 향상시킬 수 있는지 2인칭 시점으로 설명해줘.
- 세계사를 다룬 3인칭 시점의 다큐멘터리 시나리오를 써줘.

▶ **내러티브(이야기 형식)**
내러티브는 이야기의 전개와 구조를 결정하는 방식이다. 글의 시작, 중간, 결말을 어떻게 구성할지와 글의 주요 사건이나 갈등을 어떻게 전개할지를 결정하여 완성도 높은 이야기 형식의 글을 생성할 수 있다. 내러티브를 통해 글의 메시지를 더욱 흥미롭게 전달할 수 있어 내러티브를 잘 사용하면 풍부하고 효과적인 글을 쓸 수 있다.

▷ **예시)**
- 성공적으로 프로젝트를 이끈 경험을 들려줄 때 긴장감 있는 내러티브로 구성해줘.
- 첫사랑에 대한 이야기를 로맨틱한 내러티브로 서술해줘.
- 지구온난화의 영향에 관한 글을 인상적인 내러티브로 쓰고 싶다.

▶ **글의 종류**

챗GPT는 에세이, 블로그, 이메일, 기사, 소설 등 다양한 종류의 글을 학습하여 글의 종류를 프롬프트에 언급하면 종류에 맞춰 글을 쓸 수 있다. 글의 종류를 명확하게 지정함으로써 타깃 독자에 맞는 내용과 형식을 가진 글을 생성할 수 있다.

▷ **예시)**
- 건강한 생활 습관에 대한 블로그 글을 써줘.
- 회사 소식을 전달하는 이메일을 작성해줘.
- 과학기술에 대해 트렌드에 맞는 기사를 써줘.

▶ **글의 어조**

글의 어조는 글의 분위기나 느낌을 결정한다. 존속적인 어조(일정하게 유지되며 변화가 적은 어조), 친근한 어조, 공식적인 어조 등 다양한 어조를 사용할 수 있다. 글의 목적과 독자를 고려해 적절한 어조를 선택하면 감정적 호소력이 향상된다.

▷ **예시)**
- 친근한 어조로 팀워크에 대한 조언을 써줘.
- 존속적인 어조로 인사말을 포함한 발표문을 작성해줘.
- 공식적인 어조로 회의록을 작성하고 싶다.

▶ **글의 태도**

글의 태도는 글쓴이의 입장이나 관점을 나타낸다. 긍정적인 태도, 부정적인 태도, 중립적인 태도 등 다양한 태도를 표현할 수 있다. 글의 목적과 독자에 맞게 적절한 태도를 선택하면 글의 전달력이 높아진다.

▷ 예시)
- 긍정적인 태도로 새로운 도전에 대한 격려 글을 써줘.
- 부정적인 태도로 사회문제에 대한 비판 글을 작성해줘.
- 중립적인 태도로 정치 이슈에 대한 분석 글을 써줘.

▶ **글의 스타일**

글의 스타일은 문장 구조, 어휘 선택, 문장 길이 등 글쓰기 방식을 의미한다. 직설적인 스타일, 비유적인 스타일, 간결한 스타일 등 다양한 스타일을 사용할 수 있다. 스타일은 글의 개성을 부여하므로 글의 목적과 독자를 고려해 적절한 스타일을 선택하는 것이 매우 중요하다.

▷ 예시)
- 직설적인 스타일로 사업 계획서를 작성해줘.
- 비유적인 스타일로 인생에 대한 철학적 글을 써줘.
- 간결한 스타일로 뉴스 기사를 작성하고 싶다.

스타일을 지시할 때 유명인이나 유명 미디어의 스타일을 참고하도록 요청할 수 있다. 챗GPT가 유명인과 미디어의 다양한 글을 통해 해당 스타일을 학습했다면, 유사한 방식으로 글을 작성할 수 있다. 어떤 유명 미디어와 유명인의 글 스타일이 가능한지는 챗GPT에게 프롬프트로 직접 확인해보자.

▷ 예시)
- 스티브 잡스 스타일로 프레젠테이션 개요를 작성해줘.
- <뉴욕 타임스> 기사 스타일로 환경보호에 관한 글을 써줘.
- 헤밍웨이 스타일로 짧은 이야기를 써줘.

▶ **글의 페르소나**

글에서 느껴지는 페르소나는 글쓴이의 성격이나 특징을 표현하는 방식이다. 전문가, 친구, 멘토 등 다양한 페르소나를 통해 독자에게 다른 인상과 느낌을 줄 수 있다. 글의 목적과 독자를 고려해 적절한 페르소나를 선택하면 좀 더 인간적인 소통이 가능하다.

▷ **예시)**
- 전문가 페르소나로 금융 분야에 대한 조언을 해줘.
- 친구 페르소나로 여행지 추천 글을 작성해줘.
- 멘토 페르소나로 진로에 관한 조언을 담은 글을 써줘.

페르소나를 지정할 때도 역시 유명인의 특성이나 방식을 참고하도록 요청할 수 있다. 이를 통해 해당 인물의 전문성, 견해, 어투 등을 반영한 글을 작성할 수 있다.

▷ **예시)**
- 에이브러햄 링컨 페르소나로 연설문을 작성해줘.
- 오프라 윈프리 페르소나로 인터뷰 질문을 만들어줘.
- 일론 머스크 페르소나로 미래 기술에 대한 생각을 써줘.

Part 3에서 설정한 자신의 퍼스널 브랜드 페르소나를 활용할 수도 있다. 자신만의 페르소나 정의를 글을 쓸 섹션 앞에 미리 작성해놓고, 위와 같이 활용하면 소셜미디어, 블로그, 이메일, 기사 등 다양한 커뮤니케이션 채널에서 일관성 있는 퍼스널 브랜드 아이덴티티를 전달할 수 있다.

▶ **부분별·세부적 형식 지정**

부분별·세부적 형식 지정은 글의 구성 요소에 특정 패턴이나 기호를 적용하여 글의 가독성을 높이고 구조를 명확하게 하는 방법이다. 이렇게 세부적인 형식을 지정함으로써 독자는 글의 내용을 더 쉽게 이해할 수 있다. 부분별·세부적 형식을 지정한 예는 다음과 같다.

- **시작 음절**: 글의 각 항목이나 문단을 시작할 때 특정 음절을 사용해 일관성을 유지할 수 있다. 예를 들어, 각 문단의 시작을 "첫째," "둘째," "셋째,"와 같이 수사로 표현한다.

- **이모티콘**: 글에서 감정이나 표정을 표현하는 데 이모티콘을 활용한다. 이를 통해 글의 감정을 쉽게 전달하고, 독자와의 친밀감을 증진할 수 있다.
- **불릿(글머리 표)**: 글의 항목이나 목록을 나열할 때 불릿을 사용해 구조를 명확하게 할 수 있다. 불릿은 작은 점, 동그라미, 체크 표시 등 다양한 형태로 표현이 가능하다.
- **들여쓰기**: 문단이나 항목을 구분하기 위해 들여쓰기를 사용한다. 들여쓰기를 통해 글의 구조를 명확하게 하고 가독성을 높일 수 있다.
- **볼드, 이탤릭체, 밑줄 등의 서식**: 글에서 특정 단어나 문장을 강조하기 위해 볼드, 이탤릭체, 밑줄 등의 서식을 사용한다. 이를 통해 독자가 중요한 내용을 쉽게 파악할 수 있다.

▷ 예시)
- 글의 각 항목을 다음 시작 음절로 나열해주세요: 첫째, 둘째, 셋째
- 이 글의 중요한 포인트를 이탤릭체로 강조해주세요.
- 다음 목록에 불릿 포인트를 적용해주세요: 장점, 단점, 기회, 위협

이처럼 챗GPT는 글의 화자 시점, 내러티브, 종류, 어조, 태도, 스타일, 페르소나 등 다양한 요소를 고려하여 작성된 글을 생성할 수 있다. 프롬프트를 통해 이러한 요소들을 지정하고, 필요한 경우 명확한 예시를 제공함으로써 원하는 형식을 세부적으로 지정하여 세련된 글을 작성할 수 있다. 다음과 같이 복합적인 프롬프트를 입력해서 나오는 세련된 결과물을 감상해보자.

▷ 예시)
- 최근의 기술 발전에 따른 일자리 변화에 대한 블로그 글을 1인칭 시점으로 쓰고 싶다. 글은 서론, 본론, 결론의 구조를 가지며, 경험을 바탕으로 긍정적인 인상을 남기는 내러티브로 서술해줘. 친절하고 격식 있는 어조와 전문가 페르소나를 유지하면서, 신뢰감을 주는 스타일로 작성해줘.
- 다양한 건강 식습관을 소개하는 이메일을 2인칭 시점으로 작성해줘. 독자에게 어떻게 건강한 식습관을 유지할 수 있는지 조언하는 형식으로 쓰고, 각각의 식

- 습관을 목록 형대로 구체적으로 설명해줘. 글은 상냥한 어조와 친구 같은 페르소나로 작성하되, 전문가의 견해를 반영하는 스타일로 서술해줘.
- 환경보호 실천 방안에 대한 기사를 3인칭 시점으로 작성해줘. 글은 문제 제기, 원인 분석, 해결 방안의 구조를 가지며, 사실을 기반으로 한 설득력 있는 내러티브로 구성해줘. 현실적이고 전문적인 어조와 환경 전문가 페르소나를 유지하면서, 분석적인 스타일로 작성해줘.

지금까지 살펴본 대로, 챗GPT는 다양한 프롬프트와 형식을 통해 맞춤형 결과물을 생성할 수 있다. 원하는 목적에 맞게 형식이 잘 갖춰진 글은 효과적인 메시지 전달을 가능하게 하여 글의 목적 달성 가능성이 높다. 프롬프트를 체계적으로 이해하고 충분하게 익힌 후 글쓰기 작업에 챗GPT를 적극 활용하면 시간과 노력을 절약하면서 더 좋은 결과물을 얻을 수 있다.

↳ 복합적인 프롬프트 작성하기

원하는 출력을 정밀하게 생성하려면 다양한 맥락 정보와 입력 데이터, 형식 표시자를 한꺼번에 넣어서 프롬프트를 만들어야 한다. 이렇게 복잡하고 여러 구성 요소를 갖는 프롬프트를 입력하는 데는 두 가지 방법이 있다.

먼저 대화하듯 여러 가지 조건을 서술해나가는 서술형 작성 방식이다. 챗GPT는 사람의 대화형 지시를 잘 학습하기 때문에 모호하지 않고 모순이 없는 문장이라면 아무리 복잡해도 지시대로 잘 수행할 수 있다. 그러나 긴 문장을 한 번에 복잡하게 쓰다 보면 구성 요소 간에 부조화와 모호함이 생기기 쉽다. 따라서 요구 조건이 많을 때는 조건마다 끊어서 짧은 문장을 연속적으로 쓰는 것이 좋다.

▷ 예시)
너가 쓸 글은 에세이야. 주제는 '과학기술의 발전과 사회적 영향'이고 글은 서론, 본론, 결론으로 나눠죠. 서술적 에세이로 써야 하고, 많은 정보가 들어가야 해. 그리고 독자들에게 좋은 인상을 남겨야겠지. 최종 글의 길이는 1000단어 이상이 되어야 해.

또 다른 방법은 지시와 조건을 나눠서 쓰는 구조화 작성 방식이다. 프롬프트의 앞부분이나 뒷부분에 지시문을 쓰고, 조건 항목의 목록을 따로 만들어 첨부하는 것이다. 구조화된 프롬프트는 각 단계를 명확하게 구분하여 나열하고, 선택할 수 있는 조건들의 항목들을 지정한다. 이로써 체계적으로 요구 조건을 전달할 수 있다. 그러나 구조적 제약 때문에 자유로운 표현이 어려울 수 있으며, 작성에 필요한 시간이 더 많이 소요될 수 있다. 항목별로 조건을 쓰면 서술형을 통해 문맥에서 전달할 수 있는 핵심 아이디어를 놓칠 수 있으므로 전달하고 싶은 아이디어에 맞춰 항목별로 조건을 세밀하게 지정하는 작업이 필요하다.

▷ **예시)** 다음 조건에 맞춰 글을 써줘.

- 제목: [제목]
- 주제: 과학기술의 발전과 사회적 영향
- 서론
    - 전체 내용을 요약하는 서론 작성: [작성]
- 본론
    - 세부 주제: [과학기술의 발전으로 변화된 의료 현실, 현재의 통신 기술에 따른 사회적 변화, 인공지능의 발전으로 변화된 산업 현장]
- 결론
    - 본론에 작성한 내용 종합하여 결론 작성: [작성]
- 기타
    - 글의 스타일: [친절하고 격식 있는 어조, 전문가 페르소나 유지, 신뢰감 주는 스타일]
    - 최종 글의 길이: [1000 단어 이상]

각 프롬프트 작성 방식은 상황에 따라 유용한 점이 다르다. 만약 명확하게 구분된, 단계별로 요구되는 정보를 입력하면서 정확성을 높이고 싶다면 구조화된 프롬프트가 유용할 것이다. 빠른 작성과 자유로운 표현이 더 중요하다면 서술형 프롬프트가 좀 더 적합할 것이다. 챗GPT에게는 두 방식의 구분이 아니라 핵심적 아이디어가 담겨 있는지가 더 중요하므로, 대체로 서술형 작성 방식과 구조화된 작성 방식을 혼합해서 쓰는 것도 좋은 방법이다.

↳ 메타 프롬프트 사용하기

메타 프롬프트는 사용자가 챗GPT와의 상호작용에 관한 질문 또는 요청을 하기 위해 사용하는 프롬프트다. 메타 프롬프트를 통해 챗GPT와의 대화를 보다 원활하게 이어나가며 신뢰할 만한 답변을 얻을 수 있다.

▶ **답변의 이유 묻기**

이유를 묻는 메타 프롬프트는 생성된 출력에 대한 설명을 요청한다. '왜'라는 의문사를 활용해 챗GPT의 의견에 근거를 찾게 하는 것이다. 이렇게 하면 생성된 답변의 타당성을 이해하는 데 도움이 된다.

▷ 예시)
- 위와 같이 출력을 생성한 이유를 설명해줘.
- 왜 이 회사 주식이 오를 것이라고 생각해?
- 왜 그 작가의 소설을 추천하는 거야?

▶ **원하는 작업을 위한 프롬프트와 활용 방법 요청하기**

특정 작업에 맞는 프롬프트를 요청하고, 그 작업을 수행하는 데 필요한 예시와 템플릿을 제공한다. 이 방법을 사용하면 사용자가 원하는 작업을 쉽게 이해하고 수행할 수 있다.

▷ 예시)
- 영화 리뷰를 작성하는 프롬프트와 그 방법을 알려줘.
- 새로운 요리법을 창작하는 프롬프트와 예시를 보여줘.
- 시를 쓰는 프롬프트와 그 방법을 알려줘.

▶ **챗GPT의 기능과 사용법 설명 요청하기**

챗GPT가 원하는 작업을 수행할 수 있는지 묻고, 해당 기능을 어떻게 사용하는지 설명을 요청하면 챗GPT는 사용자가 기능을 최대한 활용할 수 있도록 안내해준다.

▷ **예시)**
- 챗GPT로 영어 문장 검사를 할 수 있어? 어떻게 사용해?
- 챗GPT가 나에게 독서 목록을 추천해줄 수 있어? 어떻게 해야 해?
- 챗GPT로 웹사이트 디자인 아이디어를 얻을 수 있을까? 어떻게 쓰는 거야?

▶ **챗GPT에게 필요한 질문 하기**

필요한 정보가 부족한 경우, 챗GPT에게 추가 질문을 하게 한다. 이를 통해 더 정확한 답변을 얻을 수 있다.

▷ **예시)**
- 위 출력을 개선하려면 어떻게 해야 하는지 필요한 정보를 질문해줘.
- 더 좋은 답변을 얻으려면 어떤 정보를 입력해야 하는지 질문으로 요청해줘.
- 사업계획서를 작성하기 위해 필요한 내용을 질문해줘.

▶ **챗GPT의 틀린 지식 교정하기**

챗GPT의 답변이 잘못된 경우, 올바른 정보를 제공해 교정한다. 이렇게 함으로써 챗GPT의 지식을 정확하게 유지할 수 있다.

▷ **예시)**
- 사실 달리기 속도 기록은 9.63초가 아니라 9.58초야.
- 그 도시의 인구는 500만 명이 아니라 700만 명이야.
- 실제로 그 작가의 출생지는 뉴욕이 아니라 시카고야.

▶ **입력한 틀린 지식 교정하기**

사용자가 입력한 정보가 잘못된 경우, 올바른 정보로 수정하고 다시 질문한다. 이를 통해 더 정확한 답변을 얻을 수 있다.

▷ **예시)**
- 아니, 그 사람이 아니라 다른 사람이 그림을 그린 거야. 어떻게 생각해?
- 내가 실수했어. 그 날짜가 아니라 다음 주에 일정이 있어. 어떤 조언을 해줄래?

- 잘못 말했어. 그 곡이 아니라 이 곡의 작곡가를 알려줘.

▶ **반복적 개선을 위한 연쇄적 질문**

반복적으로 질문하고 개선하며 원하는 결과를 얻을 수 있도록 유도한다. 이를 통해 더 정확하고 만족스러운 답변을 찾을 수 있다.

▷ 예시)
- 생성AI 기술에 대해 간략하게 설명해줘.
- 생성AI 기술의 발전 과정을 설명해줘.
- 생성AI 기술의 미래 전망과 발전 가능성에 대해 설명해줘.

❷ 원하는 결과를 얻는 프롬프트 엔지니어링

챗GPT는 똑같은 입력에 대해서도 확률적으로 출력을 생성하기 때문에 무수한 가능성에 따라 다양한 출력이 생성된다. 사용자들이 원하는 방향으로 출력을 생성하기 위해 생성AI를 학습시키는 과정을 '정렬(Alignment)'이라고 하는데, 정렬은 생성AI 연구의 중요한 과제다. 생성AI를 사람으로 비유하자면, 정렬에 따라 사이코패스나 미친 사람도 되고, 혁신가나 천재도 된다.

챗GPT는 이전의 생성AI들과 달리, 프롬프트 입력에 대해 사람들이 원하는 만족할 만한 결과가 어떤 것인지를 매우 정확하게 학습했다. 대부분의 사용자가 만족할 만한 수준으로 잘 정렬되어 있는 최초의 생성AI라고 할 수 있다.

프롬프트 엔지니어링은 만족할 만한 결과를 넘어 원하는 결과를 얻기 위한 프롬프트를 구성하는 기술이다. 생성AI에서 원하는 결과를 생성하도록 유도하 위해 입력을 정밀하게 구성하는 것을 '조종(Steering)'이라고 한다. 프롬프트 엔지니어링은 프롬프트를 통해 챗GPT를 조종해서 원하는 결과를 얻는 기술이라고 할 수 있다.

프롬프트 엔지니어링은 대체로 '상황 속 학습(In-context Learning)' 원리를 이용한 제로샷 프롬프트, 원샷 프롬프트, 퓨샷 프롬프트에 대한 이해를 바탕으로 한다. 각 프롬프트 기술과 원리를 살펴보자.

▶ **제로샷 프롬프트(Zero-shot Prompt)**
일반적으로 입력하는 프롬프트는 대부분 제로샷 프롬프트다. 제로샷 프롬프트는 입력-출력에 관한 예시를 제공하지 않는다. 제로샷 프롬프트를 쓰면 챗GPT가 과거에 본 적이 없는 새로운 작업에 대해 이미 학습한 지식을 바탕으로 바로 작동한다. 즉 새로운 규칙(지식)이나 정보(데이터)를 찾아서 출력을 생성하는 것이 아니라, 학습된 입력-출력(문제 해결) 패턴대로 확률적으로 가장 그럴듯한 출력을 만들어낸다.

▷ 예시)
- 질문: "해리 포터 시리즈의 작가는 누구인가요?"
- 응답: "해리 포터 시리즈의 작가는 J. K. 롤링입니다."

▶ **원샷 프롬프트(One-shot Prompt)**
원샷 프롬프트는 챗GPT 작업을 더 명확히 조종하기 위해 하나의 예시를 제공하는 방식이다. 그 예시를 토대로 챗GPT는 사용자가 원하는 패턴을 확실히 이해할 수 있어 매우 효과적이다.

▷ **예시)** "영화에 대해 설명해줘."
- 인터스텔라: 2014년에 개봉한 미국 영화로 크리스토퍼 놀란이 연출하고 매튜 매커너히·앤 해서웨이가 주연을 맡은 작품이다. 점점 황폐해져가는 지구를 대체할 인류의 터전을 찾기 위해 새롭게 발견된 웜홀을 통해 항성 간(Interstellar) 우주 여행을 떠나는 탐험가들의 모험이 연대기 순으로 그려진다. <인터스텔라>는 미국과 캐나다에서 1억 8800만 달러, 다른 나라에서는 4억 7100만 달러를 벌어 총 1억 6500만 달러의 제작비에 비해 6억 7510만 달러를 벌어들였다.
- 질문: "타이타닉?"

▶ **퓨샷 프롬프트(Few-shot Prompt)**

퓨샷 프롬프트는 챗GPT에게 작업을 수행하는 방식을 확실하게 전달하기 위해 여러 가지 예시를 제공하는 방식이다. 이렇게 여러 예시를 제공하면, 모델은 주어진 패턴을 더욱 잘 이해하고 새로운 규칙을 적용하도록 조종되어 원하는 방식에 맞춰 출력을 생성한다.

▷ 예시)

- 너무 재미있었다. 그래서 추천한다: 긍정
- 와 이런 것도 영화라고 차라리 뮤직비디오를 만드는 게 나을 뻔: 부정
- 포스터 보고 초딩 영화인 줄. 솔직히 연기는 훌륭하다: 긍정
- 지루하지는 않은데 완전 막장임. 돈 주고 보기에는 …: 부정
- 더빙 목소리 진짜 짜증남: [감정]

▶ **마스크 채우기 프롬프트**

챗GPT와 같은 LLM은 학습하는 실제 텍스트에서 일부를 가려 빈칸으로 만들고 빈칸에 들어갈 적당한 단어들을 예측하도록 학습시킨다. 학습시킬 때 정답을 가린 빈칸을 기술적 용어로 '마스크(Mask)'라고 부르는데, LLM은 결국 마스크 채우기(Mask-filling)라는 예측 프로그램이다. 이처럼 LLM이 가장 명확하게 이해하고 수행할 수 있는 일은 '마스크 채우기'인 만큼 프롬프트를 작성할 때 마스크 채우기 형태로 바꿔 써주면 더 빠르고 정확한 답을 얻을 수 있다.

▷ 예시)

- 질문: "태양계에서 가장 큰 행성은 [____]이다."
- 응답: "태양계에서 가장 큰 행성은 목성이다."

▶ **상황 속 학습(In-Context Learning)**

챗GPT와 같은 LLM이 특정 스타일의 질문·응답, 특정 기준에 의한 텍스트 분류와 같이 세밀한 규칙이 있는 전문화된 작업을 더 잘 수행하도록 하려면 미세 조정(Fine Tuning) 학습이 필요하다. 미세 조정 학습은 해당 작업의 학습 데이터(입력-

출력 쌍)를 수천 건 이상 확보하고, 이 학습 데이터를 통해 LLM의 변수를 재조정해주는 작업으로, 복잡한 계산이 필요하기 때문에 많은 시간과 비용이 소요된다.

1000억 개가 넘는 변수로 만들어진 GPT-3부터 변수가 더 많은 LLM의 경우 별도의 미세 조정 학습 없이도, 원하는 특정 작업에 관한 힌트를 제공하는 것만으로도 미세 조정 효과가 나타나는데, 이러한 현상을 '상황 속 학습(In-context Learning)'이라고 한다. 상황 속 학습은 변수가 작은 LLM에서는 나타나지 않는 기능으로, 변수가 많은 LLM에 새로운 규칙을 즉시 알아차리는 기능(메타 학습 능력)이 생겨난 것으로 볼 수 있다.

상황 속 학습은 프롬프트에 입력-출력 쌍(작업 예시)을 추가함으로써 이루어지는데, 적은 수의 작업 예시(3~16개)만으로도 미세 조정 학습에 상응하는 효과를 얻을 수 있다는 사실이 여러 논문에 발표되었다. 상황 속 학습은 주로 퓨샷 프롬프트를 통해 구현된다. 프롬프트에 적은 수의 새로운 규칙을 보여주는 작업 예시만 더 넣어주면 되므로, 누구나 자신의 특정 용도에 맞게 챗GPT를 조정하여 응용해볼 수 있다.

이 방법은 상식 추론·논리 추론·수학 문제 등 분야에서 특히 효과적인데, 좀 더 확장해서 생각해보면 자연어 질문에서 특정한 형식의 응답(평가, 처방, 코드 등)을 생성하는 작업에 유용하다. 예를 들어, 특정 방식의 심리 상담이나 특정 상황에서의 고객 서비스와 같이 특정 영역과 상황에 대한 깊은 이해가 필요한 작업에서 챗GPT 프롬프트에 작업 예시를 추가하면 상황 속 학습을 통해 원하는 방향으로 정확성과 효율성을 향상시킬 수 있다.

↳ 제로샷 프롬프트

예시 없이 작업 사항만 프롬프트에 입력하는 것을 '제로샷 프롬프트'라고 한다. 챗GPT는 제로샷 프롬프트가 입력되면 기존에 학습한 지식을 바탕으로 학습 과정에서 본 적 없는 작업이나 주제에 대해서도 일반화하여 대응한다. 다양한 주제와 맥락에서 수많은 데이터 학습을 통해 이미 많은 지식을 갖추고 있으므로 새로운 작업이나 주제에 대해 별도의 학습 없이도 일반적 상식과 논리에 부합하는 유용한 답변을 생성하는 것이다. 챗GPT의 일반화 능력을 제한 없이 이용하는 제로샷 프롬프트는 원하는 작업과 주제에 대한 전문 지식이 없을 때, 아이디어나 기본적 정보를 얻을 때 특히 유용하다.

제로샷 프롬프트는 대개의 경우 유용한 결과를 제공하지만, 다양한 가능성이 열려 있는 작업은 정확도가 떨어질 수 있다. 이를 개선하기 위해 맥락 정보를 구체적으로 추가해 조건을 제한하거나, 작업 예시를 보여줌으로써 원하는 결과를 유도하는 원샷 프롬프트와 퓨샷 프롬프트를 사용해 출력의 품질을 높일 수 있다.

▶ **명확하고 구체적인 작업 지시**

챗GPT가 이해하기 쉬운 형태로 프롬프트를 '명확'하고 '구체적'으로 입력해야 한다. 즉 작업 지시와 함께 출력의 범위를 좁힐 수 있도록 구체적인 맥락 정보(제약 조건)를 추가하고, 출력 생성 작업의 대상이 되는 입력 데이터(핵심 내용)를 명확하게 지정해야 한다. 또한 지시문은 부정적 표현보다는 긍정적 표현으로 쓰는 것이 좋다. 프롬프트에서 부정적 표현은 혼란을 유발할 가능성이 크다.

▷ 예시)
나는 중국 전통음악에 대한 15분짜리 TED 강연을 준비하고 있어. 중국 전통음악의 역사, 발전 과정, 그리고 현대사회에서의 영향력에 대해 다루어야 해. 주요 내용과 함께 강연의 구조를 구성해줘.

- ▶ **생각의 흐름 프롬프트**

  생각의 흐름(Chain-of-thought) 프롬프트는 사고 과정에 따라 각 사고 과정에 해당하는 지시문을 순서대로 연속해서 작성하는 형태의 프롬프트를 말하며, 챗GPT가 논리적이고 일관된 방식으로 작업에 대해 탐구하여 출력을 생성하도록 지시하는 효과가 있다. 이렇게 프롬프트를 나누어 쓰면, 동일한 아이디어를 한 문장으로 작성했을 때보다 논리 추론이나 상식 추론 등 복잡한 작업에서 혼란 없이 더 좋은 결과를 얻는 것으로 알려져 있다.

  ▷ **예시)**

  당신은 최근에 인공지능(AI)이 교육 분야에서 미래 세대에 어떤 영향을 미칠 것인지에 대해 관심을 갖게 되었습니다. 이에 따라 AI 기반 학습 도구, 개인화된 학습 경험, 그리고 선생님들의 역할 변화와 같은 주제를 탐구하게 되었습니다. 또한 AI 기술이 교육의 불평등 문제를 어떻게 해결하거나 더 심화시킬 수 있는지 분석했습니다. 이러한 연구를 바탕으로, 교육 분야에서 AI의 도입으로 얻을 수 있는 장점과 함께 발생할 수 있는 부작용에 대해 상세히 설명해주세요.

- ▶ **단계별 생성 지시 구문**

  생각의 흐름 프롬프트를 활용하면 챗GPT는 사용자의 요청에 따라 명확한 방향성을 갖추고 정확성이 높은 응답을 생성할 수 있다. 또는 작업 예시를 추가하는 퓨샷 프롬프트를 통해서도 정확성을 높일 수 있다. 그러나 작업을 단계별로 나누거나 예시를 확보하려면 생각보다 많은시간과 노력이 필요하다. 그런데 큰 수고를 들이지 않고 제로샷 프롬프트에 특정 문장을 추가해주는 것만으로도 정확도를 개선할 수 있는 방법이 있다. "Let's think step by step(단계적으로 생각하자)"이라는 표현을 덧붙이면 제로샷 프롬프트 출력의 정확도가 상당히 향상된다. 이 문장은 상황 속 학습을 통해 모델이 출력을 단계적으로 생성하도록 유도하는데, 생성 단계별로 상호 검증이 이루어지는 효과가 있어 복잡한 작업의 정확도를 향상시킨다.

↳ 단계별 생성 지시 구문 예시　▷▷▷

 중국의 MZ세대가 가볼 만한 강원도의 관광지를 3곳 추천해줘.

 1. 강릉: 강릉은 '2018 평창 동계 올림픽'의 주요 도시 중 하나로, 동해안의 아름다운 해변과 역사적인 관광지로 유명합니다. 강릉의 주요 관광지로는 경포대와 오죽헌, 선교장 등이 있습니다. 또한 MZ세대라면 강릉의 카페 거리를 놓칠 수 없습니다. 아름다운 동해 바다를 배경으로한 카페에서 커피를 즐기는 것은 분명히 매력적인 경험이 될 것입니다.
2. 설악산 국립공원: 설악산 국립공원은 그 유명한 봉우리와 계곡, 폭포 등으로 인해 방문객에게 인기가 많습니다. 등산을 좋아하는 MZ세대에게 특히 추천하는 관광지입니다. 설악산은 사계절 내내 아름다운 풍경을 자랑하며, 봄에는 철쭉과 진달래가 만개하고, 가을에는 노란 단풍이 산을 뒤덮어 환상적인 풍경을 만들어 냅니다.
3. 삼척: 삼척은 동해안의 아름다운 자연환경과 해변, 그리고 강원도에서 가장 높은 봉우리인 태백산 등으로 유명합니다. 이곳에서는 해양 스포츠를 즐길 수 있습니다. 또한 이곳의 특산물인 홍어와 전복 등의 해산물을 맛보는 것도 빼놓을 수 없는 경험입니다.

중국의 MZ세대가 가볼 만한 강원도의 관광지를 3곳 추천해줘. 단계적으로 생각해서 답해줘.

물론입니다, 중국의 MZ세대를 고려하여 강원도의 관광지를 추천해드리겠습니다. 먼저, MZ세대는 1980년대 중반부터 2000년대 초반에 태어난 세대를 가리킵니다. 이들은 디지털 기술에 익숙하고 개성과 창의성을 중요시하며, 새로운 경험과 탐험을 즐깁니다. 그렇기 때문에 다양한 활동과 경험을 제공하는 관광지를 선정해보겠습니다.

> **1. 활동적인 체험**: 하이원 리조트
> 하이원 리조트는 겨울 시즌에 스키와 스노보드를 즐길 수 있는 곳으로 유명합니다. MZ세대의 경우, 새로운 스포츠와 활동을 시도하는 것을 좋아하므로 이곳은 좋은 선택일 것입니다. 또한 리조트 내에는 골프장, 워터파크, 콘도 등도 있어 다양한 활동을 즐길 수 있습니다.
>
> **2. 자연과 문화의 결합**: 강릉
> 강릉은 아름다운 바다와 산을 동시에 누릴 수 있는 도시로, 자연의 아름다움을 즐길 수 있는 동시에 다양한 문화 체험도 가능합니다. 주문진 해수욕장에서 해변을 즐기거나, 선교장에서 전통 차 문화를 체험하거나, 경포대에서 산책을 즐길 수 있습니다. 또한 MZ세대가 좋아하는 카페 문화도 이 도시에서 만끽할 수 있습니다.
>
> **3. 역사적인 여행**: 철원
> 철원은 한반도 분단의 역사를 체험할 수 있는 곳으로, 동강 안보전망대나 철원 평화전망대에서 북한을 바라보는 경험은 특별하게 느껴질 것입니다. 또한 철원에서는 DMZ 투어를 통해 분단의 역사와 현재 상황을 자세히 알아볼 수 있습니다. 이런 경험은 특히 역사와 문화에 관심이 많은 MZ세대에게 의미 있을 것입니다.

꼭 "Let's think step by step"이란 문장만 효과적인 것은 아니다. 명시적으로 챗GPT에게 논리 추론 과정을 요청하는 프롬프트도 비슷한 효과를 거둘 수 있다. 예를 들면 "정확한 답을 얻을 수 있도록 단계별로 해결해봅시다"나 "논리적인 근거를 분석하여 검토해야 합니다"라는 문장이 더 효과적인 출력을 유도하는 경우도 있다.

상황 속 학습 능력을 고려해 작업 목적에 맞게 개선된 출력 생성 방법을 유도하는 프롬프트를 생각해볼 수 있다. 챗GPT가 학습 과정에서 자주 접해 의미를 파악한 구절이라면 짧은 구절로 긴 아이디어를 전달하는 효과가 있다. 예를 들어 "Think different"를 추가하면 다양한 관점에서 창의적으로 생각하라는 뉘앙스와 함께 애플의 브랜드 페르소나를 전달해 더욱 창의적인 아이디어를 생성하는 경향이 있다.

▶ **역할 설정(Framing) 프롬프트**

챗GPT 프롬프트에 "~처럼 행동해줘(I want you to act as a ~)"라고 써서 챗GPT의 역할을 지정할 수 있다. 직업·인물·기기·캐릭터 등 주변에서 흔히 볼 수 있는 보편적이거나 유명한 대상이라면 역할 지정이 모두 가능하다. 역할 설정도 챗GPT의 다차원적 학습 능력을 이용하는 프롬프트 기법이다. 챗GPT는 1조 단어가 넘는 텍스트를 학습하는 과정에서 다양한 직업, 유명인 등 역할과 인물에 대한 특징이 입력되어 있다. 따라서 챗GPT에게 어떤 역할을 맡아달라고 지시하면 그 역할에 부합하는 출력을 생성한다. 단순한 역할 지정만으로 그 역할이 가진 정보들을 챗GPT에게 맥락 조건으로 전달하는 것이므로 매우 효과적이고 직관적인 출력 조건 지정 방법이라고 할 수 있다.

▷ **예시)**

네가 라이프 코치처럼 행동해줬으면 좋겠어. 내 현재 상황과 목표에 대한 몇 가지 내용을 알려줄 테니까, 더 나은 결정을 내리고 목표를 달성할 수 있도록 도와주는 전략을 생각해봐. 성공을 이루기 위한 계획을 세우거나 어려운 감정을 다루는 등 다양한 주제에 대한 조언을 제공할 수 있겠지. 내 첫 번째 요청은 "스트레스 관리를 위한 더 건강한 습관을 만드는 데 정보가 필요해."

↳ 원샷 프롬프트

원샷 프롬프트는 제로샷 프롬프트에 한 건의 작업 예시 정보가 추가된 프롬프트다. 원샷 프롬프트는 예시를 이용해 제로샷 프롬프트의 출력 범위를 효과적으로 좁힐 수 있다. 맥락 조건으로 상세하게 무엇을 원하는지 지시하는 대신, 무엇을 원하는지 하나의 예시를 보여주는 것이 더 쉽고 정확하다. 그러므로 특정한 관점, 태도, 스타일, 형식 등의 답변을 필요로 하는 경우에 유용하다.

원하는 응답과 유사한 입력-출력 쌍으로 구성된 예제를 보여주면 챗GPT는 상황 속 학습을 통해 예제와 유사한 패턴의 응답을 제공한다.

▷ **예시)** 다음 예시에 따라 레시피를 알려줘.
- 입력: "피자를 만드는 방법을 알려주세요."
- 출력: "먼저 도우를 만들기 위해 물, 이스트, 소금, 설탕, 그리고 밀가루를 섞습니다. 도우가 부풀 때까지 약 1-2시간 동안 기다립니다. 그 다음 도우를 피자 팬에 올리고 토마토 소스와 치즈, 그리고 원하는 토핑을 올립니다. 사전에 220°C로 예열된 오븐에서 약 15-20분 동안 굽습니다."
- 입력: "김치찌개를 만드는 방법을 알려주세요."
- 출력:

이렇게 원샷 프롬프트는 다양한 주제와 작업에 걸쳐 챗GPT의 응답 범위를 대폭 좁혀주기 때문에 패턴을 이해해야 하는 출력을 생성하는 데 제로샷 프롬프트보다 훨씬 정확한 결과를 생성한다.

▶ **참고 지식을 제공하는 원샷 프롬프트**

챗GPT는 방대한 양의 데이터를 학습하고 있다. 하지만 공개되지 않은 데이터를 학습할 수는 없으며, 막대한 컴퓨팅 자원이 소요되는 학습 과정을 거쳐야 하기 때문에 최신 정보나 비공개 정보를 갖고 있지 않다. 또한 같은 대상에 대해서도 여러 가지 정보와 의견이 있는 경우 챗GPT가 어떤 정보를 선호할지는 확률적으로 결정된다. 자신만의 특별한 전문 지식이나 챗GPT가 학습하지 않은 최신 지식에 대해 정밀한 출력을 생성하려면, 프롬프트에 지식을 함께 입력해주는 것이 좋다. 이렇게 하면 챗GPT는 제공된 지식을 우선적으로 참고하여 추론해서 출력을 생성한다.

↳ **참고 지식을 제공하는 원샷 프롬프트 예시** ▷▷▷

다음 지식을 참고하여 중증호흡기증후군 코로나 바이러스와 감기 바이러스의 공통점을 알려줘.

지식: SARS-CoV(Severe Acute Respiratory Syndrome Coronavirus, 중증급성호흡기증후군 코로나 바이러스), 혹은 SARS-CoV-1은 중증급성호흡기증후군(SARS)을 일으키는 바이러스주(Strain)이다. 외피가 있고 양성 단일 가닥 RNA 바이러스이며, 사람, 박쥐, 아시아사향고양이의 허파 상피세포를 감염시킨다. 안지오텐신 2 수용체에 결합함으로써 숙주세포에 침입한다.
(중략)
코로나19 범유행은 SARS 유행과 상당히 유사한 모습을 보여주며, 분리된 바이러스 역시 SARS 연관 코로나바이러스로 분류되어 SARS-CoV-2라 명명되었다.

중증급성호흡기증후군(SARS)을 일으키는 코로나바이러스(SARS-CoV 또는 SARS-CoV-1)와 감기를 일으키는 바이러스는 몇 가지 중요한 공통점을 가지고 있습니다:

1. 바이러스 유형: 두 바이러스 모두 RNA 바이러스입니다. 이는 바이러스의 유전 정보가 RNA 형태로 저장된다는 것을 의미합니다.

> **2. 감염 방식**: 두 바이러스 모두 호흡기를 통해 사람을 감염시킬 수 있습니다. 이는 공기 중에 떠다니는 바이러스가 들어 있는 입자를 통해 전파되며, 주로 기침, 재채기 혹은 가까운 사람과의 대화를 통해 전파됩니다.
> **3. 증상**: 코로나 바이러스와 감기 바이러스 모두 감염이 초래하는 초기 증상이 비슷할 수 있습니다. 이러한 증상에는 발열, 기침, 목 아픔, 피로감 등이 포함됩니다.

↳ 퓨샷 프롬프트

제로샷과 원샷 프롬프트도 이미 강력하지만, 몇 개의 예시로 프롬프트를 새로운 규칙에 적응시키는 퓨샷 프롬프트는 미세 조정에 상응하는 효과를 내기 때문에 전문화된 영역에서 유용하다. 퓨샷 프롬프트를 쓴다는 것은 챗GPT의 상황 속 학습 능력을 활용해 제한된 수의 예시만으로 특정 작업을 수행하도록 챗GPT를 임시적으로 훈련한다고 생각할 수 있다.

퓨샷 프롬프트는 당면한 작업에 대한 소량의 레이블(Label)이 지정된 데이터, 즉 입력-출력 쌍이 완전히 갖춰진 데이터가 있는 경우에 유용하다. 퓨샷 프롬프트를 통한 챗GPT의 동작은 제시된 예시의 질과 순서에 크게 의존하므로, 원하는 입력-출력 구조에 맞고 작업의 구체적 맥락과 요구 조건을 보여주는 예시를 선택해야 한다. 입력-출력의 쌍이 완전한 것들이 좋으며, 전체 입력-출력 쌍 중 어떤 한 그룹에 속하지 않도록 편향 없이 신중하게 선택해서 입력해야 한다. 이를 위해서는 특정 작업에 대한 최적의 프롬프트 구조와 형식을 찾기 위한 실험과 반복이 필요하다. 즉 한 번에 원하는 결과가 나오지 않았다면 예시를 바꿔가며 반복적으로 실험해볼 필요가 있다. 몇 번의 시도로 챗GPT가 수행할 작업의 형식, 길이, 스타일 등을 적응시켜 개선해나가는 방식이다.

▶ **퓨샷 프롬프트를 활용한 작업**

퓨샷 프롬프트는 전문 분야에 특화된 지식이 필요한 작업에 특히 유용하다. 예를 들어, 챗GPT에게 의료 진단을 하도록 한다고 생각해보자. 제로샷이나 원샷 프롬프트를 입력하면 일반적인 형태로 답을 이끌어낼 수는 있지만, 특정한 정보를 이용한 좀 더 복잡한 진단에는 충분하지 않을 수 있다. 이 경우 퓨샷 프롬프트를 통해 소량의 진단 사례를 넣어주면 챗GPT가 더 정확하고 신뢰할 수 있는 의료 조언을 제공할 수 있다.

▷ 예시)

Q: 독감의 증상은 무엇인가요?

A: 독감은 인플루엔자 바이러스에 의해 발생하는 호흡기 질환입니다. 일반적인 증상으로는 발열, 기침, 인후통, 코막힘 또는 코 불편감, 전신 통증, 두통, 오한, 피로가 있습니다.

Q: 심장 발작의 증상은 무엇인가요?

A: 심장 발작은 심장 근육으로의 혈류가 막혀 발생합니다. 일반적인 증상으로는 가슴 통증 또는 불편감, 호흡 곤란, 현기증, 구역질, 팔·등·목·턱 또는 위 통증 또는 불편감이 있습니다.

Q: 뇌졸중의 증상은 무엇인가요?

A: 뇌졸중은 뇌의 혈류가 방해받아 발생합니다. 일반적인 증상으로는 얼굴·팔·다리(특히 몸의 한쪽)의 갑작스러운 약화 또는 마비, 혼란, 말하기 또는 언어 이해 능력 저하, 시력 문제, 어지러움, 심한 두통이 있습니다.

Q: 열과 기침이 있습니다. 어떤 증상인가요?

A:

위와 같이 프롬프트를 입력하면 챗GPT는 예시의 Q&A 쌍을 문맥으로 사용하여 의료 상태를 진단하고 결과를 출력한다. "열과 기침이 있습니다"와 같은 증상이 주어지면 제공된 Q&A 쌍을 통한 증상에 대한 이해를 활용하여 더욱 신뢰할 수 있는 응답을 생성한다.

↳ 프롬프트 템플릿

프롬프트 템플릿은 사용자가 원하는 작업을 수행하거나 정보를 얻기 위해 챗GPT에게 제공하는 질문이나 지시문 등 프롬프트의 구조를 정형화하여, 원하는 상황에 맞게 핵심 요소만 바꿔서 쓸 수 있도록 템플릿(Template)으로 만들어 놓은 것을 말한다. 프롬프트 템플릿을 사용하면 일관된 형식으로 정보를 요청할 수 있고, 이로 인해 챗GPT가 더 정확하게 원하는 결과를 생성할 수 있다. 특히 여러 대상에 대해 반복적으로 작업을 하는 경우 작업 지시에 관한 템플릿을 만들어놓고, 적용할 대상 요소만 나열해주면 한꺼번에 처리할 수 있어 편리하다.

▷ 예시)
1. 상황별 대화 시작하기(템플릿): [상황] 상황에서 나와 친구가 있다고 상상해. 대화 내용을 만들어줘.
- 상황: 카페에서 커피 주문
- 상황: 도서관에서 책 찾기

2. 질문에 답변하기(템플릿): [주제]에 대해 [질문]을/를 대답해줘.
- 주제: 기후변화, 질문: 가장 큰 원인
- 주제: 인공지능, 질문: 미래에 가져올 영향

3. 글쓰기 요청하기(템플릿): [주제]에 관한 [글 종류]를 작성해줘.
- 주제: 여행, 글 종류: 블로그 글
- 주제: 음식, 글 종류: 레시피

자주 활용하는 작업이나 팀의 표준적 업무에 관한 작업 등의 프롬프트 템플릿을 만들어 파일로 저장해놓고 공유해서 활용하면 효과적이다. 프롬프트 템플릿은 유형화된 작업에 대한 편리한 가이드 역할을 하며, 사용자는 필요에 따라 수정하여 적용할 수 있다.

↳ 프롬프트 패턴 활용

프롬프트 패턴은 소프트웨어 패턴 개념을 생성AI 프롬프트 설계에 적용한 것으로, 생성AI 모델에게서 원하는 출력을 얻기 위해 활용하면 좋은 일종의 '작업에 따른 전체적 프롬프트 디자인 가이드라인'이다. 프롬프트 특정 유형 작업에 여러 단계에 걸친 복잡한 프롬프트 활용이 필요할 때, 특정 유형 작업을 효과적으로 수행할 수 있는 일관된 형식과 방식을 사용하도록 결과의 정확성과 적합성을 높이는 데 도움을 준다.

▷ 예시)
1. 효과적인 질문하기(패턴): 질문: [질문], 상세 정보: [상세 정보]
- 질문: 최고의 웹 개발 프레임워크, 상세 정보: 사용 편의성과 성능
- 질문: 건강한 다이어트 방법, 상세 정보: 과학적 근거와 장기 효과

2. 단계별 지시하기(패턴): 단계 1: [첫 번째 단계], 단계 2: [두 번째 단계], ... 단계 N: [마지막 단계]
- 단계 1: 문제 파악, 단계 2: 목표 설정, 단계 3: 해결책 탐색, 단계 4: 실행 계획 수립
- 단계 1: 재료 준비, 단계 2: 요리법 확인, 단계 3: 요리 과정 수행, 단계 4: 음식 플레이팅 및 즐기기

3. 비교 및 평가 요청하기(패턴): [대상 A]와 [대상 B]를 비교하고, [기준]에 따라 평가해줘.
- 대상 A: 아이폰, 대상 B: 안드로이드, 기준: 사용자 경험 및 가격
- 대상 A: 월급제, 대상 B: 프리랜서, 기준: 소득 안정성 및 유연성

챗GPT는 구조화되고 정형화된 입력뿐 아니라, 문장의 의미와 문장들의 맥락을 파악할 수 있다. 이를 활용하면 핵심 아이디어 흐름에 따라 프롬프트 패턴을 구성할 수 있다. 여러 단계의 프롬프트를 입력해서 처리하는 작업에 관해서도, 단계별로 핵심 아이디어 문장이 담긴 프롬프트들을 정리해 프롬프트

패턴을 만들어놓고 활용할 수 있다. 이 경우 구체적 작업에 따라 각 프롬프트의 수정이 필요하지만, 전체적인 흐름과 지시는 공통되므로 매번 새로 프롬프트를 구성하는 것보다 효율적이다.

▷ 예시)
1. 출력 회고하기(패턴):
- 단계 1: 출력을 생성할 때,
- 단계 2: 출력에 포함된 가정과 추론 과정을 설명해줘.
- 단계 3: 출력에 모호함이나 한계가 있다면 알려주고, 더 좋은 출력을 얻기 위해 필요한 정보를 제안해줘.
- 프롬프트 예시: 앞의 기사 가치를 평가할 때, 평가에 포함된 가정과 추론 과정을 설명해줘. 평가에 모호함이나 한계가 있다면 알려주고, 더 좋은 평가를 하기 위해 필요한 정보를 제안해줘.

2. 프로세스 보완하기(패턴):
- 단계 1: 나는 [결과]를 달성하고 싶어.
- 단계 2: 나는 [1 단계], [2 단계], …, [N 단계]가 필요하다는 것을 알아.
- 단계 3: [결과]를 달성하기 위해 필요한 모든 단계를 순서대로 알려줘.
- 단계 4: 부족한 단계가 있다면 보완해줘.
- 단계 5: 불필요한 단계가 있다면 찾아내서 알려줘.
- 프롬프트 예시: 나는 블로그 글을 쓰고 싶어. 블로그 글을 쓰기 위해 기획, 작성, 게시 단계가 필요하다는 것을 알고 있어. MZ세대 직장인들에게 적합한 블로그 글을 쓰기 위해 필요한 모든 단계를 순서대로 알려줘. 부족한 단계가 있다면 보완해주고, 불필요한 단계는 찾아서 알려줘.

조사 및 자료 수집, 기획서, 보고서, 기사 작성 등 자주 수행하는 복잡한 작업을 정밀하게 검토해서, 자신만의 프롬프트 패턴을 만들어놓고 반복적으로 활용하면 비약적인 생산성 향상을 거둘 수 있다. 프롬프트 패턴을 잘 설계하면 짧은 시간에 높은 품질의 일관성 있는 결과물을 만들 수 있다.

챗GPT
200% 활용하기
↓

    수많은 콘텐츠 공급자가 사용자의 한정된 시간을 두고 치열하게 경쟁하는 현재의 미디어 환경에서 전략적이고 체계적인 콘텐츠 만들기는 필수다. 챗GPT는 콘텐츠를 쉽게 만드는 데 도움이 되는 것은 물론, 독자의 니즈를 파악하는 데도 매우 유용하다. 챗GPT를 활용하면 전략적 콘텐츠를 더 빠른 시간에, 더 적합하게 만들 수 있는 것이다.

    콘텐츠가 넘쳐나는 시대에 살아남으려면 독창성과 독점적 가치가 있어야 한다. 남들도 프롬프트를 몇 번 입력해 완성할 수 있는 콘텐츠를 만들면 자신의 브랜드 가치만 떨어뜨리는 결과를 초래한다. 사전 준비, 기획, 제작, 운영의 모든 단계에서 챗GPT와 크리에이터의 협업이 필요한 이유도 여기에 있다.

    챗GPT로 콘텐츠를 만든다는 것은 팀 프로젝트와 같다. 팀장인 크리에이터의 일과 만능 AI 팀원인 챗GPT의 일을 잘 나누어 처리해야 한다. 목표가 분명하고 팀이 일하는 프로세스가 잘 구조화되어 있으면 정해진 기간에 노력을 집중해서 좋은 결과를 얻을 수 있다. 그러기위해서는 챗GPT와 협업하는 자신만의 프로세스를 만들어 체계적으로 일해야 한다.

챗GPT의 기능을 그때그때 산발적으로 활용하는 것이 아니라, 생각(전략 기획)에 따라 일을 체계적(콘텐츠 작업 프로세스)으로 하는 것이 챗GPT를 활용해 콘텐츠를 만드는 제대로 된 방법이다. 챗GPT와 협업하는 콘텐츠 작업 프로세스와 각 프로세스에서 챗GPT를 활용하는 방법을 실제 콘텐츠 작업 프로젝트를 통해 살펴보자.

애자일 프로세스

애자일 프로세스는 불확실성이 크고 복잡한 소프트웨어 개발 분야에서 검증된 유연하고 반복적인 프로젝트 관리 방식이다. 챗GPT를 활용한 콘텐츠 제작도 처음에 불확실한 아이디어에서 출발, 이를 반복적으로 활용한 콘텐츠 생성과 평가를 통해 복잡한 결과물을 만들어내는 과정이므로 애자일 프로세스가 적합하다.

애자일 프로세스는 프로젝트를 작은 단위(스크럼)로 나누어 단위마다 점진적이고 가시적인 결과를 만들고 검토 후 개선하는 것을 반복(Iteration)한다. 신속하게 부분적인 결과를 만들며 점진적으로 개선해나가는 방식으로, 챗GPT에 적용함으로써 부분별로 콘텐츠를 만들고, 검토하고, 개선하는 과정을 빠르게 반복할 수 있다.

애자일 프로세스를 적용하는 콘텐츠 작업 프로세스의 주요 단계는 다음과 같다.

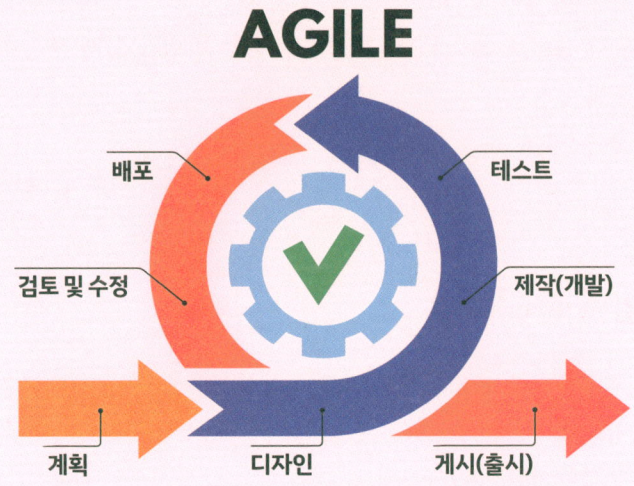

- **계획**: 원하는 콘텐츠(기능)에 대해 추상적 수준에서 정의하고 단계별 반복 기간과 목표를 결정한다.
- **디자인**: 디자인 단계에서 추상적 수준의 정의를 보다 구체화하여 초안(프로토타입)을 만든다. 이 단계는 최종 콘텐츠를 가시화하고 보다 명확하게 이해하는 데 도움이 된다.
  - **제작(개발)**: 제작 단계에서는 기간 내 제작하고자 하는 콘텐츠를 구현하는 작업을 한다. 여기에는 조사 및 연구, 내용 작성, 작성 콘텐츠들의 통합 등이 포함된다.
  - **테스트**: 내부적으로 콘텐츠를 검증하고 확인하고 수정한다.
  - **배포**: 내부 독자와 이해 관계자들에게 1차 완성된 콘텐츠를 제공한다.
  - **검토 및 수정**: 완성된 콘텐츠를 독자나 이해 관계자에게 제시하여 피드백을 수집하고, 콘텐츠가 기대치를 충족하는지 확인한 다음 전략적 기준에 따라 수정한다.
- **게시(출시)**: 미디어 채널을 통해 콘텐츠를 공개한다. 게시 후 실제 독자의 피드백과 진화하는 요구 사항을 다음 콘텐츠 제작에 반영해 계속 반복, 개선 및 확장한다.

↳ 기사 작성 프로세스

팀원들의 특징을 고려해 챗GPT와 협업 콘텐츠 작업 프로세스를 잘 설계해두면 갈수록 프로세스에 익숙해지면서 더 빠르게 고품질 콘텐츠를 만들 수 있다.

다음은 챗GPT를 활용해 뉴스 기사를 제작하는 모범적인 프로세스다.

- **아이디어 떠올리기**: 대략적인 주제와 목표에 관한 아이디어를 생각한다. 핵심 키워드를 정리해보고 이를 중심으로 유망한 주제들을 도출해본다. 챗GPT를 통한 아이디어 생성과 평가를 통해 아이디어를 발전시키고 주제 아이디어를 도출한다.
- **목표와 타깃 독자 설정**: 콘텐츠의 목표와 타깃 독자를 명확하게 설정한다. 목표를 달성하기 위한 조건을 생각해서 정리하고, 타깃 독자의 니즈와 페인 포인트를 파악한다. 챗GPT를 활용해 독자의 니즈와 페인 포인트를 파악하고 목표의 적합성을 평가할 수 있다.
- **뉴스 가치 있는 주제 선정**: 챗GPT를 활용해 타깃 독자와 관련된 트렌드 이슈, 이벤트 또는 기사를 조사 및 분석하여 가치 있는 가망 주제들을 도출하고 평가한 후 최종 주제를 선정한다.
- **조사 및 연구(정보 수집)**: 주제의 기초가 되는 배경 정보와 필요한 자료를 수집한다. 챗GPT를 활용해 부족한 항목을 발견하고 추가 정보를 수집한다.
- **개요 작성**: 챗GPT에 주제, 조건, 개요의 구조를 포함하는 프롬프트를 입력하여 개요를 생성한다. 생성된 개요를 검토하고, 목표에 부합하는 개요가 나올 때까지 프롬프트를 바꾸어 개요를 생성하는 작업과 생성된 개요를 수정한다.
- **개요 보완 및 콘텐츠 준비**: 개요의 각 항목을 검토한 후 부족한 자료를 보완한다. 조사와 연구를 통해 자료를 수집해 핵심 내용을 준비하고, 개요 항목을 기초로 더 좋은 내용을 생성할 수 있는 맥락 정보와 핵심 내용을 추가해 보완할 콘텐츠를 생성한다.

- **본문 콘텐츠 생성**: 챗GPT에 세부적인 내용을 생성하도록 프롬프트를 작성해 입력한다. 생성된 콘텐츠에 대해 평가하고, 목표에 부합하도록 수정하는 프롬프트를 작성해 입력한다. 한 번에 완벽하게 콘텐츠를 생성할 수는 없으므로 '생성-평가-개선' 작업을 빠르게 반복적으로 진행한다. 원하는 결과를 얻을 때까지 이 과정을 반복한다.
- **초안 생성**: 각 부분(섹션)의 콘텐츠가 완성되면 챗GPT를 이용하여 통합하고, 결론을 생성한다. 통합된 전체 콘텐츠에 대해서도 생성-평가-개선 작업을 반복한다.
- **검토 및 반복 개선**: 생성된 콘텐츠를 챗GPT를 활용해 검토한다. 챗GPT의 독해 기능, 루브릭 평가 기능을 활용할 수 있다. 더 많은 문맥, 세부 사항 또는 명확성이 필요한 영역을 확인하고 수정한다.
- **동료 리뷰**: 생성된 콘텐츠를 지인과 공유하고 피드백을 수집한다. 이 단계를 통해 다양한 관점을 고려할 수 있어 기사의 전체 품질이 향상된다.
- **콘텐츠 개선**: 피드백을 통해 콘텐츠를 조정하고 보완한다. 정확성, 일관성 및 흐름을 개선하기 위해 필요한 전반적 수정을 한다.
- **교정 및 최적화**: 문법, 구두점 또는 어휘적 오류가 없는지 최종 교정을 실시한다. 가독성, 전달력, 기사 가치 측면에서 완성도를 확인하고 보완한다. 교정 및 내용 최적화 작업에 챗GPT의 독해 기능, 루브릭 평가 기능을 활용할 수 있다.
- **마무리 및 게시**: 목표하는 매체에 적합하도록 부수적 콘텐츠를 보강해 게시한다. 챗GPT는 게시 매체에 맞도록 관심을 끄는 헤드라인, 캡션 및 기사 요약을 작성하는 데 도움을 줄 수 있고, SEO와 소셜미디어 노출에 필요한 부수적 콘텐츠도 생성해준다.

위의 프로세스는 독립적으로 기사를 작성할 경우 챗GPT를 활용하는 프로세스로서 따라 하면 챗GPT 활용법과 기사 작성법을 동시에 익힐 수 있다. 위 프로세스에서 크리에이터가 해야 하는 일과 챗GPT가 도움을 줄 수 있는 일을 정리하면 다음과 같다.

프로세스 단계	크리에이터의 일	챗GPT의 일
1. 아이디어 떠올리기	대략적인 주제와 목표에 관한 아이디어 생각	아이디어 생성과 평가를 통해 아이디어 발전에 도움
2. 목표와 타깃 독자 설정	콘텐츠의 목표와 타깃 독자 설정	독자의 니즈 파악 및 목표 적합성 평가에 도움
3. 뉴스 가치 있는 주제 선정	가치 있는 가망 주제들 도출 및 평가	주제, 이벤트, 기사 조사 및 분석에 도움
4. 개요 작성	프롬프트 입력 및 개요 검토 수정	주제, 조건을 포함하는 프롬프트에 따른 개요 생성
5. 개요 보완 및 콘텐츠 준비	간단한 프롬프트 작성 및 검토	프롬프트에 따른 개요 콘텐츠 생성
6. 조사 및 연구(정보 수집)	조사·분석 및 정보 수집	부족한 항목 발견 및 기초 배경 정보 수집에 도움
7. 본문 콘텐츠 생성	프롬프트 작성 및 생성된 콘텐츠 평가	세부적인 내용 생성 및 목표 부합 수정에 도움
8. 초안 생성	전체 콘텐츠 통합 및 결론 생성	각 부분(섹션) 콘텐츠 통합 및 결론 생성에 도움
9. 검토 및 반복 개선	생성된 콘텐츠 검토 및 수정	문맥, 세부 사항, 명확성 개선에 도움
10. 동료 리뷰	지인과 공유 및 피드백 수집	
11. 콘텐츠 개선	피드백을 통한 콘텐츠 조정 및 보완	정확성, 일관성, 흐름 개선에 도움
12. 교정 및 최적화	문법, 구두점, 어휘적 오류 교정 및 최적화	독해 기능, 루브릭 평가 기능을 활용한 교정 및 최적화에 도움
13. 마무리 및 게시	부수적인 콘텐츠 보강 및 게시	헤드라인, 캡션, 기사 요약 작성 및 SEO, 소셜미디어 노출에 도움

↳ 실전 기획 기사 작성하기

처음에는 항상 프로세스 자체에 대해 물어보는 것으로 시작하자. 이를 통해 다시 한번 콘텐츠 제작 과정을 살펴보고, 체계적으로 콘텐츠를 만드는 습관을 들일 수 있다.

↳ 기사 작성 프로세스 예시

 챗GPT를 효과적으로 활용해 기획 기사를 작성하는 프로세스를 자세하게 설명해줘. 프로세스를 시작하기 전에 준비할 사항도 알려줘.

 기획 기사를 작성하려면 챗GPT를 효과적으로 활용할 수 있는 몇 가지 단계를 따라야 합니다. 준비할 사항과 프로세스를 차례대로 설명하겠습니다.

1. 준비할 사항:

a. 아이디어 정리: 아이디어를 명확하게 정리하고, 중점적으로 다룰 주제와 내용을 선정합니다.

b. 정보 수집: 기사와 관련된 정보, 데이터, 인용문 등을 찾아 정리합니다. 이를 토대로 챗GPT에게 더 정확한 질문을 할 수 있습니다.

c. 키워드 및 질문 목록 작성: 주요 키워드와 질문을 정리해 챗GPT에게 물어볼 수 있도록 준비합니다.

2. 프로세스:

a. 정보 검색: 준비한 키워드와 질문을 사용해 챗GPT에게 필요한 정보를 검색합니다. 관련된 사실, 통계, 전문가 의견 등을 찾아 기록합니다.

b. 구조 설계: 기사의 구조를 설계합니다. 서론, 본론, 결론 등의 구성 요소와 그에 해당하는 내용을 정리합니다. 이 과정에서 챗GPT에게 구조적인 조언을 구할 수 있습니다.

c. 초안 작성: 챗GPT를 사용해 기사의 초안을 작성합니다. 각 구성 요소에 대해 세부 내용을 입력하고, 문장을 다듬고, 필요한 정보를 삽입합니다. 필요한 경우, 챗GPT에게 문장 개선이나 표현 제안 등을 요청할 수 있습니다.

d. 검토 및 수정: 초안을 검토하고 논리적 일관성, 정보의 정확성, 문장의 완성도 등을 확인합니다. 이 과정에서 챗GPT를 사용해 수정이 필요한 부분을 찾고, 새로운 정보나 문장 구성을 제안받을 수 있습니다.

e. 최종 원고 작성: 검토 및 수정을 거쳐 완성된 기사를 작성합니다. 최종 원고를 다시 한번 검토하고, 필요한 경우 챗GPT를 사용해 마지막 수정을 진행합니다.

> 위의 프로세스를 통해 챗GPT를 활용하여 기획 기사를 효과적으로 작성할 수 있습니다. 이 프로세스를 따라 기사 작성에 필요한 정보와 구조, 문장 개선 등을 챗GPT의 도움으로 완성시킬 수 있습니다.

챗GPT에게 더 자세히 질문해서 프로세스를 정리할 수도 있다. 여기서는 그런 노력을 통해 얻은 챗GPT 협업 기사 작성 프로세스를 따라 작성해본다. 익숙하지 않은 종류의 글을 쓸 때, 먼저 프로세스에 대한 질문을 하고 프로세스를 상세히 파악한 후 진행하는 것이 좋다.

> **❶ 아이디어 떠올리기**: 대략적인 주제와 목표에 관한 아이디어를 생각한다. 핵심적인 키워드를 정리해보고 이를 중심으로 유망한 주제들을 도출해본다. 챗GPT를 통한 아이디어 생성과 평가를 통해 아이디어를 발전시키고 주제 아이디어를 도출한다.

이해력이 빠른 MZ세대 직장인들에게 '생성AI를 소개하는 기사를 써야겠다'라는 아이디어가 떠올랐다. 대략적인 주제는 'MZ세대 직장인 모두를 위한 생성AI 가이드'라고 초기 아이디어를 정리해볼 수 있다. 핵심 키워드는 '생성AI', '챗GPT', 'MZ세대' 정도다. 목표는 MZ세대 직장인에게 생성AI에 대해 제대로 소개해 관심을 갖게 하는 것이고, 개인적으로는 최신 기술에 대한 전문 콘텐츠 크리에이터로서 퍼스널 브랜드 아이덴티티를 강화하면서 인지도도 확대하는 것이다.

대강의 주제와 키워드, 목표가 정해졌으니, 챗GPT와 함께 아이디어를 내서 기사 내용의 중심이 될 주제 후보군들을 만들어본다.

↳ 주제 추천받기　　　　　　　　　　　　　　　　　▷▷▷

'MZ세대 직장인 모두를 위한 챗GPT와 생성AI 가이드'를 대략적인 주제로 기획 기사를 쓰려고 해. 목표는 MZ세대 직장인의 관심을 끌고, 최신 AI 기술 전문가로서 나의 정체성을 부각하는 거야. 목표에 부합하는 매력적인 기획 기사의 주제를 20개 추천해줘. 핵심 키워드는 생성AI, 챗GPT, MZ세대야. 단계별로 논리적으로 추론하고, 창의적으로 생각해줘.

주어진 핵심 키워드와 목표를 고려하여 MZ세대 직장인의 관심을 끌 수 있는 매력적인 기획 기사 주제 20개를 추천합니다.

1. "MZ세대를 위한 AI 헬퍼: 챗GPT로 일상 업무 효율 향상하기"
2. "창의적 아이디어 제안: 챗GPT와 함께하는 MZ세대 직장인의 브레인스토밍"
3. "자기 계발 도우미: 챗GPT를 활용한 MZ세대 직장인의 스킬 업그레이드"
(중략)
20. "생애 첫 AI 기술 도입: MZ세대 직장인이 챗GPT를 사용해 경력 초기의 도전과 성장을 이끌어내는 방법"

이 주제들은 MZ세대 직장인의 다양한 관심사와 필요성을 고려하며, 창의적인 방식으로 생성AI와 챗GPT의 활용 방법을 제안합니다. 이를 통해 MZ세대 직장인들에게 도움이 되는 정보를 제공하고, 동시에 AI 기술 전문가로서 당신의 정체성을 부각할 수 있습니다.

　

주제가 꽤 그럴듯하다. 여기서 자신의 역량과 목표를 고려해 1차로 좋은 주제들을 선별한다. 창의력의 기본은 MIX(재조합 혁신)다. 좋은 것들을 잘 섞으면 더 좋은 것이 나온다. 선별된 주제들로 주제 아이디어를 더 만들어보자.

↳ 주제 선별하기 ▷▷▷

 다음 [ ] 속의 주제들을 창조적으로 조합해서, 눈길을 사로잡는 매력적인 주제들을 30개 만들어줘. ["MZ세대를 위한 AI 헬퍼: 챗GPT로 일상 업무 효율 향상하기", "공동 작업의 미래: MZ세대 직장인과 챗GPT의 협업 방식 탐구", "업무 간소화를 위한 생성AI: 챗GPT로 MZ세대 직장인의 업무 스트레스 줄이기", "생산성 향상의 실현: MZ세대 직장인이 챗GPT를 활용해 시간 관리하는 법", "생성AI로 풍요로운 콘텐츠 만들기: MZ세대 직장인의 창의적 사이드 프로젝트 가이드", "생활 속 AI 도우미: 챗GPT를 활용한 MZ세대 직장인의 워크-라이프 밸런스 개선", "생성AI와의 에티켓: MZ세대 직장인이 알아야 할 챗GPT 활용 지침과 올바른 사용법", "미래의 트렌드 예측: 챗GPT와 함께하는 MZ세대 직장인의 산업 변화 대응 전략", "AI로 취향 분석하기: 챗GPT를 활용한 MZ세대 직장인의 개인화된 업무 환경 구축", "생애 첫 AI 기술 도입: MZ세대 직장인이 챗GPT를 사용해 경력 초기의 도전과 성장을 이끌어내는 방법"]에서 생성된 주제들을 제목을 붙인 카테고리로 분류해줘.

 생성된 주제들을 관련된 내용끼리 묶어 다음과 같이 카테고리별로 분류하겠습니다.

1. 업무 효율과 시간 관리:
- "생성AI와 함께하는 업무 혁신: MZ세대 직장인의 일상 업무 효율 및 시간 관리 전략"
- "생산성 향상의 실현: MZ세대 직장인이 챗GPT를 활용해 시간 관리하는 법"
- "시간 관리와 업무 효율 극대화: MZ세대 직장인의 챗GPT 활용법 종합 안내서"

2. 워크-라이프 밸런스와 스트레스 해소:
- "생활 속 AI 도우미: 챗GPT를 활용한 MZ세대 직장인의 워크-라이프 밸런스 개선"
- "AI 도우미로 스트레스 해소: MZ세대 직장인의 챗GPT를 활용한 업무 간소화 전략"
- "스트레스 해소와 생산성 향상: MZ세대 직장인의 챗GPT를 활용한 업무 간소화 방법"

> (중략)
>
> **6. AI와 함께하는 업무 혁신 및 개인화:**
> - "공동 작업의 미래: MZ세대 직장인과 챗GPT의 협업 방식 탐구"
> - "AI로 취향 분석하기: 챗GPT를 활용한 MZ세대 직장인의 개인화된 업무 환경 구축"
> - "일상 업무의 혁신과 개인화: MZ세대 직장인이 챗GPT와 함께하는 업무 전략 수립"
>
> **7. 경력 발전과 성장:**
> - "생애 첫 AI 기술 도입: MZ세대 직장인이 챗GPT를 사용해 경력 초기의 도전과 성장을 이끌어내는 방법"
> - "AI 도우미와의 협업: 챗GPT를 활용한 MZ세대 직장인의 도전과 성장"
> - "생애 첫 AI 도우미와의 만남: MZ세대 직장인이 챗GPT와 함께 경력 발전을 이끌어내는 방법"
>
> 주제들을 관련된 내용끼리 묶어 카테고리별로 분류하였습니다.

재조합 혁신의 결과는 뛰어나다. 이제 충분한 주제 후보군을 갖게 되었으니 다음 단계로 넘어가자.

❷ **목표와 타깃 독자 설정**: 콘텐츠의 목표와 타깃 독자를 명확하게 설정한다. 목표를 달성하기 위한 조건을 생각해서 정리하고, 타깃 독자의 니즈와 페인 포인트를 파악한다. 챗GPT를 활용해 독자의 니즈를 파악하고 목표의 적합성을 평가할 수 있다.

초기 아이디어에서 MZ세대 직장인으로 타깃 독자를 잡았다. 목표와 타깃 독자를 서로 고려해서 더 명확하게 만들어보자. 가능하면 트렌드 조사, 마케팅 리서치, 문헌 조사 등을 수행하면 더욱 좋겠지만, 챗GPT만 활용해도 상당한 수준의 독자 니즈 파악과 목표의 적합성 평가가 가능하다.

제일 중요한 독자의 니즈와 페인 포인트(pain points)를 챗GPT를 통해 파악해보자. 주제가 독자의 니즈를 충족하고 고통을 해결하는 데 도움을 줄 수 있다면 가치를 전달할 수 있다.

↪ 독자 니즈와 페인 포인트 파악하기 ▷▷▷

MZ세대 직장인의 니즈(Needs)와 페인 포인트(Pain points)는 어떤 것들이 있지? 니즈 5개와 페인 포인트 5개를 중요한 순서대로 알려줘. 이어서 지식과 정보를 통해 논리적으로 추론해서 생성AI와 관련된 중요한 니즈를 찾아줘.

MZ세대 직장인의 중요한 니즈(Needs)와 페인 포인트(Pain points)는 다음과 같습니다.

니즈(Needs):
1. 워크-라이프 밸런스: 직장과 사생활의 균형을 유지하며 성장하고 싶어 합니다.
2. 업무 효율성: 시간과 노력을 최적화하여 업무를 처리하고 싶어 합니다.
3. 끊임없는 스스로의 발전: 새로운 기술과 업무 능력을 습득하여 더 나은 성과를 이루고 싶어 합니다.
4. 협업 및 커뮤니케이션: 팀원들과 원활한 커뮤니케이션을 통해 업무를 더 잘 처리하고 싶어 합니다.
5. 개인 맞춤형 경험: 자신만의 성향과 취향에 맞춰진 업무 환경을 갖고 싶어 합니다.

> **페인 포인트(Pain points):**
> **1. 업무 스트레스**: 업무량이 많아져 정신적, 신체적 스트레스를 느낍니다.
> **2. 시간 관리 어려움**: 업무와 사생활을 조율하면서 시간을 효과적으로 관리하기 어렵습니다.
> **3. 기술 변화 적응**: 빠르게 발전하는 기술에 뒤처지지 않으려 끊임없는 노력이 필요합니다.
> **4. 커뮤니케이션 미숙**: 팀원들과의 커뮤니케이션 부족으로 업무 처리가 원활하지 않을 때가 있습니다.
> **5. 업무 맞춤형 솔루션 부족**: 자신의 성향과 취향에 맞는 업무 도구나 서비스를 찾기 어렵습니다.
>
> 생성AI와 관련된 중요한 니즈를 찾기 위해 지식과 정보를 통해 논리적으로 추론해봅시다. MZ세대 직장인들은 업무 효율성을 향상시키고 싶어 하며, 새로운 기술의 발전에 뒤처지지 않으려고 합니다. 이러한 니즈를 충족시킬 수 있는 생성AI의 가장 중요한 니즈는 '업무 자동화 및 최적화'일 것입니다. 생성AI는 일상 업무를 자동화하고 최적화하는 데 도움을 줄 수 있어, MZ세대 직장인들이 업무 효율성을 높이고 기술 발전에 빠르게 적응할 수 있게 합니다.

챗GPT 덕분에 MZ세대 직장인들의 공통적인 니즈와 페인 포인트를 세부적으로 파악하게 되었다. 또한 생성AI에 관한 주제가 기사 작성의 목표를 어느 정도 달성할 수 있다는 확신도 가질 수 있게 되었다. 독자 페르소나를 설정하여 더 호소력 있는 기사를 쓰기 위해 고객과 목표를 조금 더 구체화해보자.

> **↳ 고객 세분화하기** ▷▷▷
>
> MZ세대 직장인 중에 생성AI에 대한 니즈가 절실하여 제대로 된 생성AI 정보에 관심을 많이 가질 수 있는 그룹은 어떤 것들이 있지? 직종, 지역, 생활 여건 등 다양하게 고려해서, 가장 관심이 큰 그룹부터 5개 그룹을 조사 분석해서 알려줘.

생성AI에 대한 니즈가 절실하고 정보에 관심이 많을 것으로 예상되는 MZ세대 직장인 그룹을 분석해보았습니다. 다음은 그 결과입니다.

1. 스타트업 및 중소기업 직장인: 리소스가 제한되고 업무량이 많은 스타트업과 중소기업에서 일하는 MZ세대 직장인들은 업무 효율성을 높이고, 시간과 비용을 절약하기 위해 생성AI에 큰 관심을 가질 것입니다.

2. 마케팅 및 광고 업종: 콘텐츠 제작, 데이터 분석, 타깃 고객 세그먼트 연구 등 복잡하고 다양한 업무를 수행해야 하는 마케팅 및 광고 업종의 MZ세대 직장인들은 생성AI를 통해 업무를 효율적으로 처리하는 데 관심이 많을 것입니다.

3. 프리랜서 및 원격 근무자: 자율적인 업무 환경에서 일하는 프리랜서와 원격 근무자들은 개인 생산성 향상과 시간 관리에 관심이 많아 생성AI에 대한 니즈가 높을 것입니다.

4. IT 및 소프트웨어 개발 업종: 기술 발전이 빠르게 진행되는 IT 및 소프트웨어 개발 업종에서 일하는 MZ세대 직장인들은 새로운 기술 동향을 따라잡기 위해 생성AI에 관심을 가질 것입니다.

5. 대학생 및 대학원생 연구자: 연구 논문 작성, 데이터 분석, 논문 리뷰 등 학문적 활동을 수행하는 대학생 및 대학원생 연구자들은 연구 과정의 효율성을 높이기 위해 생성AI에 관심이 많을 것입니다.

이렇게 챗GPT로 고객 세분화를 해보니, 대상과 목표가 더욱 명확해진다. 이제 타깃 독자를 스타트업 및 중소기업 직장인, 마케팅 및 광고 업종, 프리랜서 및 원격 근무자로 좁힐 수 있게 되었다. 목표도 위 프롬프트의 결론을 반영하여 "MZ세대 직장인들에게 생성AI를 활용하여 업무 효율성과 삶의 질을 향상시키는 생성AI 정보를 제공한다"로 명확히 할 수 있다. 생생하게 독자를 떠올리며 기사를 쓸 수 있도록, 페르소나도 만들어보자.

↪ 페르소나 만들기 ▷▷▷

1[스타트업 및 중소기업 직장인], 2[마케팅 및 광고 업종], 3[프리랜서]에 대하여 각각 UX디자인에 활용되는 페르소나를 만들어줘. 페르소나에는 니즈와 동기가 꼭 포함되어야 해.

페르소나 1: 스타트업 및 중소기업 직장인

이름: 김민지

나이: 28세

직업: 스타트업의 기획자

주요 니즈: 업무 효율성 및 생산성 향상, 빠른 커뮤니케이션

동기: 리소스가 제한된 스타트업 환경에서 성장하고, 팀원들과 원활한 협업을 이루고 싶어 함.

페르소나 2: 마케팅 및 광고 업종

이름: 박예진

나이: 26세

직업: 광고 대행사의 마케팅 담당자

주요 니즈: 콘텐츠 제작, 데이터 분석, 타깃 고객 세그먼트 연구 등 업무 효율화

동기: 복잡한 업무를 효과적으로 처리하고, 마케팅 전략에 더 집중하고 싶어 함.

페르소나 3: 프리랜서

이름: 최지수

나이: 30세

직업: 프리랜스 작가 및 에디터

주요 니즈: 개인 생산성 향상, 시간 관리, 창의적 콘텐츠 작성

동기: 자유로운 업무 환경에서 워크-라이프 밸런스를 유지하며 개인적인 성장을 이루고 싶어 함.

인터넷 검색이나 다양한 자료를 통해 페르소나에 적당한 사진을 골라 첨부하면, 생생하게 떠올릴 수 있는 페르소나가 완성된다.

 뉴스 가치 있는 주제 선정: 챗GPT를 활용해 타깃 독자와 관련된 트렌드 주제, 이벤트 또는 기사를 조사하고 분석해서, 가치 있는 가망 주제들을 도출하고 평가하여 최종 주제를 선정한다.

목표, 타깃 독자, 페르소나가 명확해졌으므로, 이들과 부합하는 것들로 후보군에서 주제를 추려낸다. 추려낸 주제가 트렌드에 맞고 독자에게 가치가 큰지를 평가해서 최종 주제를 선정한다.

> ↳ 최종 주제 선정하기   ▷▷▷
>
> 다음은 페르소나가 선호할 만한 주제 후보들의 목록이야.
> "생성AI와 함께하는 업무 혁신: MZ세대 직장인의 일상 업무 효율 및 시간 관리 전략"
> - "생활 속 AI 도우미: 챗GPT를 활용한 MZ세대 직장인의 워크-라이프 밸런스 개선"
> - "미래 업무 환경의 변화와 적응: MZ세대 직장인의 챗GPT 활용을 통한 업무 스킬 개발"
> - "생애 첫 AI 기술 도입: MZ세대 직장인이 챗GPT를 사용해 경력 초기의 도전과 성장을 이끌어내는 방법"
>
> 위의 주제 후보군들의 MZ세대 스타트업 종사자, 마케팅 업종, 프리랜서 직장인들을 대상으로 한 기획 기사 주제로서의 가치를 평가해서, 가치가 높은 순서대로 평가와 함께 나열해줘. 루브릭에는 트렌드, 독창성을 포함하고 기타 일반적 기사 평가 루브릭도 적용해줘.

❸ 챗GPT 200% 활용하기

1. "생성AI와 함께하는 업무 혁신: MZ세대 직장인의 일상 업무 효율 및 시간 관리 전략"

- 가치: ★★★★★

- 평가: 이 주제는 스타트업 종사자, 마케팅 업종, 프리랜서 직장인 모두에게 큰 도움이 될 것으로 보입니다. 업무 효율성과 시간 관리는 모든 직업군에서 중요한 이슈이며, 특히 MZ세대 직장인들에게 매력적인 측면을 제공합니다. 이 주제는 트렌디하고 독창적인 방법으로 다양한 직업군에 적용 가능한 전략을 소개할 것입니다.

2. "생활 속 AI 도우미: 챗GPT를 활용한 MZ세대 직장인의 워크-라이프 밸런스 개선"

- 가치: ★★★★☆

- 평가: 워크-라이프 밸런스는 MZ세대 직장인들에게 중요한 가치로 여겨지며, 스타트업 종사자, 마케팅 업종, 프리랜서 직장인 모두에게 관심이 있는 주제입니다. 이 주제는 트렌디하면서도 실용적인 내용을 담고 있으며, 독창적인 접근법을 통해 직장인들의 삶의 질을 향상시킬 것입니다.

3. 미래 업무 환경의 변화와 적응: "MZ세대 직장인의 챗GPT 활용을 통한 업무 스킬 개발"

- 가치: ★★★☆☆

- 평가: 업무 환경의 변화와 적응 능력은 MZ세대 직장인들에게 중요한 요소로 작용합니다. 이 주제는 스타트업 종사자, 마케팅 업종, 프리랜서 직장인들에게 새로운 업무 스킬 개발을 제안하며, 기술 동향과 관련된 트렌디한 측면을 포함합니다. 그러나 다른 주제들에 비해 독창성이 다소 떨어질 수 있습니다.

4. 생애 첫 AI 기술 도입: "MZ세대 직장인이 챗GPT를 사용해 경력 초기의 도전과 성장을 이끌어내는 방법"

- 가치: ★★☆☆☆

> - 평가: 이 주제는 경력 초기의 MZ세대 직장인들에게 매력적일 수 있지만, 스타트업 종사자, 마케팅 업종, 프리랜서 직장인들에게는 다른 주제들만큼의 범용성이 없을 수 있습니다. 이 주제는 경력 초기 직장인들이 생성AI를 활용하여 도전과 성장을 이끌어내는 방법을 다루며, 트렌디한 측면을 포함하고 있지만, 독창성과 범용성 면에서 다른 주제들에 비해 상대적으로 떨어질 수 있습니다.
>
> 종합적으로, 이러한 주제들은 MZ세대 직장인들의 관심사와 가치를 고려하며 트렌드, 독창성 등의 기사 평가 루브릭에 기반하여 순위가 매겨졌습니다. 가장 가치가 높은 주제는 "생성AI와 함께하는 업무 혁신: MZ세대 직장인의 일상 업무 효율 및 시간 관리 전략"으로, 모든 직업군에게 큰 도움이 될 것으로 예상됩니다.

챗GPT의 평가는 상당히 합리적이다. 이제 주제를 "생성AI와 함께하는 업무 혁신: MZ세대 직장인의 일상 업무 효율 및 시간 관리 전략"으로 확정하자. 주제 선정을 끝냈으니, 전체 과정의 반을 온 것이나 마찬가지다!

> ❹ **조사 및 연구(정보 수집)**: 주제에 대한 기초가 되는 배경 정보와 필요한 자료를 수집한다. 챗GPT를 활용하여 부족한 항목을 발견하고 추가적인 정보를 수집한다.

본격적으로 독창적인 기사 핵심 메시지를 구성하는 단계다. 매력적인 주제를 찾았으니, 주제에 대하여 목표를 달성할 수 있는 핵심 내용이 있어야 한다. 독자들이 처음 접하는 새로운 것(정보, 지식, 관점 등)이 있어야 기획 기사로서 가치가 있다. 이 단계에서 무엇을 해야 하는지 챗GPT에게 물어보자.

↳ 기사 핵심 메시지 구성하기 ▷▷▷

"생성AI와 함께하는 업무 혁신: MZ세대 직장인의 일상 업무 효율 및 시간 관리 전략"을 주제로 기획 기사를 작성하려면, 어떻게 자료 조사와 정보 수집을 하는 것이 좋을까?
주제에 관한 기본적 자료를 찾아서 제시해주고, 참고할 만한 웹사이트와 글 구성에 꼭 필요한 항목들을 알려줘. 내가 작성해야 하는 핵심 내용(Original Content, Message)은 어떤 것들이 있는지도 정리해줘.

1. 자료 조사와 정보 수집:
- 생성AI와 챗GPT에 대한 기본 정보 조사: 챗GPT의 작동 원리, 주요 기능, 사용 가능한 플랫폼 등
- MZ세대의 업무 환경 및 특성 조사: MZ세대 직장인들의 일상 업무, 업무 스타일, 시간 관리 및 업무 효율에 대한 기존 연구 및 보고서 찾기
- 챗GPT 활용 사례 조사: MZ세대 직장인들이 챗GPT를 업무에 활용한 실제 사례 찾기(예: 자동화된 보고서 작성, 시간 관리 도우미 등)

2. 참고할 만한 웹사이트:
- 오픈AI 공식 웹사이트(openai.com): 챗GPT 및 생성AI 관련 공식 정보 찾기
- 구글 스콜라(scholar.google.com): MZ세대와 관련된 학술 논문 및 연구 찾기
- 미디엄(medium.com): 챗GPT 활용 사례와 경험 공유 글 찾기

3. 글 구성에 필요한 항목:
- 서론: 주제 소개 및 독자들의 관심을 끌기 위한 간략한 설명
- 생성AI와 챗GPT 기본 정보: 작동 원리, 주요 기능, 사용 가능한 플랫폼 등 소개
- MZ세대의 업무 환경 및 특성: MZ세대 직장인들의 일상 업무, 업무 스타일, 시간 관리 및 업무 효율에 대한 설명
- 챗GPT 활용 사례: 실제 MZ세대 직장인들이 챗GPT를 업무에 활용한 사례 소개
- 총정리 및 결론: 주제에 대한 전체적인 정리 및 독자들에게 전달하고자 하는 메시지 강조

4. 작성해야 하는 핵심 내용:
- 챗GPT의 특징과 기능이 MZ세대 직장인들의 업무 효율과 시간 관리에 어떻게 도움이 되는지 구체적으로 설명
- MZ세대 직장인들의 업무 환경과 특성에 맞춘 챗GPT 활용 방안 제시
- 실제 챗GPT 활용 사례를 통해 독자들에게 구체적인 이해와 실천 가능성 제공
- MZ세대 직장인들에게 챗GPT를 활용하여 일상 업무를 혁신하고 시간 관리를 향상시키는 방법을 강조하는 메시지 전달

5. 작성 과정:
- 자료 조사 및 정보 수집: 앞서 언급한 웹사이트와 자료를 통해 기본 정보와 사례를 찾아 정리
- 글 구성: 서론부터 결론까지 글의 구조를 세분화하고, 항목별로 작성할 내용을 요약
- 초안 작성: 구성된 글의 구조에 따라 각 항목을 상세하게 작성하며 초안 완성
- 수정 및 보완: 초안을 검토하며 필요한 수정과 보완을 진행, 전문가나 동료의 피드백을 받아 반영
- 최종 완성: 수정 및 보완 과정을 거쳐 완성된 기획 기사를 독자들에게 제공

이러한 단계별 접근을 통해 "생성AI와 함께하는 업무 혁신: MZ세대 직장인의 일상 업무 효율 및 시간 관리 전략"이라는 주제로 기획 기사를 효과적으로 작성할 수 있습니다. 주제와 관련된 자료를 충분히 조사하고, 글의 구성 및 핵심 내용을 명확하게 설정한 후, 차근차근 작성하며 독자들에게 유익한 정보와 메시지를 전달할 수 있도록 노력하세요.

챗GPT가 친절하게 알려준 대로 하면 정말 훌륭한 기사가 나올 것 같다. 누구나 웹 검색을 통해 자료 조사를 할 수 있다. 인터넷으로 최신 논문을 찾아보고, 자신의 경험을 인사이트로 정리해서 다음과 같이 핵심 내용을 만들어보자.

- **MIT 경제학과 박사과정 연구원들의 논문 '생성AI의 생산성 효과에 관한 실험적 증거(Shakked Noy, Whitney Zhang, "Experimental Evidence on the Productivity Effects of Generative Artificial Intelligence", 2023년 3월)'의 요약 정리**: 챗GPT는 사용자가 가치 있는 일에 집중할 수 있도록 글쓰기 품질을 향상시키고 업무 시간을 줄여준다. MIT 연구 논문에 따르면, 대졸자 444명의 실험에서 챗GPT를 사용한 참가자는 작업 시간을 거의 절반으로 줄였고(30분에서 17분), 평가 점수(7점 척도)도 4점에서 약 4.7점으로 올랐다. 반면, 문서 편집기를 사용한 사람들은 작업 시간이 감소했지만 품질은 떨어졌다. 연구자들은 챗GPT가 생산성을 크게 향상시켰으며, 참가자들의 업무 만족도도 높아졌다고 밝혔다.
- **National Bureau of Economic Research의 스탠퍼드 대학교와 MIT 연구진 논문 '일터에서의 생성AI(Erik Brynjolfsson, Danielle Li, and Lindsey R. Raymond, "GENERATIVE AI AT WORK", 2023년 4월)'의 요약문(Abstract)**: 우리는 생성AI 기반 대화형 도우미의 단계적 도입을 5,179명의 고객 지원 담당자 데이터를 사용하여 연구했습니다. 도구에 대한 접근은 시간당 해결된 문제를 기준으로 평균 14%의 생산성 향상을 가져왔으며, 특히 초보자와 기술력이 낮은 근로자에게 가장 큰 영향을 미쳤고, 경험이 많고 고급 기술을 가진 근로자에게는 영향이 거의 없었습니다. 우리는 AI 모델이 더 능력 있는 근로자들의 잠재적인 암묵적 지식을 전파하고, 새로운 근로자들이 경험 곡선을 따라가도록 도움을 주는 것에 대한 자료를 제공합니다. 또한 AI 지원이 고객 감정을 개선하고, 관리자 개입 요청을 줄이며, 직원 이직률을 개선한다는 것을 보여줍니다.
- **개인적 인사이트**: 기획과 문서 작업을 위해 챗GPT를 사용해보니, 미디어를 통해 전해진 것보다 훨씬 업무에 도움이 되는 것을 체감했다. 무엇보다 다양한 분야에 대한 전문 지식을 골고루 갖추고 있어, 서로 다른 영역의 전문가들과의 협업에 큰

도움을 준다. 예를 들어, 웹 서비스 개발 과정에서 챗GPT를 이용하면 간단한 아이디어만으로도 각종 기획 문서와 기술 문서를 전문가 수준으로 만들 수 있어, 그동안 많은 시간과 노력이 소요되었던 클라이언트, 기획자, 개발자 간의 소통을 원활하게 하여 리스크를 완화하고 비용을 줄여준다. 특히 혼자서 여러 가지 일을 해야 하는 스타트업 종사자, 마케팅 관련 업종, 프리랜서들에게는 업무 효율을 대폭 높여주고 네트워킹을 활발하게 해주는 가장 좋은 도구로 추천할 만하다.

❺ **개요 작성**: 챗GPT에 주제, 조건, 개요의 구조를 포함하는 프롬프트를 입력하여 개요를 생성한다. 생성된 개요를 검토하고, 목표에 부합하는 개요가 나올 때까지 프롬프트를 바꾸어 개요를 생성하는 작업과 생성된 개요를 수정한다.

챗GPT가 가장 잘하는 일이 개요 작성이다. 많은 글 종류에 대한 구조를 학습하고 있으므로, 원하는 조건을 넣어서 개요를 만들어달라고 지시만 하면 바로 잘 짜여진 개요를 구성해 제시해준다.

> **↳ 개요 구성 예시** ▷▷▷
>
> 👤 "생성AI와 함께하는 업무 혁신: MZ세대 직장인의 일상 업무 효율 및 시간 관리 전략"을 주제로 한 기획 기사의 개요를 작성해 줘. 기본적인 틀은 서론, 본론, 결론(총정리 및 동기부여)으로 구성해줘. 본문에 꼭 들어가야 할 '핵심 내용'은 다음과 같아. [
>
> - MIT 경제학과 박사과정 연구원들의 논문 '생성AI의 생산성 효과에 관한 실험적 증거(중략) 연구자들은 챗GPT가 생산성을 크게 향상시켰으며, 참가자들의 업무 만족도도 높아졌다고 밝혔다.
> - National Bureau of Economic Research의 스탠퍼드 대학교와 MIT 연구진 논문 '일터에서의 생성AI(Erik Brynjolfsson, Danielle Li, and Lindsey R. Raymond, "GENERATIVE AI AT WORK", 2023년 4월)'의 요약문(Abstract): 우리는 생성AI 기반 대화형 도우미의 단계적 도입을 5,179명의 고객 지원 담당자 데이터를 사용하여 연구했습니다. (중략) 또한 AI 지원이 고객 감정을 개선하고, 관리자 개입 요청을 줄이며, 직원 이직률을 개선한다는 것을 보여준다.
> - 인사이트: 기획과 문서 작업을 위해 챗GPT를 사용해보니, 미디어를 통해 전해진 것보다 훨씬 업무에 도움이 되는 것을 체감했다. 무엇보다 다양한 분야에 대한 전문 지식을 골고루 갖추고 있어, 서로 다른 영역의 전문가들과의 협업에 큰 도움을 준다. (중략) 특히 혼자서 여러 가지 일을 해야 하는 스타트업 종사자, 마케팅 관련 업종, 프리랜서들에게는 업무 효율을 대폭 높여주고 네트워킹을 활발하게 해주는 가장 좋은 도구로 추천할 만하다.]

제목은 '생성AI'를 포함해서 타깃 고객(특히 MZ세대 마케팅 업종 종사자)의 눈길을 끌 수 있는 도전적이고 독창적인 것으로 작성해주고, 부제는 '챗GPT'를 포함해서 주제의 의미를 한눈에 전달하는 것으로 해줘. 본문은 '핵심 내용'을 중심으로 더 작성해야 할 항목을 추가해서, 전체적으로 '인사이트'와 논리적으로 연결되고 의미가 통하도록 해줘.

제목: "생성AI 업무 혁명: MZ세대 직장인이 경험한 놀라운 변화"

부제: "일상 업무에 혁신을 불러온 챗GPT: 시간 관리 및 생산성 전략"

개요:

서론:

- MZ세대 직장인들의 업무 효율 및 시간 관리 전략 변화에 대한 소개

- 생성AI와 챗GPT의 역할 강조

본론:

1. MIT 연구 논문 요약: 챗GPT의 글쓰기 품질 향상과 업무 시간 절약 효과(Noy, Shakked and Zhang, 2023)

2. National Bureau of Economic Research 논문 요약: 생성AI 도입으로 생산성 향상 및 직원 이직률 개선(Brynjolfsson, Li, and Raymond, 2023)

3. 인사이트: 챗GPT가 업무에 어떻게 도움이 되는지에 대한 개인적 경험 공유

4. 스타트업 종사자, 마케팅 관련 업종, 프리랜서에게 챗GPT가 어떻게 도움이 되는지에 대한 예시

5. 챗GPT를 활용한 업무 혁신의 전망 및 기회 제시(업무 자동화, 빠른 학습, 전문가 간 협업 향상 등)

결론:

- 생성AI와 챗GPT를 통한 업무 효율 및 시간 관리 혁신 요약

- MZ세대 직장인들에게 동기부여를 제공하며 미래의 성장과 기회에 대한 기대감 전달

❻ **개요 보완 및 콘텐츠 준비**: 개요의 각 항목을 검토해 부족한 자료를 보완한다. 조사와 연구를 통해 자료를 수집하여 핵심 내용을 준비하고, 개요 항목을 기초로 더 좋은 내용을 생성할 수 있는 맥락 정보와 핵심 내용을 추가해 보완할 콘텐츠를 생성한다.

개요에서 수정할 부분을 보완하고 더 필요한 부분을 생성해서 완성도를 높이는 단계다. 우선 챗GPT가 미리 작성해둔 핵심 내용 외에 두 가지 항목이 더 필요하다고 제시했으니, 이 부분을 준비하자. 또한 전체적인 흐름을 고려해 기존 자료를 보완하고 내용을 수정할 필요도 있다.

↪ 완성도 높이기   ▷▷▷

👤 스타트업에 다니는 마케팅 담당자가 챗GPT를 활용하는 시나리오를 생각해서, 인용할 인터뷰를 만들어줘. 이어서, 연구 논문들의 내용을 추론해서 타깃 고객(시간에 쫓기고 여러 가지 업무를 동시에 진행해야 하는 MZ세대 직장인)들이 어떻게 챗GPT를 활용해 새로운 기회를 발견할 수 있는지 전망을 정리해줘.

🌀 **인터뷰 인용**:
"저는 스타트업에서 마케팅 담당자로 일하고 있는데, 챗GPT를 접한 이후로 업무가 눈에 띄게 효율적으로 변화했어요. 예전에는 기획안이나 보고서 작성에 시간이 엄청 걸렸지만, 챗GPT의 도움을 받으니 금방 끝낼 수 있게 되었죠. 또한 새로운 아이디어를 빠르게 시장에 적용할 수 있게 되어 경쟁력이 확실히 상승했습니다. 챗GPT 덕분에 여러 가지 일을 동시에 진행하면서도 시간을 효율적으로 활용할 수 있게 되었어요."

전망:
1. 업무 자동화를 통한 시간 절약: 챗GPT를 활용하면 타깃 고객들이 자주 하는 업무(예: 이메일 작성, 보고서 작성, 소셜미디어 포스트 작성 등)를 빠르게 처리할 수 있어 시간을 절약하고 다양한 업무에 집중할 수 있게 됩니다.

2. 빠른 학습과 정보 습득: 챗GPT는 다양한 주제에 대한 전문 지식을 제공해주기 때문에, 타깃 고객들이 빠르게 새로운 정보를 습득하고 업무에 적용할 수 있습니다. 이를 통해 경쟁력을 향상시킬 수 있습니다.
(중략)
6. 업무 만족도 향상: 챗GPT의 도움으로 업무 효율이 향상되면 타깃 고객들의 업무 만족도도 높아질 것입니다. 업무 만족도가 높아지면 직원들의 이직률이 낮아지고, 기업의 안정성이 향상될 수 있습니다.

❼ **본문 콘텐츠 생성**: 챗GPT에 세부적인 내용을 생성하도록 프롬프트를 작성하여 입력한다. 생성된 콘텐츠에 대해 평가하고, 목표에 부합하도록 수정하는 프롬프트를 작성하여 입력한다. 한 번에 완벽하게 콘텐츠를 생성할 수는 없으므로 '생성-평가-개선 프롬프트 입력' 작업을 빠르게 반복적으로 진행한다. 원하는 결과를 얻을 때까지 이 과정을 반복한다.

개요를 구성하는 항목들을 직접 작성하거나 프롬프트를 통해 생성한다. 부분별로 생성-평가-개선 작업을 해서 완성해나간다. 부분적인 글을 완성한 후 전체 기사로 통합해야 하므로, 각 부분에 대한 작업도 한 채팅 세션에서 작업하는 것이 좋다.

↳ 생성-평가-개선 작업하기 ▷▷▷

 개요를 단계별로 검토해서, 긍정적 기대감을 주고 눈길을 끄는 서론을 써줘.

서론:

현대 사회에서 MZ세대 직장인들은 업무에 치열하게 몰두하며 시간과 효율성을 극대화하기 위한 노력을 기울입니다. 그러나 업무에 필요한 다양한 역량을 갖추기란 쉽지 않습니다. 이때 등장한 생성AI, 특히 챗GPT가 이들의 업무 패러다임을 바꾸어놓았습니다. 글쓰기 품질을 향상시키고 업무 시간을 줄여주어, 시간 관리 및 생산성 전략에 혁신을 불어넣었죠.

최근의 연구 논문들은 이러한 변화에 대한 실증적인 근거를 제공하고 있습니다. MIT 연구원들의 논문과 National Bureau of Economic Research의 논문은 생성AI의 도입이 어떻게 생산성을 향상시키고 기업의 이직률을 개선하는지 보여줍니다. 이를 바탕으로 이 기사에서는 MZ세대 직장인들의 일상 업무에 어떤 변화가 일어났는지 살펴보고, 개인적 경험을 통해 인사이트를 제공합니다. 스타트업 마케팅 담당자의 인터뷰를 인용하면서 챗GPT를 활용하는 구체적인 시나리오를 소개하고, 그로 인해 열리는 새로운 기회와 전망에 대해 설명합니다. 이를 통해 업무에 혁신을 불어올 생성AI와 챗GPT의 놀라운 변화를 MZ세대 직장인들에게 알리며, 긍정적인 기대감과 함께 미래의 성장과 기회를 기대할 수 있도록 동기를 부여합니다. 이제 시대의 변화를 이끌어갈 MZ세대 직장인들이 생성AI의 도움으로 더 나은 미래를 향해 나아갈 수 있습니다.

 확신에 찬 어조로 신뢰감을 주는 결론을 써줘.

결론:

생성AI, 특히 챗GPT의 도입으로 MZ세대 직장인들의 업무 패러다임은 완전히 변화되었습니다. 연구 논문으로부터 얻은 실증적인 근거와 개인적 경험, 그리고 스타트업 마케팅 담당자의 인터뷰를 통해 드러난 그들의 성공 사례는 이 혁신이 얼마나 강력한지를 증명합니다.

생산성 향상, 시간 관리 개선, 빠른 학습 및 전문가 간 협업 향상 등 챗GPT의 도움을 받아 이룬 일들은 이제 미래의 성장과 기회를 기대할 수 있는 토대를 마련했습니다. 이를 통해 MZ세대 직장인들은 단순한 업무 수행자에서 더 나아가 창의력과 전략적 사고를 발휘하는 미래의 리더로 거듭날 수 있습니다.

확신을 가지고 말할 수 있는 것은 생성AI와 챗GPT의 힘은 MZ세대 직장인들의 업무에 혁신적인 변화를 불러올 것이며, 이 변화는 그들의 경쟁력을 더욱 강화시켜 더 나은 미래를 창조하는 데 기여할 것입니다. 이제 MZ세대 직장인은 생성AI의 도움을 받아 더 큰 성취와 발전을 이루며 시대의 변화를 이끌어나갈 것입니다.

"전망" 부분을 목록 스타일이 아니라 스토리텔링 방식의 서술형 형식으로 써줘. 중요한 포인트만 강조해서 간결하게 5문장 이내로 써줘.

전망이 밝은 미래에, MZ세대 직장인들은 챗GPT의 도움으로 수많은 업무를 동시에 처리하며 업무 효율을 높일 것입니다. 한 스타트업의 마케팅 담당자는 챗GPT를 사용해 다양한 전문가들과의 협업에 큰 도움을 받게 되어, 기존에 불가능했던 새로운 아이디어들을 구현할 수 있습니다. 이러한 혁신적인 변화는 그들의 업무 능력과 경쟁력을 크게 강화시키며, 이를 통해 기업의 성장과 발전을 가속화할 것입니다. 이렇게 변화한 MZ세대 직장인들은 창의력과 전략적 사고 능력을 발휘하며 미래의 리더로 거듭날 것입니다. 결국 챗GPT와 함께한 업무 혁신이 미래의 성공을 창조하는 발판이 될 것입니다.

'전망'이란 단어로 시작해서 문장이 어색하고, '스타트업의 마케팅 담당자'란 말도 어울리지 않는 것 같아. '챗GPT를 활용하는 MZ세대 직장인들은'으로 시작해서 더 간결하게 다시 써줘.

챗GPT를 활용하는 MZ세대 직장인들은 업무 효율을 극대화하며 새로운 기회를 창출할 것입니다. 다양한 전문가들과 원활한 협업으로 혁신적인 아이디어를 구현하게 되고, 이를 통해 기업의 성장과 발전을 가속화할 것입니다. 그들의 창의력과 전략적 사고 능력이 발휘되어 미래의 리더로 거듭날 것이며, 이 과정에서 챗GPT는 그들의 성공을 위한 중요한 파트너가 될 것입니다.

❽ **초안 생성**: 각 부분(섹션)의 콘텐츠가 완성되었으면 챗GPT를 통해 통합하여 초안을 생성한다. 통합된 전체 콘텐츠에 대해서도 생성-평가-개선 작업을 반복한다.

지금까지 생성한 콘텐츠들을 프롬프트를 통합함으로써 초안을 만들 수 있다. 초안을 만드는 과정에서 초안 전체 글의 길이와 스타일을 지정하면, 서로 다른 스타일과 길이로 쓰인 각 부분이 전체에 맞춰서 조절된다. 다양한 스타일과 길이를 지정해서 통합한 초안을 생성해보고, 가장 마음에 드는 초안을 고르자.

↳ 초안 생성하기   ▷▷▷

👤	'개요'에 따라 개요 항목에 있는 각 섹션의 글들(MIT 연구 논문 요약, National Bureau of Economic Research 논문 요약, 인사이트, 스타트업 마케팅 담당자 인터뷰 인용, 챗GPT를 활용한 업무 혁신의 전망)을 모두 통합하고, 맥락과 흐름을 고려해서 전체적으로 구성과 흐름이 조화를 이루는 초안을 완성해줘. 글의 길이는 800단어, 글쓰기 스타일은 언론 기사로 해줘.
ⓢ	**제목**: "생성AI 업무 혁명: MZ세대 직장인이 경험한 놀라운 변화" **부제**: "일상 업무에 혁신을 불러온 챗GPT: 시간 관리 및 생산성 전략" 최근 MZ세대 직장인들의 업무 효율 및 시간 관리 전략에 큰 변화가 일어나고 있다. 이 변화의 핵심은 인공지능(AI) 기술의 발전과 함께 생성AI, 특히 대화형 AI 도우미 챗GPT의 도입이다. MIT 경제학과 박사과정 연구원들의 최근 논문(Noy, Shakked and Zhang, 2023)에 따르면, 챗GPT를 사용한 참가자들은 업무 시간을 거의 절반으로 줄였고(30분에서 17분), 평가 점수도 상승했다.

이 연구는 글쓰기 품질 향상과 업무 시간 절약 효과를 확인했다. 반면, 문서 편집기를 사용한 사람들은 작업 시간이 감소했지만 품질은 떨어졌다. 연구자들은 챗GPT가 생산성을 크게 향상시키며 참가자들의 업무 만족도도 높아졌다고 밝혔다. National Bureau of Economic Research에서 발표된 또 다른 논문(Brynjolfsson, Li, and Raymond, 2023)에서는 생성AI 도입으로 생산성 향상 및 직원 이직률 개선을 확인했다. 연구진은 5,179명의 고객 지원 담당자 데이터를 사용해 생성AI 도구의 도입이 시간당 해결된 문제를 기준으로 평균 14%의 생산성 향상을 가져왔다고 밝혔다. 특히 초보자와 기술력이 낮은 근로자에게 가장 큰 영향을 미쳤으며, 경험이 많고 고급 기술을 가진 근로자에게는 영향이 거의 없었다.

이러한 연구 결과와 더불어, 챗GPT를 활용한 경험을 토대로 많은 사람이 개인적인 인사이트를 공유하고 있다. 한 스타트업의 마케팅 담당자는 "챗GPT는 업무에 큰 도움이 되었다"며, "다양한 분야에 대한 전문 지식을 골고루 갖추고 빠르게 필요한 정보를 찾아내는 능력 덕분에 업무 속도가 빨라졌다"고 말했다. 이어서 "고객들과의 커뮤니케이션도 더 원활해졌고, 생각지도 못한 아이디어와 창의적인 해결책을 제공해주기도 한다"고 덧붙였다. 많은 MZ세대 직장인이 챗GPT를 활용해 새로운 기회를 발견하고 있다. 일례로 업무 자동화를 통해 복잡하고 시간이 많이 소요되는 작업을 단순화하거나, 빠르게 새로운 기술을 익히고 직장에서 실제로 적용할 수 있는 능력을 향상시키고 있다. 또한 전문가 간 협업도 효율적으로 이루어지며, 다양한 배경을 가진 팀원들과의 소통이 원활해졌다.

결론적으로, 생성AI와 챗GPT를 통한 업무 효율 및 시간 관리 혁신은 MZ세대 직장인들에게 동기부여를 제공한다. 이를 통해 미래의 성장과 기회를 기대하며, 인공지능 기술을 지속적으로 발전시키고 적용하는 것이 더욱 중요해진다. 이러한 기술 혁신은 MZ세대 직장인들이 기존의 업무 방식에서 벗어나 새로운 업무 환경에 적응하며, 더 나은 성과와 만족도를 이루어낼 수 있는 가능성을 제시한다.

총 800단어

> ❾ **검토 및 반복 개선**: 생성된 콘텐츠를 챗GPT를 활용하여 검토한다. 챗GPT의 독해 기능, 루브릭 평가 기능을 활용할 수 있다. 더 많은 문맥, 세부 사항 또는 명확성이 필요한 영역을 확인한 프롬프트를 이용해 수정한다.

챗GPT에게 검토에 필요한 다양한 질문을 하면 독해 기능을 통해 답해준다. 복잡한 기사에서 중요한 부분이나 팩트 체크를 해야 하는 부분을 골라서 검토하고 수정할 수도 있다. 특히 유용한 기능은 루브릭 평가다. 루브릭 평가란 루브릭이라는 평가 항목에 대해 기준을 정하여 성과 수준을 평가하는 질적 평가의 한 방식이다. 챗GPT의 루브릭 평가는 여러 분야에서 상당한 부분으로 해당 분야 전문가 평가에 근접하는 결과를 보여주고 있다. 글쓰기에 대한 평가는 어떤 전문가보다 더 정확한 수준이다. 루브릭 평가를 통해 검토하고 지적된 항목을 집중적으로 개선하면 된다.

↳ 루브릭 평가하기   ▷▷▷

좋은 기획 기사의 요건에 맞춰서 생성된 기사를 루브릭 평가해줘. 충분한 신뢰도를 갖고 챗GPT가 평가할 수 있는 각 루브릭 항목에 대해 5점 기준으로 점수를 매겨줘.

기사를 평가하기 위해 다음 루브릭 항목을 사용하겠습니다:

1. 명확한 목표 및 주제
2. 탄탄한 구조
3. 깊이 있는 연구 및 분석
4. 독창적인 인사이트
5. 명료한 언어와 문체
6. 시의적절성
7. 독자와의 소통
8. 감정적 연결

챗봇으로서 제한된 데이터와 인공지능 기반 분석을 통해 다음과 같이 평가하겠습니다:

1. 명확한 목표 및 주제: 4/5
- 목표와 주제가 상대적으로 명확하게 전달되었으나, 더 구체적인 목표 설정이 필요합니다.

2. 탄탄한 구조: 4/5
- 서론, 본론, 결론의 구조가 명확하게 구분되어 있으나, 일부 섹션에서의 전환점이 부드럽지 않을 수 있습니다.

3. 깊이 있는 연구 및 분석: 3.5/5
- 신뢰할 수 있는 출처와 논문을 인용하였으나, 더 다양한 자료와 보다 깊이 있는 분석이 필요합니다.

4. 독창적인 인사이트: 3/5
- 일부 독창적인 인사이트가 제공되었으나, 독자들에게 더 새로운 시각을 제공할 필요가 있습니다.

> (중략)
>
> **8. 감정적 연결**: 3/5
> - 일부 감정적 연결이 형성되었으나, 독자들과의 더 강한 감정적 연결을 이끌어 낼 수 있는 요소가 필요합니다.
>
> **총점: 29/40**
>
> 위 평가는 챗GPT의 한계를 고려한 결과입니다.

❿ 동료 리뷰: 생성된 콘텐츠를 지인과 공유하고 피드백을 수집한다. 이 단계를 통해 다양한 관점을 고려할 수 있어 기사의 전체 품질이 향상된다.

실제 타깃 독자 그룹에 속하는 인물이나 객관적인 의견을 줄 수 있는 동료들에게 초안을 전달하고 자유롭게 의견을 받아보자. 지금까지는 글을 작성하는 좁은 관점에서 검토했는데, 더 넓은 관점의 피드백을 받으면 예상하지 못한 개선점을 찾을 수 있다.

⓫ 콘텐츠 개선: 피드백을 통해 콘텐츠를 조정하고 보완한다. 정확성, 일관성 및 흐름을 개선하기 위해 필요한 전반적 수정을 한다.

동료의 의견을 반영해서 수정이 필요한 부분을 직접 수정하거나 챗GPT를 통해 전반적인 조정을 한다. 부분적으로 수정하면 글 전체의 흐름과 맥락이 매끄럽지 못할 수 있으니, 챗GPT를 통한 전체적인 검토와 바꿔 쓰기 기능 등을 이용하면 도움이 될 수 있다.

⓬ **교정 및 최적화**: 문법, 구두점 또는 어휘적 오류가 없는지 최종 교정을 실시한다. 가독성, 전달력, 기사 가치 측면에서 완성도를 확인하고 보완한다. 교정 및 내용 최적화 작업에도 챗GPT의 독해 기능, 루브릭 평가 기능을 활용할 수 있다.

↳ 콘텐츠 개선하기　　　　　　　　　　▷▷▷

작성된 기사의 문법, 구두점, 어휘 오류와 가독성, 전달력, 기사 가치를 검토해서 각각 10점을 만점으로 점수를 매겨줘. 검토결과 완성도를 위해 개선하면 좋은 부분을 3가지 알려줘.

기사 평가:

1. 문법, 구두점, 어휘 오류: 9/10

기사는 대체로 문법, 구두점, 어휘에 있어 잘 작성되어 있습니다. 약간의 오류가 존재할 수 있으므로 꼼꼼한 검토가 필요합니다.

2. 가독성: 8/10

전반적으로 가독성이 좋으나, 몇몇 문장이 길거나 복잡한 구조를 가지고 있어 어려운 점이 있습니다. 이 부분을 개선하면 더 나은 가독성을 얻을 수 있습니다.

3. 전달력: 8/10

기사는 전달력이 좋으나, 일부 중요한 포인트를 더 강조하거나 설명을 추가하여 전달력을 높일 수 있습니다.

4. 기사 가치: 9/10

기사는 새로운 정보와 통찰력을 제공하며 독자들에게 가치가 있습니다. 하지만 더 다양한 관점이나 인용을 추가하면 기사의 가치를 더욱 향상시킬 수 있습니다.

개선 사항:

1. 문장 구조 및 길이 조정: 일부 긴 문장이나 복잡한 구조를 가진 문장을 짧게 분리하거나 간결하게 수정하여 가독성을 향상시킬 수 있습니다.

2. 중요한 포인트 강조: 기사에서 중요한 포인트를 더 강조하고 설명을 추가하여 독자가 주요 내용을 명확하게 이해할 수 있도록 도와줍니다.
3. 다양한 관점 및 인용 추가: 기사에 더 다양한 관점이나 인용을 추가하여, 주제에 대한 풍부한 정보와 전문가 의견을 제공함으로써 기사의 가치를 높일 수 있습니다.

> 문장 구조 및 길이를 조정할 문장과 기사의 중요한 포인트 문장을 골라서 알려줘.

문장 구조 및 길이 조정이 필요한 문장:
원문: "생성AI와 챗GPT를 통한 업무 효율 및 시간 관리 혁신 요약 MZ세대 직장인들에게 동기부여를 제공하며 미래의 성장과 기회에 대한 기대감 전달"
수정: "생성AI와 챗GPT를 통해 업무 효율과 시간 관리 혁신이 이루어지고 있습니다. 이는 MZ세대 직장인들에게 동기부여를 제공하며, 미래의 성장과 기회에 대한 기대감을 높입니다."

기사의 중요한 포인트 문장:
"MIT 연구 논문에 따르면, 챗GPT는 글쓰기 품질 향상과 업무 시간 절약 효과를 가져온다고 합니다."
이 중요한 포인트 문장은 기사의 주요 연구 결과 중 하나를 강조하고 있으며, 독자들이 이해하기 쉽게 전달되어야 합니다.

⑬ **마무리 및 게시**: 목표하는 미디어에 적합하도록 부수적인 콘텐츠를 보강하여 게시한다. 챗GPT는 게시 미디어에 맞도록 관심을 끄는 헤드라인, 캡션 및 기사 요약을 작성하는 데 도움을 줄 수 있고, SEO와 소셜미디어 노출에 필요한 부수적 콘텐츠도 생성해 준다.

드디어 기사가 완성되었다. 이제 기사를 배포하여 성과를 거둘 차례다. 미디어 플랫폼을 통한 배포에는 알고리즘에 선택받을 수 있도록 부수적인 요소 콘텐츠가 필요하다. 뉴스로 배포할 경우에는 검색엔진 최적화가 필요하고, 소셜미디어 노출을 위해서는 해시태그가 중요하다. 또 챗GPT와 같은 생성AI 노출을 위해서는 대화형 요약을 추가하는 것이 좋다.

챗GPT를 이용해 목표 미디어에 적합한 부수적 콘텐츠를 생성해보자. 생성된 콘텐츠를 기사에 추가하여 미디어에 게시하면 기사 작성의 전체적인 작업이 마무리된다.

↳ 부수적 콘텐츠 생성하기 ▷▷▷

작성된 기사를 인터넷 뉴스로 배포해서 구글과 네이버 검색에서 상위에 노출되기 위해 필요한 콘텐츠(태그, 표지 이미지, 소셜미디어 티저, SEO 키워드 등)를 생성해줘. 생성AI 노출을 위한 대화형 FAQ 요약도 작성해줘.

제목: "생성AI 업무 혁명: MZ세대 직장인이 경험한 놀라운 변화"

부제: "일상 업무에 혁신을 불러온 챗GPT: 시간 관리 및 생산성 전략"

태그: #생성AI #챗GPT #MZ세대 #직장인 #업무혁신 #시간관리 #생산성 #기술트렌드

표지 이미지:

- 챗GPT 로고와 함께 MZ세대 직장인이 업무를 수행하는 이미지

소셜미디어 티저:

"생성AI 기술 챗GPT가 MZ세대 직장인들의 업무 효율과 시간 관리에 어떤 변화를 가져오고 있을까요? 새로운 기술이 업무에 미치는 영향을 확인해보세요! #생성AI #챗GPT #MZ세대 #업무혁신"

검색엔진 최적화(SEO) 키워드:

생성AI, 챗GPT, MZ세대, 직장인, 업무 혁신, 시간 관리, 생산성, 기술 트렌드

기사 내용 요약:

생성AI 기술인 챗GPT는 MZ세대 직장인들의 업무 효율과 시간 관리 전략에 큰 변화를 가져오고 있습니다. MIT 연구 논문과 전미경제연구소(National Bureau of Economic Research)의 논문을 통해 챗GPT가 글쓰기 품질 향상, 업무 시간 절약, 생산성 향상 및 직원 이직률 개선에 기여함을 확인할 수 있습니다.

스타트업의 마케팅 담당자 경험을 기반으로 챗GPT를 사용하면 업무 부담을 줄이고 생산성을 높일 수 있습니다. 이를 통해 기업과 개인 모두에게 긍정적인 영향을 미칠 것으로 예상됩니다.

대화형 FAQ 요약:

1. 챗GPT는 어떤 기술인가요?

- 챗GPT는 생성AI 기술로, MZ세대 직장인들의 업무 효율과 시간 관리 전략에 혁신을 가져옵니다.

2. 챗GPT의 긍정적인 영향은 무엇인가요?

- 글쓰기 품질 향상, 업무 시간 절약, 생산성 향상 및 직원 이직률 개선 등이 있습니다.

3. 어떤 논문들이 이러한 긍정적인 영향을 확인했나요?

- MIT 연구 논문(Noy, Shakked and Zhang, 2023)과 National Bureau of Economic Research의 논문(Brynjolfsson, Li, and Raymond, 2023)에서 확인되었습니다.

4. 챗GPT를 활용한 직장인들의 실제 경험은 어떤가요?

- 스타트업의 마케팅 담당자는 챗GPT를 사용하여 빠르게 글쓰기 작업을 완료하고 다른 업무에 집중할 수 있다고 전합니다.

5. 챗GPT를 활용한 업무 혁신의 전망은 어떤가요?

- 업무 자동화, 빠른 학습, 전문가 간 협업 향상 등 다양한 기회가 예상되며, 기업과 개인 모두에게 긍정적인 영향을 미칠 것입니다.

위 요약 내용을 활용해 인터넷 뉴스 배포 및 구글과 네이버 검색에서 상위에 노출되도록 다음과 같이 콘텐츠를 구성할 수 있습니다.

1. 메타 태그 및 키워드 최적화

- 제목, 부제, 요약문, 대화형 FAQ 요약에 챗GPT, MZ세대, 업무 혁신 등의 주요 키워드를 적절하게 사용해 검색엔진에 노출되도록 최적화합니다.

2. 이미지 및 동영상 콘텐츠 활용

- 관련 이미지 및 동영상 콘텐츠를 기사에 첨부하여 시각적으로 풍부한 콘텐츠를 제공함으로써 사용자의 이목을 끌 수 있습니다.

3. 소셜미디어 공유

- 기사를 소셜미디어 플랫폼에 공유하고, 독자들과의 상호작용을 통해 기사의 가치를 높이며 구글과 네이버 검색 순위를 상승시킵니다.

4. 외부 링크 활용

- 관련된 기업, 연구기관, 전문가 등과 협력해 기사에 외부 링크를 추가하고, 이들로부터의 링크를 얻어 검색엔진 최적화를 높입니다.

5. 콘텐츠 업데이트

- 기사의 내용을 주기적으로 업데이트하거나 관련된 새로운 콘텐츠를 추가함으로써 검색엔진이 콘텐츠의 최신성과 가치를 인식하도록 합니다.

이러한 방법들을 활용해 작성된 기사가 인터넷 뉴스로 배포되고, 구글과 네이버 검색에서 상위에 노출될 수 있도록 콘텐츠를 최적화할 수 있습니다.

↳ 바로 써보고 활용하는 프롬프트

전반적인 개념을 이해했다면, 실제로 다양한 프롬프트를 활용해보는 것이 챗GPT를 익히는 가장 효과적인 방법이다. 인터넷에서 잘 쓰인 프롬프트를 찾아보고 실제로 입력해보는 작업은 자기 습관에서 벗어나 다양한 프롬프트 활용 방법을 익히는 데 많은 도움이 된다.

챗GPT는 영어로 쓰인 문서를 한글 문서보다 훨씬 더 많이 학습했기 때문에, 같은 질문이라도 영어로 프롬프트를 쓰면 더 정확하고 긴 출력을 생성한다. 또한 영어로 챗GPT를 활용하는 사용자 수가 압도적으로 많기 때문에, 활용하려는 작업 분야에 잘 만들어진 영문 프롬프트를 검색해서 모아두면, 바퀴를 다시 만드는 수고를 줄일 수 있다.

다음은 인터넷에 올라와 있는 글쓰기에 관련된 다양한 영문 프롬프트다. 영문 프롬프트와 상응하는 한글 프롬프트를 바로 써보고 익혀서 작업에 활용해보자.

▶ **다양한 종류의 영문 프롬프트**

1. "Write a comprehensive guide on how to [start a successful online business, including tips on finding a profitable niche, building a website, and driving traffic to your site]."
- [이익을 낼 수 있는 니치 찾기, 웹사이트 구축, 사이트로의 트래픽 유도에 대한 팁을 포함하여 성공적인 온라인 비즈니스를 시작하는 방법]에 대한 종합적인 가이드를 작성해주세요.

2. "Write a step-by-step tutorial on how to [improve your search engine optimization(SEO) for your blog or website]."
- [블로그 또는 웹사이트의 검색엔진 최적화(SEO)를 향상시키는 방법]에 대한 단계별

튜토리얼을 작성해주세요.

3. "Compose an in-depth review of [the latest electric car model, including its range, charging capabilities, and overall performance]."

- [충전 능력 및 전체 성능을 포함하여 최신 전기 자동차 모델]에 대한 깊이 있는 리뷰를 작성해주세요.

4. "Create a detailed report on [the current state of the housing market, including trends, forecasts, and potential opportunities for buyers and sellers]."

- [추세, 예측 및 매수자와 매도자를 위한 잠재적 기회를 포함하여 주택 시장의 현재 상태]에 대한 자세한 보고서를 작성해주세요.

5. "Create a detailed analysis of [the current state of the stock market, including trends, predictions, and potential opportunities for investors]."

- [추세, 예측 및 투자자를 위한 잠재적 기회를 포함하여 주식 시장의 현재 상태]에 대한 자세한 분석을 작성해주세요.

6. "Write a case study detailing [the Korean Wave in the United States]."

- [미국에서의 한류]에 대한 상세한 사례 연구를 작성해주세요.

7. "Write a lesson plan on [renewable energy sources for high school students]."

- [고등학생을 대상으로 재생에너지원]에 대한 수업 계획서를 작성해주세요.

8. "Write a short copy for [a travel brochure for a luxury resort, highlighting the amenities and activities offered to guests]."

- [손님들에게 제공되는 편의 시설과 활동을 강조하여 고급 리조트용 여행 전단지]를 위한 짧은 글을 작성해주세요.

9. "Create a catchy tagline for [a new line of organic skincare products]."

- [새로운 유기농 스킨케어 제품 라인]을 위한 인상적인 슬로건을 작성해주세요.

10. "Write a product description for [a high-tech wine refrigerator, emphasizing its features and capabilities]."

- [기능과 성능을 강조하여 하이테크 와인 냉장고]에 대한 제품 설명을 작성해주세요.

11. "Write a product review for [a new smartphone, highlighting its features and performance]."

- [기능과 성능을 강조하여 새로운 스마트폰]에 대한 제품 리뷰를 작성해주세요.

12. "Write a press release announcing the launch of [a new line of eco-friendly home cleaning products]."

- [친환경 가정용 청소 제품의 새로운 라인 출시]를 발표하는 보도 자료를 작성해주세요.

13. "Write a social media post for [a new restaurant, promoting its menu and atmosphere]."

- [새로운 식당의 메뉴와 분위기를 홍보]하는 소셜미디어 게시물을 작성해주세요.

14. "Write a blog post about [the benefits of a plant-based diet]."

- [식물 기반 식단의 이점]에 대한 블로그 글을 작성해주세요.

15. "Write a short story about [a young woman who discovers a hidden talent for painting]."

- [그림에 숨겨진 재능을 발견한 젊은 여성]에 관한 짧은 이야기를 작성해주세요.

16. "Write a script for [a podcast episode about the history of hip hop]."

- [힙합 역사에 관한 팟캐스트 에피소드]를 위한 대본을 작성해주세요.

17. "Write a script for a short video about [the benefits of volunteering in your community]."

- [지역에서 봉사 활동의 이점]에 관한 짧은 동영상을 위한 대본을 작성해주세요.

18. "Write a motivational quote for [an Instagram post, encouraging people to chase their dreams]."

- [꿈을 좇도록 사람들을 격려하는 인스타그램 게시물]을 위한 동기부여 인용구를 작성해주세요.

▶ 이메일 쓰기 프롬프트

1. "Write a formal email to a client requesting a meeting to discuss the

progress of their project, including the date and time of the proposed meeting, the agenda for the meeting, and the desired outcome."

- 프로젝트 진행 상황을 논의하기 위한 회의를 요청하는 공식 이메일을 작성하세요. 제안된 회의 날짜와 시간, 회의 안건, 그리고 원하는 결과를 포함하여 작성하세요.

2. "Write a follow-up email to a potential employer after an interview, expressing gratitude for the opportunity and highlighting your qualifications for the role."

- 면접 후 잠재 고용주에게 면접 기회에 대한 감사와 역할에 대한 자격을 강조하는 후속 이메일을 작성하세요.

3. "Write a professional email to a colleague requesting feedback on a project proposal, including specific areas of focus and a deadline for response."

- 프로젝트 제안에 대하여 집중해야 할 부분과 응답 마감일이 포함된 동료 피드백 요청 업무 이메일을 작성하세요.

4. "Write an email to a supervisor requesting time off for a vacation, including the dates of the requested time off and a plan for ensuring that work will be covered during your absence."

- 요청 휴가 기간과 부재 중 업무 처리 계획을 포함하여 휴가를 신청하기 위해 상사에게 보낼 이메일을 작성하세요.

5. "Write a persuasive email to a client explaining the benefits of a new product or service, including key features, pricing, and a call to action to schedule a demonstration or consultation."

- 주요 기능, 가격, 그리고 데모나 상담을 예약 행동 촉구를 포함하여 새로운 제품이나 서비스의 이점을 설명하는 내용으로 고객에게 보낼 설득력 있는 이메일을 작성하세요.

6. "Write an email to a team member congratulating them on a job well done, including specific examples of their contributions and an expression of appreciation."

- 팀원의 기여에 대한 구체적인 예시와 감사의 표현을 포함하여 팀원이 잘한 일을 축하하는 이메일을 작성하세요.

7. "Write an email to a vendor requesting a quotation for a large order, including a detailed list of the products or services needed and a deadline for the quotation."

- 필요한 제품이나 서비스의 상세 목록과 견적 마감일을 포함하여 대량 주문에 대한 견적을 요청하는 공급 업체에게 보낼 이메일을 작성하세요.

8. "Write an email to a customer apologizing for a delay or issue with their order, including an explanation of the cause of the delay and a plan for rectifying the situation."

- 지연의 원인을 설명하고 상황을 바로잡기 위한 계획을 포함하여 주문 지연이나 문제에 대해 고객에게 사과하는 이메일을 작성하세요.

9. "Write an email to a prospect introducing your company and its services, including a brief overview of your company's history and capabilities, and a call to action to schedule a consultation or visit your website."

- 회사의 역사와 능력에 대한 간략한 개요와 상담을 예약하거나 웹사이트를 방문할 것을 요청하는 행동 촉구를 포함하여 회사와 그 서비스를 소개하는 유망 고객에게 보낼 이메일을 작성하세요.

10. "Write an email to a team member or colleague requesting their input on a new initiative or project, including a brief overview of the proposal and a deadline for feedback."

- 제안에 대한 간략한 개요와 피드백에 대한 마감일을 포함하여 새로운 계획이나 프로젝트에 대한 팀원이나 동료의 의견을 요청하는 이메일을 작성하세요.

11. "Write an email to a team member or colleague providing feedback on their performance, including specific examples of areas for improvement and suggestions for how to address them"

- 개선이 필요한 영역에 대한 구체적인 예시와 이러한 문제를 해결하는 방법에 대한 제

안을 포함하여 팀원이나 동료의 성과에 대한 피드백을 제공하는 이메일을 작성하세요.

12. "Write an email to a supervisor or manager requesting additional resources or support, including a detailed explanation of your needs and a justification for your request."

- 필요 사항에 대한 자세한 설명과 요청에 대한 정당화를 포함하여 추가적인 자원이나 지원을 요청하는 상사 또는 관리자에게 보낼 이메일을 작성하세요.

13. "Write an email to a vendor or supplier requesting information or samples of their products or services, including a detailed list of your needs and a deadline for response."

- 필요한 것들에 대한 상세 목록과 응답 마감일을 포함하여 공급 업체 또는 제공 업체에게 제품이나 서비스에 대한 정보 또는 샘플을 요청하는 이메일을 작성하세요.

14. "Write an email to a client or customer announcing a new product or service, including a brief overview of the product or service, pricing, and a call to action to schedule a demonstration or consultation."

- 제품이나 서비스에 대한 간략한 개요, 가격, 그리고 시연이나 상담을 예약하기 위한 행동 촉구를 포함하여 새로운 제품이나 서비스를 발표하는 내용으로 고객이나 클라이언트에게 이메일을 작성하세요.

▶ 스토리 쓰기 프롬프트

1. "Write a story about a young girl who discovers she has the power to control fire, but struggles with the responsibility that comes with it. She must navigate the challenges of her new abilities while trying to keep her secret hidden from the world."

- 불을 조종하는 능력을 가진 어린 소녀에 대한 이야기를 써보세요. 그러나 그녀는 그 능력이 가져오는 책임에 투쟁하게 됩니다. 그녀는 새로운 능력의 도전을 넘어서면서 그녀의 비밀을 세상으로부터 숨기려고 노력해야 합니다.

2. "Write a story about a group of survivors who are stranded on a deserted

island after a plane crash. As they struggle to survive and find a way back to civilization, they must also confront their own personal demons and the dark secrets they've been hiding."

- 비행기 추락 후 버려진 섬에 갇힌 생존자들에 대한 이야기를 써보세요. 그들은 생존하고 문명으로 돌아가기 위해 애쓰는 동안, 그들은 자신들의 개인적인 악몽과 그들이 숨기고 있던 어두운 비밀들을 직면해야 합니다.

3. "Write a story about a group of explorers who venture into a mysterious and dangerous cave in search of a legendary artifact. Along the way, they must confront their own fears and insecurities as they battle the cave's deadly inhabitants."

- 전설적인 유물을 찾기 위해 미스터리하고 위험한 동굴로 모험을 떠나는 탐험가들에 대한 이야기를 써보세요. 그들은 동굴의 치명적인 주민들과 싸우면서 자신들의 두려움과 불안감을 직면해야 합니다.

4. "I want you to act as a screenwriter. You will develop an engaging and creative script for either a feature length film, or a Web Series that can captivate its viewers. Start with coming up with interesting characters, the setting of the story, dialogues between the characters etc. Once your character development is complete – create an exciting storyline filled with twists and turns that keeps the viewers in suspense until the end. My first request is "I need to write a romantic comedy movie set in Paris.""

- 각본 작가가 되어주세요. 당신은 장편 영화나 웹 시리즈를 위한 매력적이고 창의적인 시나리오를 개발해야 합니다. 흥미로운 캐릭터, 스토리의 설정, 캐릭터 간의 대화 등을 만드는 것부터 시작하세요. 캐릭터 개발이 완료되면 관객을 끝까지 긴장감에 빠뜨리는 곡절이 많은 스토리라인을 만드세요. 제 첫 번째 요청은 "나는 파리에서 벌어지는 로맨틱 코미디 영화를 써야 합니다."

5. "I want you to act as a novelist. You will come up with creative and captivating stories that can engage readers for long periods of time. You

may choose any genre such as fantasy, romance, historical fiction and so on – but the aim is to write something that has an outstanding plotline, engaging characters and unexpected climaxes. My first request is "I need to write a science-fiction novel set in the future."

- 소설가가 되어주세요. 당신은 독자들을 장시간 동안 끌어들일 수 있는 창의적이고 매력적인 이야기를 생각해내야 합니다. 판타지, 로맨스, 역사 소설 등 어떤 장르를 선택하든 상관없습니다. 그러나 목표는 뛰어난 줄거리, 매력적인 캐릭터, 예상치 못한 클라이맥스가 있는 작품을 쓰는 것입니다. 제 첫 번째 요청은 "나는 미래를 배경으로 한 과학 소설을 써야 합니다."

6. "I want you to act as a storyteller. You will come up with entertaining stories that are engaging, imaginative and captivating for the audience. It can be fairy tales, educational stories or any other type of stories which has the potential to capture people's attention and imagination. Depending on the target audience, you may choose specific themes or topics for your storytelling session e.g., if it's children then you can talk about animals; If it's adults then history-based tales might engage them better etc. My first request is "I need an interesting story on perseverance."

- 이야기꾼이 되어주세요. 당신은 청중을 사로잡는 재미있고 상상력을 자극하는 이야기를 만들어야 합니다. 그것은 동화일 수도, 교육적인 이야기일 수도, 사람들의 주의와 상상력을 사로잡을 수 있는 다른 종류의 이야기일 수도 있습니다. 타깃 청중에 따라, 당신은 이야기를 위한 특정 주제나 주제를 선택할 수 있습니다. 예를 들어, 아이들이라면 동물에 대해 이야기하고, 성인들이라면 역사 기반의 이야기가 더 흥미로울 수 있습니다. 제 첫 번째 요청은 "나는 끈기에 대한 흥미로운 이야기를 필요로 합니다."

7. "[Character Name: Emily, Setting: Medieval Castle, Theme: Adventure] Write a story about Emily, a brave knight, as she embarks on a dangerous journey to save the kingdom from an evil sorcerer who has taken control of the castle."

- [캐릭터 이름: 에밀리, 설정: 중세 성, 테마: 모험] 악한 마법사가 성을 지배한 상태에서 왕

국을 구하기 위해 위험한 여행을 떠나는 용감한 기사 Emily에 대한 이야기를 써보세요.

8. "[Character Name: Michael, Setting: High School, Theme: Romance] Write a story about Michael, a high school student, as he navigates the ups and downs of teenage love and relationships."

- [캐릭터 이름: 마이클, 설정: 고등학교, 테마: 로맨스] 고등학생인 마이클이 청소년기 사랑과 관계의 기복을 이해하면서 겪는 일들에 대한 이야기를 써보세요."

9. "Pretend you are writing a story set in a post-apocalyptic world. Describe the setting, as well as the characters, their motivations and the obstacles they face. Make sure to include elements of tension and suspense as the story progresses."

- 당신이 종말 이후 세계에서 벌어지는 이야기를 쓴다고 가정해보세요. 배경과 캐릭터들, 그들의 동기와 직면하는 장애물을 묘사하세요. 이야기가 진행됨에 따라 긴장감과 서스펜스의 요소를 포함해야 합니다.

10. "Create a story about a family trying to survive in a world where technology is no longer available. Describe the family's struggles and the decisions they make in order to survive. Make sure to include elements of hope and redemption as the story progresses."

- 기술이 더 이상 사용되지 않는 세상에서 생존을 위해 노력하는 가족에 대한 이야기를 만들어보세요. 가족들의 투쟁과 생존을 위해 내리는 결정을 묘사하세요. 이야기가 진행됨에 따라 희망과 구원의 요소를 포함해야 합니다.

▶ 소셜미디어 글쓰기 프롬프트

1. Write a captivating caption for a photo of a sunset over the ocean, using descriptive language and a call to action for engagement. Example: "As the sun dips below the horizon, the sky transforms into a canvas of fiery oranges and deep purples. Take a moment to soak in the beauty of nature and let us know your thoughts in the comments. #sunset #ocean #nature"

- 바다 위의 석양 사진을 위한 설명이 풍부하고 참여를 요청하는 매력적인 캡션을 작성하세요. 예시: "태양이 지평선 아래로 떨어지면서 하늘이 불타는 주황색과 깊은 보라색의 캔버스로 변신합니다. 자연의 아름다움에 잠시 빠져들어보세요. 댓글에 생각을 남겨주세요. #석양 #바다 #자연"

2. Create a social media post promoting a new product launch, using persuasive language and specific details about the product's features and benefits. Example: "Introducing our latest innovation: The Smartwatch 2.0. With advanced fitness tracking, voice control, and long-lasting battery life, this watch is the ultimate accessory for the modern, tech-savvy individual. Order yours today and experience the convenience and efficiency of the Smartwatch 2.0. #smartwatch #innovation #technology"

- 설득력 있는 언어와 제품의 특징과 이점에 대한 구체적인 내용을 사용하여 새로운 제품 출시를 홍보하는 소셜미디어 게시물을 작성하세요. 예시: "최신 혁신 제품 소개: 스마트워치 2.0. 고급 피트니스 추적, 관리, 음성 제어 및 긴 배터리 수명을 갖춘 이 시계는 모던하고 기술에 익숙한 개인에게 궁극적인 액서서리입니다. 오늘 주문하고 스마트워치 2.0의 편리함과 효율성을 경험하세요. #스마트워치 #혁신 #기술"

3. Write a heartfelt message to commemorate a special event or anniversary, using emotive language and personal anecdotes. Example: "Today marks the 10th anniversary of our very first date. Time has flown by but my love for you has only grown stronger. Thank you for being my partner in life and for making every day an adventure. I can't wait to see what the next 10 years have in store for us. #anniversary #love #partnership"

- 감성적인 언어와 개인적인 이야기를 사용하여 특별한 이벤트나 기념일을 기리기 위한 진심 어린 메시지를 작성하세요. 예시: "오늘은 처음 만난 지 10주년입니다. 시간은 빠르게 흘렀지만 사랑은 더욱 강해졌습니다. 인생의 파트너가 되어주셔서 감사합니다. 앞으로 10년 동안 어떤 모험이 기다리고 있는지 기대됩니다. #기념일 #사랑 #파트너십"

4. Compose a motivational post about overcoming obstacles, using

inspiring language and relatable examples. Example: "We all face obstacles in life, but it's how we choose to react that defines us. The road may be rough, but remember that every step you take is a step towards your goal. Keep pushing and never give up. You have the strength and determination to make it happen. #motivation #overcomingobstacles #nevergiveup"

- 고무하는 언어와 공감할 수 있는 예시를 사용하여 장애물을 극복하는 데에 관한 동기부여 글을 작성하세요. 예시: "우리는 모두 삶에서 장애물에 직면하지만, 그것에 어떻게 반응하는지가 우리를 정의합니다. 길이 험난할 수 있지만, 당신이 밟는 모든 한 걸음이 목표를 향한 한 걸음임을 기억하세요. 계속 밀어붙이고 절대 포기하지 마세요. 당신은 그것을 이루기 위한 힘과 결단력을 가지고 있습니다. #동기부여 #장애물극복 #포기하지마세요"

5. Write a witty and humorous caption for a photo of a cat doing something silly, using clever puns and wordplay. Example: "When you're trying to catch a mouse but end up catching some z's. #catsofinstagram #sleepycat #caturday"

- 기발한 말장난과 익살을 사용하여 고양이가 장난치는 사진을 위한 재치 있고 유머러스한 캡션을 작성하세요. 예시: "쥐를 잡으려다 잠을 잡았어요. #고양이스타그램 #졸린고양이 #캣터데이"

6. Create a post about the importance of self-care and wellness, using informative language and tips for self-improvement. Example: "Self-care isn't just about bubble baths and face masks, it's about taking care of your mind, body, and soul. Make time for yourself, practice mindfulness, and remember that you deserve to be happy and healthy. Start small and work your way up. You got this! #selfcare #wellness #mindbodysoul"

- 유익한 언어와 자기 계발 팁을 사용하여 자기 관리와 웰빙의 중요성에 관한 글을 작성하세요. 예시: "자기 관리는 거품 목욕과 마스크팩만이 아니라 마음과 몸, 영혼을 돌

보는 것입니다. 스스로에게 시간을 내고, 정신을 단련하며, 행복하고 건강한 삶을 누릴 자격이 있다는 것을 기억하세요. 작은 것부터 시작해 점점 발전시켜나가세요. 화이팅! #자기관리 #웰빙 #마음몸영혼"

7. Write a post about the power of positivity and gratitude, using uplifting language and examples of how positivity can change lives.

- 긍정적인 에너지와 감사의 힘에 대한 글을 작성하세요. 긍정적인 언어와 긍정이 인생을 바꿀 수 있는 예시를 사용해주세요.

↪ 프롬프트 작성 시 주의할 점

1. 채팅 대화창(Chatting Session)에서 주제 섞지 않기

한 채팅 대화창에서 이루어진 대화를 한 채팅 세션이라고 한다. 챗GPT는 세션 내용(앞서 이루어진 대화)을 참조하므로 한 대화창에서 대화 주제를 변경하면 앞의 주제가 다음 주제의 대화 출력 결과에 영향을 미칠 수 있다. 새로운 주제가 생기면 새로운 채팅을 시작하자.

2. 출력 목표를 구체적으로 설정하기

챗GPT는 구체적으로 조건을 지정하는 것을 선호한다. 프롬프트가 모호할 경우 서론부터 길게 이어지는 일반적인 답변을 받는다. 서론부터 길게 답변을 받았다면, 조건을 더 구체적으로 지정해서 프롬프트를 입력하자.

3. 원하는 결과의 예시를 제공하기

대부분이 제로샷 프롬프트를 활용하지만, 앞서 설명한 대로 원샷 프롬프트는 제로샷 프롬프트보다 원하는 방향으로 출력을 대폭 개선하는 효과가 있다. 챗GPT가 엉뚱한 결과나 원치 않는 스타일를 글을 출력했을 경우에는 원하는 출력 예시를 하나 준비해서 추가하자.

4. 필요 시 출력을 줄이도록 요청하기

챗GPT가 출력하는 정보가 불필요하게 많을 수 있다. 이럴 경우 글을 간결하게 만들어 달라고 요청하자. 불필요한 글을 읽는 노력과 시간을 줄일 수 있다.

5. 한 번에 하나의 작업만 요청하기

하나의 프롬프트에 여러 개의 작업 지시문을 함께 쓰면 결과에 악영향을 미칠 수 있다. 한 번에 하나의 작업만 요청하는 방식으로 나누어 쓰는 것이 좋은 결과를 얻는 가장 간단하고 확실한 방법이다.

6. 원하는 결과를 얻기 위해 프롬프트 개선을 반복하기

처음에 결과가 완벽하지 않더라도 계속 실험하고 개선하자. 대부분의 사람은 너무 일찍 포기하고 프롬프트 엔지니어링에 최선을 다하지 않는다. 다양한 프롬프트 엔지니어링 방법을 사용하면 여러 가지 측면에서 결과를 개선할 수 있다.

▶ **맞춤법과 문장 오류**

맞춤법은 프롬프트에서 중요한 요소다. 잘못된 맞춤법은 대화에 혼란을 일으키고, 흐름을 방해할 수 있다. 챗GPT는 문법 규칙에 충실한 자연어 처리 기술에 의존하므로, 올바른 맞춤법으로 자연스러운 대화를 이어가는 것이 중요하다.

챗GPT 프롬프트 작성 시 일반적인 맞춤법 및 문장 맥락 실수 예시는 다음과 같다.

- 맞춤법 오류: "저를 도와주시면 정말 감사해옴!"
- 문장 맥락 오류: "어제 파티에서 본 사람이 말하길, 지금 어디쯤 계시나요?"
- 주어 생략: "먹으면서, 보면서, 들으면서 쉬세요."
- 불필요한 단어 사용: "그 문제는 결국 해결하지 못할 것 같아요."
- 동사 형태 오류: "제가 갔었을 때 그곳은 매우 조용했다."
- 주어-목적어와 동사 간 불일치 오류: "그는 피아노를 쳐보고, 그것이 어렵지 않

다는 것을 깨닫고, 더 많은 연습이 좋아."

이러한 오류를 피하려면 프롬프트 작성 전 문법 규칙과 문장 구조를 다시 확인하고, 불확실한 표현 대신 구체적인 표현을 사용해 정확하고 명확한 의사 전달을 해야 한다. 그래야만 챗GPT와 사용자 사이에 원활하고 자연스러운 대화를 이어갈 수 있다.

▶ **잘못된 질문**

사용자가 챗GPT의 대답에 대한 질문을 할 때에도 프롬프트 실수가 발생할 수 있다. 아래는 사용자가 챗GPT의 대답에 대한 질문을 할 때 발생할 수 있는 프롬프트 실수 예시다.

- 질문의 명확성 부족: 사용자가 명확하지 않은 질문을 하면 챗GPT가 적절한 대답을 제공하지 못한다.

  ▷ **예시)** "그게 뭔지는 알아?"

- 대답의 전제조건에 대한 이해 부족: 챗GPT에게 대답의 전제조건을 제공하지 않으면 추가적인 질문이나 해설이 필요할 수 있다.

  ▷ **예시)** "특이점이 뭔지 설명해줘."

- 대화의 방향성 부재: 사용자가 대화의 방향성이 명확하지 않으면 챗GPT가 적절한 대답을 제공하지 못할 수 있다.

  ▷ **예시)** "그래서?"

- 모호한 용어 사용: 사용자가 모호한 용어를 사용하면 챗GPT가 대답을 제공하는 데 어려움을 겪을 수 있다.

  ▷ **예시)** "거시기에 대해 어떻게 생각해?"

이러한 프롬프트 실수를 방지하기 위해서는 명확하고 구체적인 질문을 하고, 질문하기 전에 대답의 전제조건을 이해하려는 노력이 필요하다. 또한 대화의 방향성을 분명하게 설정하고, 적절한 언어를 사용해야 사용자가 챗GPT와 유익한 대화를 이어나갈 수 있다.

Part 6

기획서 → 194
브로슈어 → 210
보도 자료 → 222
마케팅 전략 계획서 → 228
블로그 글 → 238
이미지·다이어그램 생성하기 → 243
챗GPT 출력 팩트체크하기 → 246

실무에 바로 써먹는 콘텐츠 기획

기획서

↓

　사전적 의미의 '기획(Planning)'은 특정 대상에 대해 그 대상의 변화를 가져올 목적을 설정하고 그 목적을 달성하는 데에 가장 적합한 방법을 설계하고 계획하는 것이다. 즉 목적을 가지고 결과물을 잘 만들어낼 수 있는 아이디어를 체계적으로 정리하는 행위라고 할 수 있다.

　제품을 만드는 기획에 전제되어야 할 것은 결과물의 형태, 타깃 고객과 목표다. 상업적 기획의 목적은 타깃 고객에게 가치를 전달하여 수익을 창출하는 결과물을 만드는 것인데, 제한된 조건에서 업무를 체계적으로 추진하기 위해서는 목적에 부합하고 평가 가능한 구체적인 목표가 필요하다. 사업적 목적을 바탕으로 결과물의 형태, 타깃 고객과 목표를 설정하면 기획을 시작할 수 있다.

다음은 일반적인 제품 기획서의 필수 구성 요소들이다.

- **제품 개요**: 목표와 비전 소개
- **시장 조사**: 경쟁사 차별점, 타깃 고객, 시장 규모 파악
- **제품 세부 사항**: 기능, 디자인, 사용자 경험 기술
- **개발 일정 및 예산**: 프로젝트 범위와 진척 상황 관리
- **마케팅 전략 및 판매 채널**: 홍보 방안 수립, 시장 성공 방안

제품마다 개발 주기와 제작 및 운영 방식이 달라지지만, 필수 요소와 기획 프로세스는 유사하다. 주기가 빠른 콘텐츠 기획의 경우는 다음과 같은 프로세스를 따라 기획서를 작성할 수 있다.

1. 사업적 이해하기: 콘텐츠로 제공하고자 하는 가치를 명확히 하고, 주요 타깃 고객을 설정한 뒤, 핵심 독자로 만들고 싶은 고객의 니즈와 페인 포인트를 파악한다.
2. 콘텐츠 전략 수립: 콘텐츠의 전체적인 주제·형식·구성과 발행 주기 등을 정하고, 제작과 운영 계획을 세운다.
3. 개별 콘텐츠 기획하기: 주제 아이디어, 트렌드 및 키워드 분석을 통해 유망한 핵심 주제들을 도출하여 주제를 선정하고 콘텐츠 형식과 구조를 잡는다.
4. 개별 콘텐츠 제작하기: 주제와 구조가 정해졌다면, 실제 콘텐츠를 제작한다. 텍스트 작성, 이미지나 비디오 제작, 그래픽 디자인 등 콘텐츠 유형에 따라 필요한 작업을 수행한다. 이 과정에서는 핵심 메시지가 명확히 전달되도록 하며, 독자들이 쉽게 이해하고 흥미를 느낄 수 있는 방식으로 제작한다.
5. 콘텐츠 발행 후 모니터링: 정기적으로 콘텐츠 성과지표를 모니터링하고, 변화하는 고객의 니즈에 따라 콘텐츠 전략과 개별 콘텐츠를 개선한다.

▶ **실습: 기사 연재 기획서**
언론사 제안용으로 '기사 연재 기획서'를 만들어본다. 초기에 떠오른 주제 아이디

어를 중심으로 구상한 필수 요소는 다음과 같다.

- **주제 아이디어**: AI 전문가와 알아보는 전문 분야별 AI 협업 업무 혁신 모델: 챗GPT로 만드는 나만의 슈퍼 워라밸 업무 시스템
- **목적 결과물**: 언론사 연재 기사 시리즈
- **목표**: AI 전문가로서 퍼스널 브랜딩, 책 출판 및 관련 컨설팅 사업의 기반 조성(개인적). 직장인들에게 실제로 활용 가능한 AI 지식을 제공(제안 가치)
- **타깃 고객**: 디지털에 익숙한 MZ세대 화이트칼라 직장인

↳ 1. 사업 목적 이해하기 ▷▷▷

 "AI 전문가와 알아보는 전문 분야별 AI 협업 업무 혁신 모델: 챗GPT로 만드는 나만의 슈퍼 워라밸 업무 시스템"을 주제 아이디어로, MZ세대 화이트칼라 직장인을 타깃 독자로 언론사 '기사 연재'를 기획하려고 해. 타깃 독자들의 니즈(Needs)와 페인 포인트(Pain Points)를 조사 분석 및 평가해서 절실한 순서대로 5개씩 목록을 만들어 알려줘.

 타깃 독자: MZ세대 화이트칼라 직장인

니즈(Needs):

1. 업무 효율성 증대: MZ세대 직장인들은 업무의 효율성을 중요시하며, 이를 통해 업무 시간을 최소화하고 더 많은 성과를 창출하길 원한다.

2. 유연한 업무 환경: MZ세대는 다양한 업무 환경에 적응하고 싶어 하며, 원격 근무, 동료와의 협업, 프로젝트 관리 등에 유연하게 대처할 수 있는 도구를 찾고 있다.

3. 스트레스 감소: 일과 사생활의 균형을 이루는 것이 중요한 이들에게는 스트레스를 줄이고 일의 만족도를 높일 수 있는 업무 방식이 필요하다.

4. 자기 계발 및 신기술 습득: 끊임없이 진화하는 기술에 빠르게 적응하고 싶어 하는 MZ세대는 신기술 습득 및 자기 계발을 통한 능력 발휘를 원한다.

5. 적시적소의 커뮤니케이션: 효과적인 의사소통을 중시하는 MZ세대는 적시적소에 필요한 정보를 얻고 공유할 수 있는 도구를 찾고 있다.

페인 포인트(Pain Points):
1. 업무 과중 및 시간 관리의 어려움: 다양한 업무와 책임에 따른 업무 과중 및 시간 관리의 어려움이 MZ세대 직장인들의 스트레스 요인 중 하나다.
2. 정보의 파편화: 업무 정보와 자료가 여러 플랫폼에 분산되어 있어 필요한 정보를 찾고 관리하기 어려운 상황이다.
3. 협업 및 커뮤니케이션의 어려움: 온라인 환경에서의 협업 및 커뮤니케이션이 원활하지 않아 업무 진행이 지체되는 경우가 있다.
4. 기술 적응 및 활용의 어려움: 빠르게 변화하는 기술에 적응하고이를 이를 활용하는 것이 어려워 기술의 혜택을 제대로 누리지 못하는 경우가 있다.
5. 업무 스트레스 및 일-사생활 균형 문제: 근무시간이 길어지고 스트레스가 증가함에 따라 일과 사생활의 균형을 이루기 어려운 상황이다.

MZ세대 화이트칼라 직종 중에 AI 협업이 가장 절실한 직종이 무엇인지 논리적으로 추론해서 5개의 직종을 절실한 순서대로 알려줘. 또 직종별로 챗GPT를 활용 가능한 업무가 무엇인지도 첨부해줘.

MZ세대 직종 중 AI 협업이 가장 절실한 직종:
1. 마케팅 및 광고 전문가
- 챗GPT 활용 업무: 시장 조사, 데이터 분석, 콘텐츠 제작, 타깃 고객 분석
2. 프로젝트 매니저
- 챗GPT 활용 업무: 프로젝트 관리, 일정 관리, 리소스 조율, 팀 협업 향상
3. 소프트웨어 개발자
- 챗GPT 활용 업무: 코드 리뷰, 문제 해결, 기술 도큐먼트 작성, 개발 관련 질문에 대한 답변 제공
4. 금융 및 투자 전문가
- 챗GPT 활용 업무: 시장 분석, 투자 전략 수립, 리스크 관리, 포트폴리오 최적화

5. 인사 및 행정 관리자
- 챗GPT 활용 업무: 인재 발굴, 서류 관리, 교육 및 훈련 프로그램 개발, 기업 문화 개선

직종별로 챗GPT를 활용한 업무를 통해 MZ세대 직장인들의 니즈와 페인 포인트를 해결할 수 있습니다. 이러한 AI 협업 도구를 활용하면 업무 효율성이 증대되고, 협업 및 커뮤니케이션 능력이 향상됩니다. 또한 스트레스를 줄이고 일과 사생활의 균형을 찾는 데 도움이 됩니다.

 MZ세대 화이트칼라 인력을 세그먼트로 나눈다고 할 때, 앞서 분석한 타깃 독자의 페인 포인트를 가장 많이 체감하는 세그먼트는 어떤 것이 있는지 고통 체감 순서대로 나열해줘.

MZ세대 화이트칼라 인력 세그먼트 중 페인 포인트를 가장 많이 체감하는 순서는 다음과 같습니다:

1. 신입사원 및 주니어 직원
- 업무 과중 및 시간 관리의 어려움, 기술 적응 및 활용의 어려움, 협업 및 커뮤니케이션의 어려움을 겪으며, 업무 스트레스 및 일-사생활 균형 문제를 가장 크게 느낄 수 있다.

2. 리모트 워커(원격 근무자)
- 정보의 파편화, 협업 및 커뮤니케이션의 어려움, 일-사생활 균형 문제를 더 크게 체감하며, 업무 환경의 변화에 빠르게 적응해야 한다.

3. 중간 관리자 및 팀 리더
- 업무 과중 및 시간 관리의 어려움, 협업 및 커뮤니케이션의 어려움, 기술 적응 및 활용의 어려움 등을 느끼면서 팀원들의 업무와 본인의 업무를 모두 관리해야 한다.

4. 프리랜서 및 소규모 자영업자
- 정보의 파편화, 시간 관리의 어려움, 기술 적응 및 활용의 어려움을 겪으면서 자

영업자로시의 경쟁력을 유지하면서 일과 사생활의 균형을 찾아야 한다.
5. 다문화 직장인
- 협업 및 커뮤니케이션의 어려움, 기술 적응 및 활용의 어려움 등을 겪으며, 다양한 문화와 언어 환경에서 업무를 수행하는 동안 업무 스트레스 및 일-사생활 균형 문제를 마주할 수 있다.

세그먼트별로 MZ세대 화이트칼라 인력이 겪는 페인 포인트를 이해하고, 이를 해결할 수 있는 AI 협업 도구와 전략을 제공함으로써 타깃 독자들의 업무 만족도와 생산성을 높일 수 있습니다.

타깃 고객을 MZ세대 화이트칼라 직장인 중에서 [마케팅 및 광고 직종, 기획 및 관리 직종, 소프트웨어 개발 직종]의 [신입사원 및 주니어 직원, 리모트 워커(원격 근무자), 중간 관리자 및 팀 리더]로 구성된 세그먼트로 특정하려고 해. 이 세그먼트에 적당한 이름을 붙여주고, 중요한 니즈와 페인 포인트를 3개씩 정리해줘.

이 세그먼트의 이름을 "MZ세대 디지털 혁신 직장인"이라고 지어볼게요. 이 세그먼트에서 중요한 니즈와 페인 포인트는 다음과 같습니다:

중요한 니즈:
1. 업무 효율성 증대: 업무 프로세스 최적화 및 자동화를 통해 시간과 노력을 절약하고, 생산성을 높일 수 있도록 지원할 필요가 있다.
2. 협업 및 커뮤니케이션 강화: 다양한 직종 및 위치에 있는 팀원들과 원활한 소통과 협업을 이루기 위한 도구와 전략이 필요하다.
3. 기술 적응 및 신기술 습득: 새로운 기술에 빠르게 적응하고, 기술 기반의 업무를 원활하게 수행할 수 있는 능력을 개발하고자 한다.
페인 포인트:
1. 업무 과중 및 시간 관리의 어려움: 일정과 업무량이 많아지면서 시간 관리와 업무 분배에 어려움을 겪고 있다.

2. 정보의 파편화: 다양한 업무 도구와 채널로 인해 정보가 파편화되어 있어 중요한 정보를 찾고 정리하는 데 어려움이 있다.

3. 일·사생활 균형 문제: 업무와 사생활 사이의 경계가 모호해지면서 스트레스 및 일·사생활의 균형을 유지하는 데 어려움을 겪고 있다.

이렇게 MZ세대 디지털 혁신 직장인이라는 세그먼트를 통해 해당 직종과 직급에 속하는 MZ세대 화이트칼라 직장인들의 니즈와 페인 포인트에 집중할 수 있습니다.

↳ 2. 콘텐츠 전략 수립하기 ▷▷▷

[ ] 안의 내용을 기초로 언론사 기획 연재를 하려고 해. 트렌드와 챗GPT 활용 가능성을 고려하여 논리적 추론을 해서 가능한 주제 아이디어를 12개 제시해줘.
[
초기 주제 아이디어: AI 전문가와 알아보는 전문 분야별 AI 협업 업무 혁신 모델: 챗GPT로 만드는 나만의 슈퍼 워라밸 업무 시스템

타깃 독자: MZ세대 디지털 혁신 직장인(MZ세대 마케팅 및 광고 직종, 기획 및 관리 직종, 소프트웨어 개발 직종에서 일하는 신입사원 및 주니어 직원, 리모트 워커(원격 근무자), 중간 관리자 및 팀 리더)

중요한 니즈:
- 업무 효율성 증대: 업무 프로세스 최적화 및 자동화를 통해 시간과 노력을 절약하고, 생산성을 높일 수 있도록 지원할 필요가 있다.
- 협업 및 커뮤니케이션 강화: 다양한 직종 및 위치에 있는 팀원들과 원활한 소통과 협업을 이루기 위한 도구와 전략이 필요하다.
- 기술 적응 및 신기술 습득: 새로운 기술에 빠르게 적응하고, 기술 기반의 업무를 원활하게 수행할 수 있는 능력을 개발하고자 한다.

페인 포인트:

- 업무 과중 및 시간 관리의 어려움: 일정과 업무량이 많아지면서 시간 관리와 업무 분배에 어려움을 겪고 있다.
- 정보의 파편화: 다양한 업무 도구와 채널로 인해 정보가 파편화되어 있어 중요한 정보를 찾고 정리하는 데 어려움이 있다.
- 일·사생활 균형 문제: 업무와 사생활 사이의 경계가 모호해지면서 스트레스 및 일-사생활의 균형을 유지하는 데 어려움을 겪고 있다.
]

주제 아이디어 12개는 다음과 같습니다:

1. 챗GPT를 활용한 시간 관리 및 업무 효율성 향상 전략
2. AI 도구를 활용하여 원격 근무자와의 원활한 협업 구축하기
3. MZ세대를 위한 업무 자동화: 챗GPT를 중심으로 한 업무 프로세스 최적화
4. 새로운 기술 적응력 향상을 위한 챗GPT 활용 교육 및 트레이닝
5. 챗GPT를 활용한 마케팅 및 광고 전략 개발 및 실행
6. 기획 및 관리 직종에서의 챗GPT 활용 사례 및 도입 가이드
7. 소프트웨어 개발 직종에서의 챗GPT 활용: 코드 리뷰, 버그 관리 및 문서화
8. 챗GPT를 활용한 업무 간 정보 파편화 해결 전략
9. AI 도구를 활용한 팀워크 강화 및 커뮤니케이션 개선
10. 챗GPT를 활용한 일-사생활 균형 관리 및 스트레스 감소 전략
11. MZ세대를 위한 챗GPT 기반의 멘토링 및 코칭 시스템 구축
12. AI 기반 업무 혁신을 통한 MZ세대 직장인의 경쟁력 강화

이렇게 12개의 주제 아이디어를 통해 MZ세대 디지털 혁신 직장인들의 니즈와 페인 포인트에 초점을 맞추고, 챗GPT를 활용한 혁신적인 업무 방식과 전략을 소개할 수 있습니다. 이 주제들을 기반으로 언론사 기획 연재를 진행하면, 타깃 독자들에게 유익한 정보와 인사이트를 제공할 수 있을 것입니다.

AI 전문가가 각 전문 분야 직장인을 인터뷰하고 컨설팅해서, 전문 분야 맞춤 모델을 찾아 제시하는 형식으로 기사를 쓸 계획이야. 생성AI가 큰 관심을 끌고 있는 트렌드에 부합하는 독창적인 주제 아이디어를 12개 제시해줘.

 독창적인 주제 아이디어 12개는 다음과 같습니다:

1. AI 컨설턴트가 찾아온 독립 마케팅 전문가의 전략 변화: 챗GPT 활용 사례
2. 기획 및 프로젝트 관리: AI 전문가와 함께하는 챗GPT 기반의 프로젝트 관리 혁신
3. 소프트웨어 개발자와 AI 전문가의 특별한 만남: 챗GPT가 가져온 협업의 미래
4. AI 전문가와 함께하는 콘텐츠 크리에이터의 챗GPT 활용 스토리텔링 전략
5. 금융 분야 전문가를 위한 AI 컨설팅: 챗GPT를 활용한 금융 분석 및 리스크 관리
6. 인사 및 조직 관리자를 위한 AI 컨설턴트의 도움: 챗GPT로 인재 관리 혁신하기
7. 디자인 분야와 AI 전문가의 만남: 챗GPT를 활용한 사용자 경험(UX) 개선 전략
8. AI 전문가와 함께하는 건축 및 도시 계획 전문가의 스마트 도시 구현 방안
9. 교육 분야 전문가와 함께하는 AI 컨설팅: 챗GPT를 활용한 개인 맞춤형 교육 프로그램 개발
10. AI 전문가와 함께하는 의료 분야 혁신: 챗GPT를 활용한 진단 및 치료 지원 시스템
11. 환경 전문가와 AI 컨설턴트의 협업: 챗GPT를 활용한 지속 가능한 환경 관리 전략
12. 법률 분야 전문가와 함께하는 AI 컨설팅: 챗GPT를 활용한 법률 자문 및 문서 작성 서비스

이러한 독창적인 주제 아이디어를 통해 AI 전문가와 각 전문 분야 직장인이 함께하는 인터뷰와 컨설팅 과정에서 챗GPT의 맞춤 모델을 찾아 제시하는 형식의 기사를 작성할 수 있습니다. 이를 통해 다양한 분야의 독자들에게 AI와 협업의 가능성과 가치를 전달하며, 타겟 독자들이 AI를 활용한 업무 혁신에 대한 인사이트를 얻을 수 있을 것입니다.

> 초기 주제 아이디어를 변형해서 위의 주제 아이디어를 포괄할 수 있는 개념의 주제 아이디어를 3개 제시해주고, 각각 타깃 독자에 대한 기사 가치와 목표 적합성을 루브릭 평가를 해서 순서대로 나열해줘.

주제 아이디어를 포괄하는 개념의 주제 아이디어 12개는 다음과 같습니다:

1. AI 전문가와 함께하는 챗GPT 기반 업무 혁신: 전문 분야별 사례 탐구
2. MZ세대를 위한 AI 컨설팅: 챗GPT를 활용한 업무 효율성 향상 전략
3. 다양한 분야의 전문가들이 말하는 챗GPT 활용법: 실전 경험 및 팁 공유

루브릭 평가를 통해 주제 아이디어의 순서를 나열하면 다음과 같습니다(1~5점 척도):

1. AI 전문가와 함께하는 챗GPT 기반 업무 혁신: 전문 분야별 사례 탐구(기사 가치: 5점, 목표 적합성: 5점)
2. MZ세대를 위한 AI 컨설팅: 챗GPT를 활용한 업무 효율성 향상 전략(기사 가치: 4점, 목표 적합성: 5점)
3. AI와 함께하는 커뮤니케이션 혁신: 챗GPT를 활용한 협업 및 소통 강화 전략 (기사 가치: 4점, 목표 적합성: 4)

> **[ ] 안의 내용을 기초로 기획 연재 제목을 12개 생성해줘.**
> [
> 주제: **AI 전문가와 함께하는 챗GPT 기반 업무 혁신: 전문 분야별 사례 탐구**
> 타깃 독자: **MZ세대 디지털 혁신 직장인**
> 글 스타일: **독창적, 도전적, 혁신적, 12단어 이내**
> 들어갈 키워드: **AI, 협업, 나, 혁신 중 2개 필수**
>]

기획 연재 제목을 12개 생성하였습니다:

1. AI 파워 업: 협업과 혁신으로 나의 업무 전환

2. AI와 손잡다: 챗GPT를 활용한 혁신적 협업 전략

3. 슈퍼 업무력 향상: AI 협업으로 시너지 창출

4. AI 드림팀: 나만의 혁신적 챗GPT 협업 시스템 만들기

5. AI 레볼루션: 챗GPT와 함께하는 업무 혁신 여정

6. 함께 성장하는 AI 협업: 챗GPT로 새로운 가능성 열기

7. 챗봇의 시대: 챗GPT와 함께하는 혁신적 업무 협업

8. 나의 AI 동료: 챗GPT를 활용한 업무 협업 혁신

9. AI의 힘: 협업을 통한 업무 혁신 가능성 발굴

10. 더 스마트하게 일하다: 챗GPT로 업무 협업 혁신 경험

11. 챗GPT 마법: AI 협업으로 업무 혁신 도전하기

12. 새로운 시대의 AI 협업: 챗GPT를 통한 업무 혁신 이야기

- **제목: AI 워라밸-나만의 AI 협업 모델로 업무 혁신**
- **주제: AI 전문가와 함께하는 챗GPT 기반 업무 혁신 - 전문 분야별 사례 탐구**

위와 같이 기획 연재 제목과 주제를 확정하고, 연재의 세부 내용을 확정하려고 해. 2주 1회씩, 총 8회의 연재를 할 계획이야. 전체 연재를 총괄하는 1회 주제, 후속 활동을 독려하는 8회 주제를 생성해주고, 흐름에 맞게 나머지 2회에서 7회까지 주제를 생성한 뒤, 전체 연재 기사들의 목록이 포함된 연재 기획 콘텐츠 구성안을 만들어줘.

기획 연재 제목: AI 워라밸 - 나만의 AI 협업 모델로 업무 혁신

주제: AI 전문가와 함께하는 챗GPT 기반 업무 혁신 - 전문 분야별 사례 탐구

연재 기획 콘텐츠 구성안:

1회: AI 워라밸 시작 - 챗GPT로 혁신적인 업무 협업의 세계로

- 전체 연재 총괄, AI 협업의 필요성 및 기술 소개

2회: 마케팅 & 광고 - 챗GPT로 창조적 캠페인 개발하기

- 마케팅 및 광고 분야에서의 챗GPT 활용 사례

3회: 기획 & 관리 - 챗GPT를 활용한 효율적인 프로젝트 관리

- 기획 및 관리 분야에서의 챗GPT 활용 사례

4회: 소프트웨어 개발 - 챗GPT로 코드 리뷰와 문서 작성 혁신

- 소프트웨어 개발 분야에서의 챗GPT 활용 사례

5회: 신입사원 및 주니어 직원 - 챗GPT로 빠르게 성장하는 나만의 멘토

- 신입사원 및 주니어 직원을 위한 챗GPT 활용법

6회: 리모트 워커 - 챗GPT와 함께하는 효율적인 원격 협업

- 원격 근무자를 위한 챗GPT 활용법

7회: 중간 관리자 및 팀 리더 - 챗GPT로 팀의 협업 및 커뮤니케이션 강화하기

- 중간 관리자 및 팀 리더를 위한 챗GPT 활용법

8회: AI 워라밸 마무리 - 나만의 AI 협업 모델로 업무 혁신 지속하기

- 후속 활동 독려, AI 협업을 통한 지속적 업무 혁신 방법 및 전망

이렇게 총 8회의 연재 기획 콘텐츠 구성안을 작성하였습니다. 이를 바탕으로 회차별 주제에 맞게 기사를 작성하면 됩니다.

3. 콘텐츠 기획서 생성하기

잘 만들어진 언론사 제안용 콘텐츠 기획서의 구성에 따라 개요를 써줘.

언론사 제안용 콘텐츠 기획서 개요:

1. 제목 및 주제

- 기획 연재 제목: AI 워라밸 - 나만의 AI 협업 모델로 업무 혁신
- 주제: AI 전문가와 함께하는 챗GPT 기반 업무 혁신 - 전문 분야별 사례 탐구

2. 목표 및 타깃 독자

- 목표: MZ세대 디지털 혁신 직장인의 업무 혁신 및 효율성 증대

- 타깃 독자: MZ세대 마케팅 및 광고 직종, 기획 및 관리 직종, 소프트웨어 개발 직종에서 일하는 신입사원 및 주니어 직원, 리모트 워커(원격 근무자), 중간 관리자 및 팀 리더

3. 연재 일정 및 회차

- 일정: 2주에 1회 총 8회 연재
- 회차별 주제:
  1. AI 워라밸 시작 - 챗GPT로 혁신적인 업무 협업의 세계로
  2. 마케팅 & 광고 - 챗GPT로 창조적 캠페인 개발하기
  3. 기획 & 관리 - 챗GPT를 활용한 효율적인 프로젝트 관리
  4. 소프트웨어 개발 - 챗GPT로 코드 리뷰와 문서 작성 혁신
  5. 신입사원 및 주니어 직원 - 챗GPT로 빠르게 성장하는 나만의 멘토
  6. 리모트 워커 - 챗GPT와 함께하는 효율적인 원격 협업
  7. 중간 관리자 및 팀 리더 - 챗GPT로 팀의 협업 및 커뮤니케이션 강화하기
  8. AI 워라밸 마무리 - 나만의 AI 협업 모델로 업무 혁신 지속하기

4. 기사 형식 및 스타일

- 형식: 인터뷰와 컨설팅을 기반으로 한 전문가의 조언과 실제 사례를 통한 설명
- 스타일: 독창적이고 도전적인 내용, 혁신적인 기술 도입을 유도하는 글쓰기

5. 제안의 가치

- 독자들에게 AI를 활용한 업무 혁신의 가치를 전달하고, 실제 사례를 통해 구체적인 도움을 제공함으로써 기존 업무 방식의 변화 주도
- MZ세대 디지털 혁신 직장인들의 니즈와 페인 포인트에 대한 해결책을 제공함으로써 독자들의 관심 유도
- 챗GPT를 적용한 다양한 분야별 업무 혁신 사례를 제시함으로써 더 넓은 관심층에게 다가갈 수 있는 기회 마련

6. 마케팅 및 홍보 전략

- SNS와 온라인 커뮤니티를 활용한 기사 홍보로 MZ세대 독자들에게 콘텐츠가 노출되도록 유도

- 독자들과의 소통을 통해 개선 사항이나 의견을 수렴하여 지속적인 콘텐츠 개선 및 확장 도모
- 연재 기사들의 흥미로운 키워드와 토픽을 활용해 독자들의 참여와 공유 유도

7. 기대 효과 및 성과
- 기사를 통한 업무 혁신 사례 전달로 독자들의 업무 효율성 증대 도모
- 독자들의 관심과 활동 참여를 통해 언론사의 브랜드 인지도 및 구독자 증가 기여
- 지속적인 독자들의 피드백과 의견 수렴을 통해 다양한 분야의 AI 활용 사례를 발굴함으로써 신규 콘텐츠로 확장 가능

콘텐츠 기획서를 작성할 때 위 개요를 기반으로 세부 내용을 더 상세하게 풀어나가면 됩니다. 그러한 세부 내용들은 연재 주제와 일정, 마케팅 전략 등의 세부 계획을 명시하고, 어떻게 진행될지에 대한 방향성과 일정을 제공함으로써 제안의 목적과 가치를 명확히 전달해야 합니다.

주제에 관련된 대표적인 해외 기획 기사 사례와 기획의 배경이 되는 최신 트렌드도 추가해줘.
제안의 가치의 첫 항목에 "국내 최초로 AI 전문가가 챗GPT의 본격적인 직종별 활용 모델을 제시, 이를 통해 AI 협업이라는 키워드 선점"을 추가해줘.
위의 사항과 지금까지 이 세션의 대화를 종합하고 필요한 글은 추가 생성해서 '기획 연재 기획서'를 상세하게 완성해줘.

기획 연재 기획서

1. 제목: AI 워라밸 - 나만의 AI 협업 모델로 업무 혁신
2. 주제: AI 전문가와 함께하는 챗GPT 기반 업무 혁신 - 전문 분야별 사례 탐구
3. 타깃 독자: MZ세대 디지털 혁신 직장인
4. 배경 및 최신 트렌드
- 해외 사례: "The Future of Work: AI and chatbot Collaboration" (Harvard Business Review)

- 최신 트렌드: AI와 챗봇 기술의 발전으로 업무 자동화 및 효율화, 원격 근무 환경 지원 등 다양한 분야에서 혁신 가능성이 확대되고 있음

5. 제안의 가치

- 국내 최초로 AI 전문가가 챗GPT의 본격적인 직종별 활용 모델을 제시함으로써 AI 협업이라는 키워드 선점
- MZ세대 디지털 혁신 직장인들의 니즈와 페인 포인트에 대한 해결책을 제공함으로써 독자들의 관심 유도
- 챗GPT를 적용한 다양한 분야별 업무 혁신 사례를 제시함으로써 더 넓은 관심층에 다가갈 수 있는 기회 마련

6. 연재 내용 구성

- 1회: AI 워라밸의 시작, 챗봇과 함께하는 업무 혁신
- 2회: 마케팅 및 광고 업무 혁신, AI가 돕는 캠페인 전략
- 3회: 기획 및 관리 업무 혁신, AI를 활용한 프로젝트 관리
- 4회: 소프트웨어 개발 업무 혁신, AI와 함께하는 코드 리뷰
- 5회: AI를 활용한 원격 근무 지원, 생산성 증대 전략
- 6회: 중간 관리자와 팀 리더를 위한 AI 협업 도구 활용법
- 7회: 신입사원 및 주니어 직원을 위한 AI 기반 업무 가이드
- 8회: AI 워라밸의 미래와 지속 가능한 업무 혁신 전략

7. 마케팅 및 홍보 전략

- SNS와 온라인 커뮤니티를 활용한 기사 홍보로 MZ세대 독자들의 더 많은 관심 유도
- 전문가 인터뷰와 협업을 통한 신뢰성 강조 및 독자들의 이슈 공감대 형성
- 기획 연재 관련 이벤트 및 워크숍 등 오프라인 활동을 통해 독자들과의 소통 강화
- 독자 참여형 콘텐츠를 통해 독자들의 경험과 의견을 공유하고 지속적인 관심 유도

8. 예상되는 효과

- 업무 효율성 증대와 워크-라이프 밸런스 개선을 통한 직원들의 만족도 및 생산성 향상

- AI 기술을 활용한 업무 혁신을 통해 기업 경쟁력 강화와 브랜드 가치 상승 기대
- 독자들의 참여와 공감을 통해 지속적인 관심 유지 및 신규 독자 유입 확대

이러한 구성을 바탕으로 기획 연재 기획서를 완성하였습니다. 이 기획서는 MZ세대 디지털 혁신 직장인들에게 AI 기반 업무 혁신의 가능성과 적용 사례를 제시함으로써 업무 효율성 및 생산성 향상을 도모하고, 기업의 경쟁력을 강화하는 데 기여할 것으로 기대됩니다.

브로슈어

↓

　브로슈어(Brochure)는 제품과 서비스를 대외적으로 소개하는 대표적인 문서 형식이다. 또한 제품을 기획할 때도 브로슈어를 먼저 만들어보면 제품에 대한 구체적인 이미지를 고객 관점에서 떠올릴 수 있어 기획에 큰 도움이 된다. 기획 측면에서 보면 제품 브로슈어의 내용은 린 캔버스(Lean Canvas)와 비슷하다.

　브로슈어는 흔히 디자인만 잘하면 된다고 생각하지만, 디자인은 눈길을 끌어 브로슈어를 보게 만드는 역할까지만이다. 브로슈어는 한눈에 제품의 특징과 장점을 전달하는 콘텐츠로 구성해야 한다. 효과적인 브로슈어 콘텐츠를 구성하는 다섯 가지 중요 요소는 다음과 같다.

- **주목을 끄는 헤드라인**: 제품이 제공하는 혜택에 초점을 맞춰 주목을 끄는 헤드라인
- **차별화 포인트**: 경쟁 업체와 구분되는 독특한 혜택
- **교육적 정보**: 관심이 있는 고객에게 신선한 정보를 쉽고 명확하게 제공
- **강력한 증거**: 만족한 고객, 공인, 유명 인사가 제공하는 추천문이나 인용구
- **독자 행동 유도:** 관심을 가진 고객에게 후속 행동을 유도(웹, 전화, 방문 등)

챗GPT는 다양한 유형의 브로슈어 구성을 이미 알고 있다. 챗GPT에게 여러 종류의 브로슈어 개요를 생성하게 하고, 표로 비교하여 몇 가지 핵심 구성을 먼저 파악해보자.

구성 요소	전자제품 브로슈어	앱 브로슈어	브랜드 화장품 브로슈어
커버 페이지	제품 이미지, 제품명, 로고	앱 로고, 앱 이름, 다운로드 링크	제품 이미지, 제품명, 브랜드 로고
제품/앱 소개	제품 특징, 기술, 성능	앱 목적, 주요 기능	제품 특징, 성분, 효과
사용 방법	설치 가이드, 사용 팁	화면 캡처, 사용 팁	사용 순서, 사용 팁, 주의 사항
사양 및 호환성	기술 사양, 호환 액세서리	호환성, 요구 사항	제품 라인업, 관련 제품 소개
특별한 기능	없음	독특한 기능 및 차별화된 요소	없음
고객 후기 및 사례	고객 후기, 사용 사례	사용자 후기	고객 후기, 전후 사진
구매 안내/다운로드	가격, 판매처, 연락처	연락처, 지원	가격, 판매처, 온라인 쇼핑 사이트 링크

▶ **실습: 앱 브로슈어**

브로슈어는 제품 기획서를 기반으로 만드는 경우가 일반적이다. 제품 기획서에 브로슈어 목적을 달성할 수 있는 필수 요소를 보강해 브로슈어 콘텐츠를 만들 수 있다. 앞서 말한 내용을 정리하면 보강할 주요 요소는 다음과 같다.

- 주목을 끄는 헤드라인
- 차별화 포인트로 이루어진 가치 제안 요약
- 교육적 정보
- 강력한 증거
- 독자 행동 유도
- 브랜드 아이덴티티 요소(디자인을 위한 시각적 요소)

챗GPT는 제품 기획서의 내용과 타깃 고객의 프로필을 맥락 정보로 제공하면 다양한 초안을 만들어준다. 이렇게 나온 초안 중에 선택하고 고유한 내용을 추가로 작성해 보완하면 효과적인 콘텐츠로 구성한 브로슈어가 완성된다. 전체적으로 챗GPT 협업 콘텐츠 작업 프로세스 단계를 참고해서 작업한다.

챗GPT는 브로슈어에 필요한 이미지의 가이드라인을 제시해주며, 이미지 생성 프로그램에서 유사한 이미지를 만들 수 있는 프롬프트도 만들어준다. 가이드라인과 프롬프트로 생성된 이미지를 참고해 어울리는 이미지를 찾거나 디자인을 의뢰할 수 있다.

'PODA'라고 하는 앱(App)의 제품 기획서에서 브로슈어를 만드는 과정을 살펴보자.

▷ 제품 소개서: PODA(Positive Diary)

1. 제품 개요

제품명: PODA(Positive Diary)

제품 형태: APP(Android, iOS)

제품 가격: 무료

출시일: 2023년 9월 1일

제공자(제작사): (주)DMN

제공자 연락처: www.dhub.kr(웹사이트), poda@dhub.kr(이메일)

2. 제품 소개

PODA는 인공지능을 활용한 대화형 긍정 메모 작성 및 자동 스케줄링, 목표 설정 등을 포함하는 무료 앱입니다. 이 앱은 사용자들이 일상에서 긍정적인 경험과 감사한 것들을 기록하며, 삶의 질을 향상시키고 성장을 돕는 데 초점을 맞추고 있습니다.

3. 제품 주요 기능

(1) 대화형 긍정 메모 작성
GPT 기술을 활용해 대화형 긍정 메모 작성 기능을 제공합니다. 사용자 응답을 분석함으로써 맞춤 대화를 생성하고 최적 상황에 메모 작성을 유도합니다.

(2) 자동 스케줄링 및 목표 설정
사용자의 메모 기록 내용과 사용 패턴 분석을 통해 대화와 알림 스케줄을 자동으로 조정합니다. 사용자 정의가 가능한 목표 설정을 제공하며, 간단한 문답을 통해 초기 사용자 프로필을 설정합니다.

(3) 효과가 검증된 메모 및 긍정적 인지 기법 적용
모닝 페이퍼, 장점 목록, 감사 일기, 성과 일기, 감정 기록 등의 긍정 효과가 검증된 메모 기능을 제공합니다. 긍정적 인지 기법을 통해 사용자의 정신 건강을 증진합니다.

(4) 성장 대시보드를 통한 셀프 모니터링
AI 분석에 따른 현황, 예측 및 맞춤 격려 메시지를 통해 지속적으로 사용자 동기부여를 제공합니다.

(5) 긍정 순간 사진 찍기와 사진 분석
사진 찍기와 사진 댓글 작성 기능을 통해 일상 속 긍정적 순간을 공유합니다. 사진 분석을 통해 맞춤 사용자 경험을 제공합니다.

(6) 개인 및 커뮤니티 챌린지 기능 제공
스스로 목표를 정해 지속적으로 메모 프로젝트를 진행하거나, 다른 사용자와 함께 긍정적 경험을 나누는 챌린지 기능을 제공합니다. 이를 통해 개인의 성장과 동시에 커뮤니티 간 긍정적 에너지를 공유할 수 있습니다.

4. 결론
PODA는 사용자들이 일상에서 긍정적인 경험과 감사한 것들을 기록하고, 이를 통해 삶의 질을 향상시키고 성장할 수 있도록 돕는 무료 앱입니다. 인공지능 기술을 활용한 대화형 긍정 메모 작성, 자동 스케줄링 및 목표 설정, 긍정적 인지 기법 적용 등 다양한 기능을 통해 사용자들의 정신 건강을 증진하고, 개인 및 커뮤니티 챌린지를 통해 긍정적 에너지를 공유합니다. PODA 앱을 통해 삶의 질을 향상시키고 긍정적인 변화를 경험하세요.

↳ 1. 필수 요소 생성하기 ▷▷▷

위 PODA 제품 소개서를 분석 검토한 후 타깃 고객을 웰빙 시커스(심리적 안정과 워라밸에 관심이 많은 20~40대 직장인과 주부)로 해서 제품 브로슈어 구성에 필요한 다음 요소를 생성해줘.

- 주목을 끄는 헤드라인
- 차별화 포인트로 이루어진 가치 제안 요약
- 교육적 정보
- 강력한 증거
- 독자 행동 유도
- 브랜드 아이덴티티 요소

주목을 끄는 헤드라인:
"긍정의 힘으로 삶의 질 향상! PODA 앱으로 웰빙 시대를 맞이하세요!"

차별화 포인트로 이루어진 가치 제안 요약:
- AI 기반 대화형 긍정 메모 작성
- 자동 스케줄링 및 목표 설정
- 검증된 긍정 인지 기법 적용
- 개인 및 커뮤니티 챌린지

교육적 정보:
- 긍정적 인지 기법의 이론적 배경 소개
- 긍정적 변화를 이끄는 감사 일기 작성법 및 모닝 페이퍼 활용법
- 목표 설정 및 추적의 중요성과 전략 소개

강력한 증거:
- 실제 사용자들의 만족도 및 개선된 삶의 질에 대한 통계 데이터
- 전문가들의 긍정적 평가와 인용
- 실제 사용자들의 테스트 후기 및 변화 경험 사례

독자 행동 유도:
- "지금 바로 PODA 앱을 다운로드하고, 웰빙 시커스를 위한 긍정적 변화를 경험하세요!"

- "PODA 앱과 함께 긍정적인 삶의 질 향상을 위한 첫걸음을 떼어보세요!

브랜드 아이덴티티 요소:

- PODA 로고 및 브랜드 색상
- 친절하고 따뜻한 이미지와 톤으로 표현된 브랜드 슬로건: "PODA와 함께하는 삶의 긍정적 에너지"
- 사용자를 위한 책임감 있는 약속 및 지원 정책

'교육적 정보'를 신선한 정보 위주로 친절하고 간결하게 작성해주고,
'강력한 증거'를 적절한 가상의 인물을 설정하여 작성해줘.

교육적 정보:

1. 긍정적 사고의 힘: 최근 연구에 따르면 긍정적 사고는 스트레스 감소, 건강한 심리 상태 유지 및 삶의 질 향상에 도움을 줍니다. 이를 실천하기 위한 신선한 팁을 알려드립니다.

2. 하루 3분 긍정 루틴: 아침에 일어나자마자 긍정적인 목표와 감사한 것들을 생각하며 하루를 시작하는 습관을 들여보세요. 이 간단한 루틴은 긍정적인 에너지를 불러일으키고 하루 종일 기분을 좋게 유지할 것입니다.

3. 마음챙김 시간: 바쁜 일상 속에서도 잠시 시간을 내어 스스로와 대화하고, 주변 환경에 대한 감사를 느껴보세요. 이를 통해 정신적 안정을 찾을 수 있습니다.

강력한 증거:

1. 소영(31세, 직장인): "PODA 앱을 사용하기 시작한 후, 일상에 긍정적 변화가 찾아왔습니다. 아침에 일어나자마자 감사 일기를 작성하니, 하루 종일 기분이 좋아졌어요. 직장 스트레스도 더 잘 대처할 수 있게 되었습니다."

2. 민수(35세, 주부): "PODA 앱의 커뮤니티 챌린지 기능 덕분에 다른 사용자들과 함께 긍정적 경험을 공유하며 성장할 수 있었습니다. 이제 집안일에 지칠 때도 긍정적인 시각으로 마주할 수 있어요."

3. 박영수 박사(심리학자): "PODA 앱은 최근 심리학 연구 결과를 바탕으로 긍정 인지 기법을 적용하였습니다. 이 앱을 사용하면 사용자들의 정신 건강과 삶의 질이 크게 향상될 것으로 기대합니다."

↳ 2. 디자인 생성하기　　　▷▷▷

PODA 제품 소개서와 앞에서 생성한 요소들을 참고해서 타깃 고객의 눈길을 끌 수 있는, 4페이지로 구성된 브로슈어를 디자인해줘.

[페이지 1 - 커버]

헤드라인:

"긍정의 힘으로 삶의 질 향상! PODA 앱으로 웰빙 시대를 맞이하세요!"

- PODA 로고 및 브랜드 색상 사용

- 배경 이미지: 웃는 사람들의 얼굴이나 긍정적인 상징물

[페이지 2 - 가치 제안]

차별화 포인트로 이루어진 가치 제안 요약:

- AI 기반 대화형 긍정 메모 작성

- 자동 스케줄링 및 목표 설정

- 검증된 긍정 인지 기법 적용

- 개인 및 커뮤니티 챌린지

- 각 차별화 포인트에 대한 간결한 설명과 아이콘 사용

- 각 포인트의 시각적 표현을 통해 눈길을 끌 수 있도록 구성

[페이지 3 - 교육적 정보 및 강력한 증거]

교육적 정보:

1. 긍정적 사고의 힘

2. 하루 3분 긍정 루틴

3. 마음챙김 시간

- 각 교육적 정보에 대한 짧은 설명과 함께 관련 이미지 사용

강력한 증거:

1. 소영(31세, 직장인)의 이야기

2. 민수(35세, 주부)의 이야기

3. 박영수 박사(심리학자)의 평가

- 인물 사진과 함께 각 증거에 대한 인용문 사용

[페이지 4 - 행동 유도 및 브랜드 아이덴티티]

독자 행동 유도:

- "지금 바로 PODA 앱을 다운로드하고, 웰빙 시커스를 위한 긍정적 변화를 경험하세요!"
- "PODA 앱과 함께 긍정적인 삶의 질 향상을 위한 첫걸음을 떼어보세요!"
- 큰 버튼 디자인으로 앱 다운로드 링크 제공

브랜드 아이덴티티 요소:

- PODA 로고 및 브랜드 색상
- 친절하고 따뜻한 이미지와 톤으로 표현된 브랜드 슬로건: "PODA와 함께하는 삶의 긍정적 에너지"
- 사용자를 위한 책임감 있는 약속 및 지원 정책
- 브랜드 아이덴티티 요소를 시각적으로 강조하고, 연락처 및 웹사이트 정보를 제공
- 배경 이미지: 웃는 사람들의 얼굴이나 긍정적인 상징물을 사용해 따뜻한 분위기 연출
- 하단 부분에 (주)DMN 로고와 연락처 정보(웹사이트: www.dhub.kr, 이메일: poda@dhub.kr) 추가

이렇게 구성된 4페이지 브로슈어는 타깃 고객인 웰빙 시커스(심리적 안정과 워라밸에 관심이 많은 20~40대 직장인과 주부)의 눈길을 끌 수 있도록 디자인되어 있습니다. 각 페이지는 시각적 요소와 함께 제품의 차별화된 가치와 교육적 정보, 그리고 실제 사용자들의 만족도를 강조하여 고객의 호감과 신뢰를 얻을 수 있습니다.

↳ 3. 이미지 가이드라인 생성하기   ▷▷▷

앞의 브로슈어 디자인에 언급된 각 이미지들에 대해 디자이너에게 전달할 수 있는 상세한 묘사와 이미지를 생성할 수 있는 Dall-e 프롬프트를 작성해줘.

1. [페이지 1 - 커버] 배경 이미지: 웃는 사람들의 얼굴이나 긍정적인 상징물

- 묘사: 웃는 사람들의 얼굴이 모여 긍정적인 에너지가 넘치는 햇살 가득한 배경 이미지
- Dall-e 프롬프트: "Create a sunlit background image with smiling faces of people radiating positive energy."

2. [페이지 2 - 가치 제안] 각 차별화 포인트에 대한 아이콘

- 묘사: AI 기반 대화형 긍정 메모 작성, 자동 스케줄링 및 목표 설정, 검증된 긍정 인지 기법 적용, 개인 및 커뮤니티 챌린지 아이콘
- Dall-e 프롬프트: "Create icons representing AI-based conversational positive memo creation, automatic scheduling and goal setting, verified positive cognitive techniques application, and personal and community challenges."

3. [페이지 3 - 교육적 정보] 관련 이미지

- 묘사: 긍정적 사고의 힘, 하루 3분 긍정 루틴, 마음챙김 시간과 관련된 이미지
- Dall-e 프롬프트: "Create images related to the power of positive thinking, a 3-minute daily positive routine, and mindfulness moments."

4. [페이지 3 - 강력한 증거] 인물 사진

- 묘사: 소영(31세, 직장인), 민수(35세, 주부), 박영수 박사(심리학자)의 사진
- Dall-e 프롬프트: "Create portraits of Soyoung (31 years old, office worker), Minsu (35 years old, housewife), and Dr. Park Youngsu (psychologist)."

5. [페이지 4 - 행동 유도 및 브랜드 아이덴티티] 배경 이미지: 웃는 사람들의 얼굴이나 긍정적인 상징물

- 묘사: 웃는 사람들의 얼굴이 모여 긍정적인 에너지가 넘치는 따뜻한 분위기의 배경 이미지

- Dall-e 프롬프트: "Create a warm atmosphere background image with smiling faces of people radiating positive energy."

이렇게 작성된 Dall-e 프롬프트를 통해 디자이너에게 전달하면 브로슈어에 사용될 이미지를 생성하는 데 도움이 됩니다.

↳ 4. 마크다운 포맷으로 생성해서 워드프로세서 파일로 만들기 ▷▷▷

앞서 나눈 대화를 종합적으로 참고하여 위 브로슈어 디자인에 들어갈 콘텐츠(교육적 내용, 강력한 증거)를 실제 표시될 내용대로 상세하게 작성해서, 디자인을 고려한 마크다운 파일 형식으로 출력해줘.

```markdown
# PODA - 긍정의 힘을 담은 다이어리 앱

## 커버 페이지 (Page 1)
- PODA 로고
- 메인 헤드라인: "PODA와 함께하는 삶의 긍정적 에너지"
- 웹사이트: www.dhub.kr

## 가치 제안 페이지 (Page 2)
**아름다운 일상 속에서 긍정적 에너지를 발견하세요**
- AI 기반 대화형 긍정 메모 작성
- 자동 스케줄링 및 목표 설정
- 검증된 긍정 인지 기법 적용
- 개인 및 커뮤니티 챌린지

## 교육적 정보 페이지 (Page 3)
### 긍정적 사고의 힘
- 긍정적 사고는 스트레스 감소, 건강 증진, 사회적 관계 향상 등 다양한 이점을 제공합니다.

### 하루 3분 긍정 루틴
- 아침에 기상 후, 저녁에 잠자리에 들기 전 등 하루 3분만 긍정적인 생각을 기록하여 긍정적 에너지를

### 마음챙김 시간
- 일상 속에서 잠시 멈추고 마음을 돌아보는 시간을 갖는 것은 스트레스 해소와 건강한 정신을 유지하는

## 강력한 증거 페이지 (Page 3 이어서)
### 소영(31세, 직장인)
- "PODA를 사용한 지 3개월 만에 저의 스트레스 수준이 낮아졌고, 일상에서 긍정적인 에너지를 느낄

### 민수(35세, 주부)
- "PODA 앱의 챌린지 기능을 이용해 가족들과 함께 긍정적인 생활습관을 만들어가고 있습니다. 가족 간

### 박영수 박사(심리학자)
- "PODA는 긍정 인지 기법을 효과적으로 활용한 다이어리 앱입니다. 정기적인 사용을 통해 긍정적 사고

## 행동 유도 및 브랜드 아이덴티티 페이지 (Page 4)
- "지금 바로 다운로드 받고, PODA와 함께하는 삶의 긍정적 에너지를 경험해보세요!"
- 웹사이트: www.dhub.kr
- 이메일: poda@d
```

PODA - 긍정의 힘을 담은 다이어리 앱

커버 페이지(Page 1)
- PODA 로고
- 메인 헤드라인: "PODA와 함께하는 삶의 긍정적 에너지"
- 웹사이트: www.dhub.kr

가치 제안 페이지(Page 2)
"아름다운 일상 속에서 긍정적 에너지를 발견하세요"
- AI 기반 대화형 긍정 메모 작성
- 자동 스케줄링 및 목표 설정
- 검증된 긍정 인지 기법 적용
- 개인 및 커뮤니티 챌린지

교육적 정보 페이지(Page 3)
긍정적 사고의 힘
- 긍정적 사고는 스트레스 감소, 건강 증진, 사회적 관계 향상 등 다양한 이점을 제공합니다.

하루 3분 긍정 루틴
- 아침에 기상 후, 저녁에 잠자리에 들기 전 등 하루 3분만 긍정적인 생각을 기록하여 긍정적 에너지를 높이세요.

마음챙김 시간
- 일상 속에서 잠시 멈추고 마음을 돌아보는 시간을 갖는 것은 스트레스 해소와 건강한 정신을 유지하는 데 도움이 됩니다.

강력한 증거 페이지(Page 3 이어서)
소영(31세, 직장인)
- "PODA를 사용한 지 3개월 만에 저의 스트레스 수준이 낮아졌고, 일상에서 긍정적인 에너지를 느낄 수 있게 되었습니다."

민수(35세, 주부)
- "PODA 앱의 챌린지 기능을 이용해 가족들과 함께 긍정적인 생활 습관을 만들어가고 있습니다. 가족 간의 소통이 더 즐거워졌어요."

박영수 박사(심리학자)
- "PODA는 긍정 인지 기법을 효과적으로 활용한 다이어리 앱입니다. 정기적인 사용을 통해 긍정적 사고를 높일 수 있습니다."

행동 유도 및 브랜드 아이덴티티 페이지(Page 4)
- "지금 바로 다운로드 받고, PODA와 함께하는 삶의 긍정적 에너지를 경험해보세요!"
- 웹사이트: www.dhub.kr
- 이메일: poda@dhub.kr

마크다운은 문서의 구조를 명시함으로써 텍스트 파일보다 보기 좋은 문서를 만들 수 있다. 챗GPT가 출력한 마크다운 형식의 글을 마크다운 에디터에 복사한 뒤 후속 작업을 통해 워드로 옮기는 것도 가능하다.

보도 자료

↓

보도 자료(Press Release)는 홍보에 적극적인 기업이라면, 가장 많이 작성하는 홍보물이다. 보도 자료는 기업이 언론 뉴스를 통해 자사의 제품이나 이벤트를 홍보하려는 목적으로 기업에서 공식적으로 작성해 언론사에 배포하는 문서다. 사실과 뉴스를 보도하는 언론을 대상으로 배포하는 만큼, 기업 입장에서 전하고 싶은 정보를 정확하고 충분하게 전달하면서도 뉴스 가치가 있도록 구성해야 한다.

기자들은 취재 대상을 직접 접촉하여 기사를 작성하기도 하지만, 보도 자료를 바탕으로 취재 후 내보내기도 한다. 따라서 뉴스 가치, 명확성, 신뢰성 및 기사 품질을 높여 기자의 관심을 끌 수 있어야 보도 자료의 홍보 효과가 커진다.

다음 조건에 주의해서 보도 자료를 작성해보자.

1. **명확한 제목**: 관심을 끌 수 있도록 주요 내용을 요약하고 강력한 제목을 사용한다.
2. **즉각적인 정보 전달**: 핵심 내용을 빠르게 이해할 수 있도록 보도 자료 시작 부분에 중요한 정보를 제공한다.
3. **최신성**: 최신 정보와 관련성을 유지해 뉴스 가치를 높인다.
4. **사실적 기술**: 정확한 정보와 통계를 제공함으로써 기사의 신뢰성을 높인다.
5. **간결함**: 필요한 정보만 제공해 원하는 정보를 쉽게 찾을 수 있게 한다.
6. **인용문**: 전문가, 회사 대표, 파트너 등의 견해를 인용해 기사에 다양성과 권위를 제공한다.

▶ **실습: PODA 출시 보도 자료**

챗GPT는 수많은 보도 자료 텍스트를 학습했기 때문에, 보도 자료라는 글 형식은 지정하고 몇 가지 조건을 추가하면 충실한 보도 자료를 생성할 수 있다. 더 품질이 높은 보도 자료를 만들려면 앞에 언급한 요건을 갖춰서 고유한 핵심 내용을 잘 준비해야 한다.

- **회사 이름**: 보도 자료를 발표하는 회사의 정확한 이름
- **발표 날짜**: 보도 자료가 발표되는 날짜
- **이벤트, 제품, 서비스 또는 주요 내용**: 보도 자료의 핵심 내용이 되는 이벤트, 제품, 서비스 또는 다른 주요 사항을 명확하게 설명
- **배경 정보**: 보도 자료의 주제와 관련된 중요한 배경 정보나 맥락
- **관련 통계, 데이터 및 성과**: 보도 자료의 신뢰성을 높일 수 있는 관련 통계, 데이터, 성과 지표
- **인용문**: 관련 전문가, 회사 대표, 파트너 등의 견해
- **연락처 정보**: 회사의 연락처 정보
- **회사 소개**: 기자와 독자가 배경 정보를 이해를 돕기 위한 회사에 대한 간략한 소개

보도 자료는 고유한 사실을 명확하게 전달하는 것이 목적이므로, 챗GPT는 글의 생성보다는 글의 구성과 품질을 개선하는 데 활용한다. 배경 정보나 관련 데이터를 제공할 때에도 챗GPT를 통해 보편적인 정보를 활용하기보다는 독점적이고 새로운 정보로 내용을 구성해야 뉴스 가치가 커진다.

앞서 작성한 제품 기획서를 이용해서 PODA의 출시 보도 자료를 빠르게 생성하는 방법을 알아보자.

↪ **PODA 출시 보도 자료 생성하기** ▷▷▷

[제품 기획서]를 바탕으로, 제품 출시 보도 자료를 챗GPT를 활용해서 작성하려고해. 출시 보도 자료에 필요한 핵심 내용을 항목별로 선별해서 정리해주고, 추가로 작성해서 보완하면 좋을 항목을 알려줘.

기존 제품 소개서를 바탕으로, 출시 보도 자료에 필요한 핵심 내용은 다음과 같습니다.

1. 제품 개요
- 제품명: PODA(Positive Diary)
- 제품 형태: 앱(Android, iOS)
- 제품 가격: 무료 - 출시일: 2023년 9월 1일
- 제공자(제작사): (주)DMN
- 제공자 연락처: www.dhub.kr(웹사이트), poda@dhub.kr(이메일)

2. 제품 소개
- 인공지능을 활용한 대화형 긍정 메모 작성 및 자동 스케줄링, 목표 설정 등을 포함하는 무료 앱
- 사용자들이 긍정적인 경험과 감사한 것들을 기록하며, 삶의 질을 향상시키고 성장을 돕는 데 초점

3. 제품 주요 기능

- 대화형 긍정 메모 작성
- 자동 스케줄링 및 목표 설정
- 효과가 검증된 및 긍정적 인지 기법 적용
- 성장 대시보드를 통한 셀프 모니터링
- 긍정 순간 사진 찍기와 사진 분석
- 개인 및 커뮤니티 챌린지 기능 제공

추가로 작성해서 보완하면 좋을 항목은 다음과 같습니다.

1. 시장 배경 및 타깃 고객
- 현재 시장 상황과 트렌드를 소개하고, 제품이 어떤 고객층에게 특히 유용한지 설명하세요.

2. 경쟁사 대비 차별화 요소
- PODA 앱이 다른 비슷한 제품이나 서비스와 비교했을 때 어떤 차별화된 점이 있는지 강조하세요.

3. 인용문 및 사용자 피드백
- 관련 전문가, 개발자, 베타 테스트 사용자들의 인용문을 포함하여 제품의 효과와 만족도를 강조하세요.

4. 향후 로드맵 및 업데이트 계획
- 앱의 향후 개선 사항, 업데이트 계획, 신규 기능 등을 소개하여 기대감을 높이세요.

다음과 같이 보완 항목에 대해 추가 내용을 작성했어.
[4. 코로나19 이후 심리적 안전에 대한 위협에 대해 사회적으로 공감하고 있음. 특히 MZ세대 직장인은 사이에서 젊은 나이부터 건강과 자기관리에 진심인 '헬시 플레저' 트렌드가 부각되고 있음.
5. 경쟁사 대비 차별화 요소: 최초로 생성AI 기능을 활용, 최초로 긍정심리학적 인지 기법을 적용

6. "언제 어디서나 긍정 에너지를 충전할 수 있는 최초의 과학적인 행복 증진 앱을 출시하게 되어 기쁘다. 초속도 변화 시대에 개인의 삶의 질 개선에 도움이 될 것으로 기대한다"라고 (주)DMN 조길수 대표이사는 제품의 비전에 대해 밝혔다.]
위 항목을 핵심 내용에 추가로 포함하여 '제품 출시 보도 자료'를 작성해줘.
눈에 끌리는 제목과 앱의 뉴스 가치를 보여주는 부제목을 붙여줘.
[글쓰기 스타일: 신문 뉴스, 명확하고 간결하게]
제공자, 배포일, 회사 소개, 연락처 등 형식적 요소들을 추가하여 국내 언론사 배포용으로 공식 표준 양식에 맞게 작성해줘.

제목: "행복 증진 앱 'PODA' 출시, AI 기술로 긍정 에너지를 불어넣다"
부제: 최초로 인공지능과 긍정 심리학적 인지 기법을 접목한 앱, MZ세대 직장인들의 주목을 받다 (서울=뉴스) (주)DMN 배포 | 2023년 8월 31일

(주)DMN이 인공지능 기술을 활용한 대화형 긍정 메모 작성 앱 'PODA(Positive Diary)'를 2023년 9월 1일 출시한다고 밝혔다. 이 앱은 사용자들이 긍정적인 경험과 감사한 것들을 기록하며 삶의 질을 향상시키고 성장을 돕는 데 초점을 맞추고 있다.

코로나19 이후 심리적 안전의 위협에 대해 사회적으로 공감하고 있는 현재, 특히 MZ 세대 직장인들 사이에 젊은 나이부터 건강과 자기관리에 진심인 '헬시 플레저' 트렌드가 부각되고 있다. 이러한 트렌드를 반영한 PODA 앱은 최초로 인공 지능 기술과 긍정심리학적 인지 기법을 결합한 차별화된 서비스를 제공한다.

앱의 주요 기능 중 하나인 대화형 긍정 메모 작성은 GPT 기술을 활용하여 사용자 응답 분석을 통해 맞춤 대화를 생성하고 최적 상황에 메모 작성을 유도한다.

또한 사용자의 메모 기록 내용과 사용 패턴을 분석하여 대화와 알림 스케줄을 자동으로 조정하며, 사용자 정의 가능한 목표 설정을 제공한다.

이 앱은 경쟁사 대비 차별화 요소로 최초로 인공지능 기능을 활용하고 최초로 긍정심리학적 인지 기법을 적용했다. 효과가 검증된 긍정적 인지 기법을 통해 사용자의 정신 건강을 증진하고, 개인 및 커뮤니티 챌린지를 통해 긍정적 에너지를 공유할 수 있다.

(주)DMN 조길수 대표이사는 "언제 어디서나 긍정 에너지를 충전할 수 있는 최초의 과학적인 행복 증진 앱을 출시하게 되어 기쁘다. 초속도 변화 시대에 개인들의 삶의 질을 개선에 도움이 될 것으로 기대한다"라고 제품의 비전에 대해 밝혔다.

앱 다운로드는 2023년 9월 1일부터 Android와 iOS 기기에서 가능하다. 자세한 내용은 PODA 앱 공식 웹사이트인 www.dhub.kr에서 확인할 수 있다. 문의 및 기타 자료 요청은 poda@dhub.kr 이메일을 통해 가능하다.

- 끝 -

제품 출시 보도 자료 요약:

1. 제품명: PODA(Positive Diary)

2. 출시일: 2023년 9월 1일

3. 제공자: (주)DMN

4. 기능: 인공지능을 활용한 대화형 긍정 메모 작성, 자동 스케줄링, 목표 설정 등

5. 경쟁사 대비 차별화 요소: 최초로 인공지능 기능과 긍정심리학적 인지 기법 적용

6. MZ세대 직장인과 헬시 플레저 트렌드 대상

7. 대표이사 조길수의 제품 비전 발표

8. 제공자 연락처: www.dhub.kr(웹사이트), poda@dhub.kr(이메일)

[기자 연락처]

(주)DMN 홍보팀

전화: 02-1234-5678

이메일: pr@dhub.kr

주소: 서울특별시 중구 명동로 123 456호

마케팅 전략 계획서

↓

　마케팅 전략 계획서(Marketing Plan)는 전체 사업 계획의 일부인 마케팅 활동을 위한 명확한 전략과 그에 따른 실행 목록을 정리한 문서를 말한다. 잘 만들어진 마케팅 전략 계획서는 기업 전체의 마케팅 활동의 지침으로서, 사업의 전체 목표를 달성하기 위한 세부적 목표, 전략과 구체적인 실행 계획이 명확하게 드러나야 한다.

　전통적인 마케팅 전략 계획서는 사업 계획과 사업과 연계된 여러 가지 요소를 포함해 1년 단위로 작성하는 것이 일반적이다. 최근에는 스타트업들을 중심으로 시장 트렌드와 고객 행동의 변화에 민첩하게 대응할 수 있는 '린 마케팅 전략 계획서(Lean Marketing Plan)'의 활용이 늘고 있다. 개인이나 스타트업, 중소기업에서 실질적으로 활용할 수 있는 린 마케팅 전략 계획서에 대해 알아보자.

　린 마케팅 전략 계획서는 마케팅 활동에 대한 간결하고 실행 가능하며 유연한 청사진이다. 변화에 적응할 수 있게 설계되었고, 측정 가능한 결과를 내는 활동에 중점을 둔다. 린 마케팅 전략 계획서는 비즈니스의 독특한 판매 제안(USP), 타깃 고객, 그리고 마케팅 목표를 중심으로 한 효율적인 액션 플랜이다. 실시간 피드백과 데이터를 바탕으로 유연한 조정을 통해 기업이 변화와 기회에 더 빠르게 대응하고 마케팅 자원을 더 효율적으로 사용하게 해준다.

린 마케팅을 실행할 때에는 린 마케팅 전략 계획서에 전략적 방향을 간결하게 기술하고, 실행 계획은 별도의 린 마케팅 실행 계획서로 구성하는 것이 일반적이다. 린 마케팅의 특성상 실행 계획은 피드백에 따라 자주 수정해야 하기 때문이다.

린 마케팅 전략 계획서의 주요 목표는 마케팅 자원을 가장 효과적으로 활용하여 비즈니스 목표를 달성하는 것이다. 여기에는 고객 획득, 브랜드 인지도 증가, 매출 증가 등 다양한 형태의 목표를 포함할 수 있다.

린 마케팅 전략 계획서는 주로 다음 구성 요소를 포함한다.

- **SMART 목표**: 마케팅 활동의 성공을 측정하는 구체적인 기준
- **타깃 고객 프로필**: 제품이나 서비스를 사용할 이상적인 고객의 프로필
- **독특한 판매 제안(USP)**: 제품이나 서비스를 경쟁자와 차별화하는 독특한 특징
- **마케팅 전략**: 목표 시장을 대상으로 하는 제품이나 서비스의 판매 방법
- **마케팅 예산**: 마케팅 활동에 할당된 자금

린 마케팅 실행 계획서는 린 마케팅 전략을 실제로 어떻게 실행할지를 구체적으로 계획한 문서다. 이는 마케팅 활동의 일정, 예산, 책임자, 측정 지표 등을 포함한다.

린 마케팅 실행 계획서는 주로 다음 구성 요소를 포함한다.

- **마케팅 활동**: 실행할 마케팅 전략에 따른 구체적인 활동
- **일정**: 각 활동을 실행할 시간표
- **예산**: 각 활동에 할당된 예산
- **책임자**: 각 활동의 책임을 지는 사람 또는 팀
- **측정 지표**: 각 활동의 성공을 측정하는 지표

다시 말해 린 마케팅 전략 계획서와 실행 계획서는 제품이나 서비스의 성공을 위한 중요한 도구다. 이 문서들은 마케팅팀이 목표를 설정하고, 전략을 개발하며, 행동 계획을 실행하는 데 필요한 모든 세부 사항이 담겨 있다. 또한 이 문서들은 팀이 공동으로 마케팅 활동을 지속적으로 추적하고, 필요에 따라 전략을 조정하는 데 도움이 된다.

린 마케팅 전략 계획서와 실행 계획서의 작성 과정에서 챗GPT를 적극 활용하면, 최소한의 정보로 최단 시간에 바로 실행 가능한 마케팅 계획을 세울 수 있다.

↳ 실습: PODA 린 마케팅 전략 및 실행 계획서

린 마케팅 전략 계획서를 작성하기 위해서는 SMART 목표 설정이 필요하다. 제품과 SMART 목표 설정을 위한 최소한의 내용만 있다면 챗GPT로 간편하게 린 마케팅 전략 계획서와 실행 계획서를 생성할 수 있다.

먼저 다음과 같은 최소한의 입력 데이터를 준비한다.

- **브랜드 또는 제품 정보**: PODA(인공지능을 활용한 대화형 긍정 메모 작성 및 자동 스케줄링, 목표 설정 등을 포함하는 무료 앱. 일상에서 긍정적인 경험과 감사한 것들을 편리하게 기록하여 긍정 인지 기법에 의해 삶의 질을 향상시킴)
- **타깃 고객 프로필**: 웰빙 시커스(심리적 안정과 워라벨에 관심이 많은 20~40대 직장인과 주부
- **마케팅 목적**: PODA 브랜드 홍보(10만 명 이상에게 1회 이상 브랜드 콘텐츠 노출), 초기 APP 사용자 확보(6개월 이내 1만 명 MAU 확보)
- **USP**: 국내 최초의 AI 기반 대화형 긍정 메모 앱으로, 언제 어디서나 편리하게 긍정 경험으로 삶의 질 향상

프롬프트를 통해 계획서를 만들어보자.

> [ ]안의 정보를 바탕으로 SMART 마케팅 목표를 생성해줘.
> [- 브랜드 또는 제품 정보: PODA APP(인공지능을 활용한 대화형 긍정 메모 작성 및 자동 스케줄링, 목표 설정 등을 포함하는 무료 앱. 일상에서 긍정적인 경험과 감사한 것들을 편리하게 기록하여 긍정 인지 기법에 의해 삶의 질을 향상시킴)
> - 타깃 고객 프로필: 웰빙 시커스(심리적 안정과 워라벨에 관심이 많은 20~40대 직장인과 주부

- 마케팅 목적: PODA 브랜드 홍보(10만 명 이상에게 1회 이상 브랜드 콘텐츠 노출), 초기 APP 사용자 확보(6개월 이내 1만 명 MAU 확보)
- USP: 국내 최초의 AI 기반 대화형 긍정 메모 앱으로, 언제 어디서나 편리하게 긍정 경험으로 삶의 질 향상
- 마케팅 예산: 5000만원]

기반 정보를 바탕으로, PODA 앱에 대한 SMART 마케팅 목표는 다음과 같이 설정할 수 있습니다.

1. 특정(Specific): PODA 브랜드 홍보를 목표로 하는 타겟 고객 (웰빙 시커스 - 심리적 안정과 워라밸에 관심이 많은 20~40대 직장인과 주부)에게 PODA 브랜드 콘텐츠를 1회 이상 노출시킨다. 또한 초기 앱 사용자 확보를 위해 6개월 이내에 1만 명의 월간활성사용자(MAU)를 확보한다.
2. 측정 가능(Measurable): 브랜드 콘텐츠 노출 횟수와 월간 활성 사용자 수를 추적하고 측정한다.
3. 달성 가능(Achievable): 주어진 마케팅 예산(5000만원)을 활용하여 목표를 달성한다.
4. 관련성 있는(Relevant): 이 목표는 PODA 앱의 USP(국내 최초의 AI 기반 대화형 긍정 메모 앱으로, 언제 어디서나 편리하게 긍정 경험으로 삶의 질 향상)와 맞는다.
5. 시간 제한(Time-bound): 이 목표는 6개월 이내에 달성한다.

따라서 PODA 앱의 SMART 마케팅 목표는 "6개월 이내에 5000만원의 마케팅 예산을 활용하여, 웰빙 시커스에게 PODA 브랜드 콘텐츠를 1회 이상 노출시키고, 1만 명의 월간 활성 사용자를 확보하는 것"으로 설정할 수 있습니다.

PODA에 대한 타깃 고객 프로필, USP, 그리고 SMART 목표를 바탕으로 하는 린 마케팅 전략을 만들어줘.

PODA 앱에 대한 린 마케팅 전략은 타깃 고객 프로필, USP, 그리고 SMART 목표를 기반으로 구성될 것입니다.

1. 타깃 고객 이해하기: 웰빙 시커스, 즉 심리적 안정과 워라밸에 관심이 많은 20~40대의 직장인과 주부들이 주요 타깃 고객이므로, 이들이 어떤 콘텐츠에 반응하는지, 어떤 마케팅 채널을 주로 이용하는지 파악하는 것이 첫 단계입니다. 이들의 소비 행태, 미디어 사용 패턴, 생활 스타일 등을 조사하고, 이를 바탕으로 효과적인 마케팅 채널과 메시지를 선택할 수 있습니다.

2. USP 강조하기: PODA 앱의 USP는 국내 최초의 AI 기반 대화형 긍정 메모 앱이라는 점입니다. 이 USP를 강조하여 마케팅 메시지를 구성하며, 고객들에게 PODA 앱이 어떻게 그들의 삶의 질을 향상시킬 수 있는지 명확하게 전달합니다.

3. SMART 목표 달성에 초점 맞추기: 마케팅 전략은 6개월 이내에 1만 명의 월간 활성 사용자를 확보하고, 타깃 고객에게 PODA 브랜드 콘텐츠를 1회 이상 노출시키는 것을 목표로 합니다. 이를 위해 콘텐츠 마케팅, 소셜미디어 마케팅, 검색엔진 최적화(SEO), 이메일 마케팅 등 다양한 마케팅 전략을 효율적으로 활용하며, 각 전략의 효과를 지속적으로 모니터링하고 분석하여 필요한 조정을 신속하게 수행합니다.

4. 예산 적극 활용하기: 주어진 마케팅 예산인 5000만원을 효과적으로 활용하여 최대한의 ROI를 얻습니다. 예산 분배는 마케팅 채널의 효과성, 타깃 고객의 미디어 사용 패턴, 그리고 예상된 고객 획득 비용 등을 고려하여 이루어집니다.

이러한 전략을 기반으로, 아래는 PODA 앱을 위한 린 마케팅 전략 계획서의 예시입니다.

1. 마케팅 목표 (SMART 목표):
- 6개월 이내에 1만 명의 월간 활성 사용자 확보
- 6개월 이내에 10만 명 이상의 타깃 고객에게 PODA 브랜드 콘텐츠 1회 이상 노출

2. 타깃 고객 프로필:

- 심리적 안정과 워라밸에 관심이 많은 20~40대의 직장인과 주부

- 스마트폰을 자주 사용하며, 다양한 앱을 활용하여 일상을 관리

- 긍정적인 삶의 태도를 가지고 싶어 하는 사람들

3. USP(독특한 판매 제안):

- 국내 최초의 AI 기반 대화형 긍정 메모 앱

- 가장 편리하게 긍정의 힘으로 삶의 질 향상

4. 마케팅 전략:

- 콘텐츠 마케팅: 긍정적인 삶의 태도와 일상에서의 긍정적인 변화를 주제로 한 블로그 게시물, 인포그래픽, 비디오 등의 콘텐츠를 생성하고 공유. 이를 통해 PODA 앱의 가치를 전달하고, 타깃 고객의 관심을 유발.

- 소셜미디어 마케팅: 타깃 고객이 주로 이용하는 소셜미디어 플랫폼에 PODA 앱에 관한 정보와 콘텐츠를 정기적으로 게시. 고객과의 소통을 통해 브랜드 인지도를 높이고, 앱 다운로드를 유도.

- SEO: 웹사이트와 블로그 게시물에 대한 검색 엔진 최적화를 통해 자연 검색 결과에서의 노출을 높임. 이를 통해 타깃 고객이 PODA 앱을 자연스럽게 발견할 수 있게 함.

- 이메일 마케팅: 앱 사용자 및 이메일 구독자에게 주기적으로 PODA 앱의 새로운 기능, 긍정적인 삶의 팁, 사용자 이야기 등의 콘텐츠를 전달. 이를 통해 고객 관계를 유지하고, 앱의 사용을 장려함.

5. 마케팅 예산:

- 총 마케팅 예산: 5000만원

- 콘텐츠 마케팅: 1500만원(작성, 디자인, 프로모션 비용 포함)

- 소셜미디어 마케팅: 1500만원(광고, 관리 비용 포함)

- SEO: 1000만원(웹사이트 최적화, 키워드 리서치, SEO 도구 비용 포함)

- 이메일 마케팅: 1000만원(이메일 플랫폼, 디자인, 복사 비용 포함)

6. 성과 측정 방법:

- 월간 활성 사용자 수: 앱 내 분석 도구를 통해 측정

- 브랜드 콘텐츠 노출 수: 각 채널의 분석 도구를 통해 측정(예: 소셜미디어 관심도, 웹사이트 방문자 수, 이메일 오픈율)

- 마케팅 ROI: 마케팅 비용 대비 고객 획득 수를 계산하여 측정

린 마케팅 전략 계획서를 작성하는 것은 PODA 앱의 마케팅팀이 주어진 자원을 최대한 효과적으로 활용하고, 목표를 달성하는 데 도움이 될 것입니다. 이러한 계획은 유연하게 관리되어야 하며, 시장의 변화나 고객의 반응에 따라 필요한 조정을 신속하게 수행해야 합니다.

PODA의 린 마케팅 전략에 따라 [5000만원]의 리소스(마케팅 예산)를 분배해줘.

PODA의 린 마케팅 전략에 따른 마케팅 예산 분배는 다음과 같이 제안할 수 있습니다.

1. 콘텐츠 마케팅: 이는 브랜드 인식을 높이고, 고객과의 관계를 구축하는 데 중요한 역할을 합니다. 블로그 글, 인포그래픽, 동영상 등 다양한 형태의 콘텐츠를 만들고, 이를 적절하게 프로모션합니다. 예산: 1500만원
2. 소셜미디어 마케팅: 타깃 고객이 많이 활동하는 소셜미디어 플랫폼을 이용해 브랜드를 홍보하고, 고객과의 소통을 활성화합니다. 이를 위해 광고를 실행하고, 정기적인 포스트를 유지합니다. 예산: 1500만원
3. 검색 엔진 최적화(SEO): 웹사이트의 가시성을 높이기 위해 SEO를 통해 웹사이트를 최적화합니다. 이는 브랜드를 찾는 고객이 웹사이트를 쉽게 찾을 수 있도록 돕습니다. 예산: 1000만원
4. 이메일 마케팅: 고객 데이터베이스를 구축하고, 이를 통해 개인화된 메시지를 전달합니다. 이메일 마케팅은 고객 리텐션 및 재구매를 촉진하는 데 효과적입니다. 예산: 1000만원

위의 예산 분배는 PODA의 마케팅 목표와 타깃 고객에 맞춰 조정될 수 있습니다. 각 활동의 효과를 정기적으로 측정하고, 필요에 따라 예산을 재조정하는 것이 중요합니다.

> **아직 PODA의 웹사이트를 구축하지 않았어. 웹사이트 구축 비용을 500만원으로 책정해서 다시 마케팅 예산을 분배해줘.**

PODA의 웹사이트 구축을 고려하면, 마케팅 예산 분배는 다음과 같이 조정할 수 있습니다.

1. 웹사이트 구축: PODA의 온라인 프레젠스를 확립하는 데 필요한 웹사이트를 구축합니다. 예산: 500만원
2. 콘텐츠 마케팅: 블로그 글, 인포그래픽, 동영상 등의 콘텐츠를 만들고, 이를 적절하게 프로모션합니다. 예산: 1250만원
3. 소셜미디어 마케팅: 타깃 고객이 많이 활동하는 소셜미디어 플랫폼을 이용해 브랜드를 홍보하고, 고객과의 소통을 활성화합니다. 이를 위해 광고를 실행하고, 정기적인 포스트를 유지합니다. 예산: 1250만원
4. 검색 엔진 최적화(SEO): 웹사이트의 가시성을 높이기 위해 SEO를 통해 웹사이트를 최적화합니다. 이는 브랜드를 찾는 고객이 웹사이트를 쉽게 찾을 수 있도록 돕습니다. 예산: 750만원
5. 이메일 마케팅: 고객 데이터베이스를 구축하고, 이를 통해 개인화된 메시지를 전달합니다. 이메일 마케팅은 고객 리텐션 및 재구매를 촉진하는 데 효과적입니다. 예산: 750만원

위의 예산 분배는 웹사이트 구축 비용을 고려하여 조정되었습니다. 각 활동의 효과를 정기적으로 측정하고, 필요에 따라 예산을 재조정하는 것이 중요합니다.

PODA의 린 마케팅 전략 및 리소스 분배를 바탕으로 실행 계획을 작성해줘.

PODA의 린 마케팅 실행 계획은 다음과 같이 구성될 수 있습니다.

웹사이트 구축(500만원, 1~2개월)

1. 웹사이트 설계 및 개발(2주)

2. SEO 최적화 및 테스트(1주)

3. 웹사이트 론칭 및 피드백 수집(1주)

콘텐츠 마케팅(1250만원, 연중 진행)

1. 월별 콘텐츠 캘린더 생성(매월 초)

2. 콘텐츠 제작 및 배포(매주)

3. 콘텐츠 성과 분석 및 개선(매월 말)

소셜미디어 마케팅(1250만원, 연중 진행)

1. 타깃 플랫폼 및 계정 설정(1주)

2. 광고 캠페인 계획 및 실행(매월)

3. 소셜미디어 성과 분석 및 개선(매월)

검색 엔진 최적화(SEO, 750만원, 연중 진행)

1. 키워드 연구 및 SEO 전략 설정(1~2주)

2. 웹사이트 SEO 최적화(매월)

3. SEO 성과 분석 및 개선(매월)

이메일 마케팅(750만원, 연중 진행)

1. 이메일 리스트 구축 전략 설정 및 실행(1~2주)

2. 이메일 마케팅 캠페인 계획 및 실행(매월)

3. 이메일 마케팅 성과 분석 및 개선(매월)

각각의 마케팅 활동을 계획하고, 실행하며, 성과를 분석하고 개선하는 사이클을 반복합니다.

블로그 글

↓

　전략적인 블로그 글 작성은 구조 설계, 글의 스타일을 조정, 검색 엔진 최적화(SEO) 등 많은 요소를 동시에 고려해야 한다. 전문 지식을 가지고 있더라도 블로그 글 작성에 많은 시간을 투자하지 않으면 성공적인 블로그를 만들기가 어렵다. 이렇게 복잡한 블로그 글 작성을 챗GPT로 손쉽게 처리할 수 있다.

> **전략적으로 블로그 글을 작성하는 프로세스는 다음과 같다.**
>
> - **주제 선정**: 어떤 주제로 포스트를 작성할지 결정한다.
> - **구조 설계**: 포스트의 구조를 설계하고 개요를 작성한다.
> - **내용 작성**: 설계한 구조에 따라 내용을 작성한다.
> - **브랜드 보이스 반영**: 작성한 내용에 자신의 브랜드 보이스를 반영한다.
> - **SEO 최적화**: 작성한 내용을 SEO에 맞게 최적화한다.

　블로그를 성공적으로 운영하려면 적어도 주 1회 블로그 글 작성 작업을 지속적으로 해야한다. 챗GPT를 이용하여 이 작업을 반복적으로 처리하려면 Part 5에서 소개한 '프롬프트 패턴'을 활용하는 것이 효율적이다. 프롬프트 패턴은 작업을 프로세스 단계별로 분할하여 챗GPT에 명령을 내리는 방식을 유형화한 것으로, 복잡한 문제를 해결하고 체계적으로 관리할 수 있다.

↳ 실습: 영화 리뷰 블로그 글 작성

프롬프트 패턴을 잘 활용하면 최소한의 핵심 내용만 준비하고, 나머지는 챗GPT와 대화를 통해 완성도 높은 블로그 글을 작성할 수 있다. 물론 독자에게 전달할 가치에 해당하는 핵심 내용은 직접 작성해야 한다. 영화 리뷰라면, 최소한 글쓴이의 영화에 대한 감상평(의견)이 들어가야 유용한 정보로서 가치가 있다.

최소한의 사전 준비 정보에서 출발해 완성한 영화 리뷰 블로그 글을 작성하는 프롬프트 패턴의 한 가지 예시는 다음과 같다.

- **사용자 준비 정보:**
    - 리뷰할 영화 제목
    - 영화 감상평(개인적인 관찰)
    - 리뷰 포인트
    - 퍼스널 브랜드 보이스 속성
    - SEO 최적화 키워드(타깃 독자를 고려해서 포함할 키워드)

1. 영화에 대한 개요 작성
    - **프롬프트 템플릿:** "영화 전문 파워 블로거처럼 행동해줘. 지금부터 [영화 제목]에

대한 영화 리뷰를 작성할 거야. 다음 나의 감상평과 리뷰 포인트를 중심으로 SEO 키워드를 고려해서 영화에 대한 개요를 작성해줘."

· 나의 감상평: [영화 감상평]
· 리뷰 포인트: [리뷰 포인트]
· SEO 최적화 키워드: [키워드]

- **사용자 준비 사항**: 영화에 대한 기본적인 정보와 개인적인 관찰을 바탕으로 감상평을 작성, 어떤 점을 중점으로 리뷰할 것인지 포인트 설정, 타깃 독자를 고려해서 SEO 최적화 키워드를 도출

2. 리뷰 본문 작성
- **프롬프트 템플릿**: "[브랜드 보이스 속성] 어조로 [영화 제목]에 대한 리뷰 본문을 작성해줘. 이때 SEO 최적화 키워드 포함과 읽기 쉬운 문장 구조를 고려해줘."
- **사용자 준비 사항**: 퍼스널 브랜드 보이스 속성(글쓰기 어조) 설정

3. 결론 및 평점 제공
- **프롬프트 템플릿**: "[영화 제목]에 대한 평점을 매기고 [브랜드 보이스 속성] 어조로 결론을 작성해줘."

4. 제목 생성
- **프롬프트 템플릿**: "[영화 제목]에 대한 블로그 글의 제목을 생성해줘. 이때 SEO를 위한 주요 키워드를 포함하는 것을 고려해줘."

5. 리뷰 초안 생성
- **프롬프트 템플릿**: "[선택한 블로그 글 제목]을 블로그 글 제목으로, 제목과 조화를 이루도록 앞의 대화에서 작성한 본문과 결론의 내용을 종합해서, 블로그 글 초안을 [단어 수] 길이로 완성해줘."
- **사용자 준비 사항**: 생선된 블로그 글 제목 중 선택, 블로그 글의 적절한 길이 지정

6. 리뷰와 수정
- **프롬프트 템플릿**: "블로그 글을 최종 리뷰해줘. 이때 SEO 최적화를 위한 키워드 포함 여부와 읽기 쉬운 문장 구조를 다시 확인해줘."
- **사용자 준비 사항**: 최종적으로 작성된 블로그 글을 검토하고, 필요한 부분을 수정

프롬프트 패턴을 활용하면 3시간 걸리던 일이 30분이면 가능해지므로, 주제에 대한 전문성은 있으나 시간 부족으로 블로그를 운영하지 못했던 사람도 파워 블로거와 같은 블로그 운영이 가능하다.

> 영화 전문 파워 블로거처럼 행동해줘. 지금부터 [인터스텔라]에 대한 영화 리뷰를 작성할거야. 다음 나의 감상평과 리뷰 포인트를 중심으로 SEO 키워드를 고려해서 영화에 대한 개요를 작성해줘.
> 나의 감상평:
> - 물리학적 법칙을 충실하게 반영한 우주 과학 전시회 같은 웰메이드 영화다.
> - 거대한 우주적 스케일 속에서 인간의 사랑에 대해 성찰할 수 있게 하여 깊은 공감을 불러일으킨다.
> 리뷰 포인트: 시각 효과, 핵심 메시지
> SEO 키워드: 인터스텔라 분석, 인터스텔라 중요 장면, 인터스텔라 물리학, 인터스텔라 캐릭터 분석, 인터스텔라 인상 깊은 장면, 인터스텔라 결말 해석

> (앞서 언급한 각 단계의 프롬프트를 순차적으로 입력)

제목: 인터스텔라: 우주와 사랑을 깊이 분석한 대작 - 인상 깊은 장면과 캐릭터 분석 포함

인간의 욕구와 호기심, 그리고 우리가 존재하는 우주에 대한 깊은 이해를 보여주는 크리스토퍼 놀란의 대작 <인터스텔라>에 오신 것을 환영합니다. <인터스텔라>는 물리학적 법칙을 충실하게 반영한 고유의 영화로, 웰메이드 영화라는 호평을 받았습니다. 이 영화는 매력적인 캐릭터, 놀라운 시각 효과, 그리고 우리의 시공간에 대한 물리학적 이해를 결합한 희귀한 보석입니다. <인터스텔라>는 공간을 넘어서는 여행을 통해 우리가 얼마나 작은 존재인지를 일깨워줍니다. 우리가 알고 있는 편안한 세계를 벗어나, 이해할 수 없는 새로운 차원

으로 우리를 안내합니다. 그러나 이 영화의 핵심 메시지는 바로 인간의 사랑입니다. 거대한 우주적 스케일 속에서도, 인간의 사랑은 결국 우리를 구원하는 힘이 됩니다.

<인터스텔라>의 가장 인상 깊은 장면 중 하나는 주인공 코퍼가 아버지로서 자신의 딸에게 보내는 메시지를 담은 물리학적 차원을 넘어서는 장면입니다. 이 장면은 고독과 절망, 그리고 사랑과 희망이 혼재된 감정의 돌풍을 선사합니다. 우리는 이 장면에서 코퍼의 캐릭터를 더욱 깊이 이해하게 됩니다.

물리학이 이 영화에서 차지하는 비중을 무시할 수 없습니다. <인터스텔라>는 우리가 이해하고 있는 물리 법칙을 충실히 따르며, 그것을 독특하게 해석합니다. 이런 방식은 우리가 이해하고 있는 우주에 대한 새로운 시각을 제공하며, 동시에 깊은 고찰을 유도합니다. <인터스텔라>에서 물리학은 단순히 배경 설정이 아닌, 영화의 핵심 주제 중 하나입니다.

결국 <인터스텔라>는 우리가 우주를 이해하고 사랑을 이해하는 방식에 대해 묵직한 질문을 던집니다. 우리는 이 두 가지 모두를 깊이 이해할 수 없지만, 그것이 우리의 존재를 더욱 가치 있게 만듭니다. <인터스텔라>는 이런 질문을 던지며, 그 대답을 찾는 여정에 우리를 초대합니다.

이런 이유로, 저는 <인터스텔라>를 10점 만점에 9.5점을 주고 싶습니다. 이 영화는 우리의 시공간에 대한 깊은 이해를 바탕으로 우리의 인간성에 대해 깊이 성찰하는 대단한 경험을 제공합니다. 그러나 그것이 단지 과학 영화라고 말하기에는 너무나 깊이 있는 인간의 이야기가 담겨 있습니다. 이 영화를 보고 난 후, 당신은 단지 우리가 존재하는 우주에 대해 더 많이 알게 될 뿐 아니라, 사랑과 인간성에 대해 더 많이 생각하게 될 것입니다.

이미지·다이어그램 생성하기

↓

챗GPT와 함께 활용하기 좋은 이미지 생성 AI 도구로 마이크로소프트 빙 이미지 크리에이터(Bing Image Creator), 달리 2, 스테이블 디퓨전, 미드저니, 크레용(Craiyon) 등이 널리 알려져 있다. 이들은 모두 텍스트 프롬프트의 의미를 해석하여 이에 부합하는 이미지를 생성하는 방식으로 챗GPT와 사용 방법이 유사하다. 각 이미지 생성AI 도구는 별도의 프로그램을 설치하지 않고 웹사이트에 접속하여 챗GPT처럼 활용할 수 있고, 생성된 이미지는 파일로 다운로드해 필요한 작업에 사용할 수 있다.

챗GPT의 텍스트 생성이 매우 완성도가 높은 것과 달리 이미지 생성AI 성능은 아직 충분히 만족할 만한 수준이 아니라서, 적절한 프롬프트를 입력하는데 훨씬 더 많은 노력(설계, 반복과 개선)이 필요하다.

이미지와 함께 문서 작업에 많이 쓰이는 그래픽의 한 종류가 다이어그램이다. 마인드맵, 플로차트, 피시본 다이어그램 등 다이어그램은 생각을 체계적으로 정리하여 효과적으로 전달할 수 있어, 복잡하거나 새로운 정보를 전달할 때 특히 유용하다. 챗GPT에서 다이어그램을 직접 출력하는 한 가지 방법은 'Show Me' 플러그인을 활용하는 것이다.

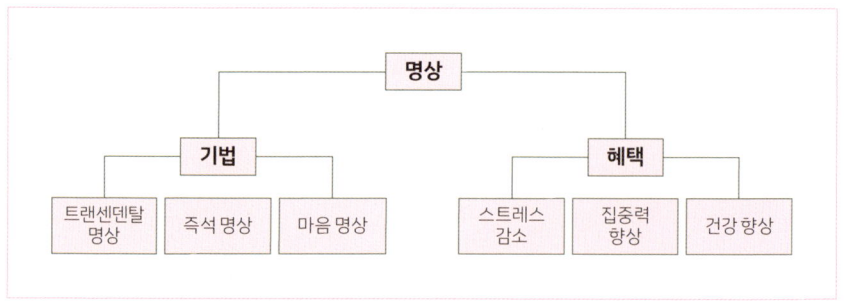

Show Me 플러그인으로 생성한 마인드맵 다이어그램 예시

↳ 실습: 빙 이미지 크리에이터로 브로슈어 이미지 만들기

마이크로소프트 빙 이미지 크리에이터는 오픈AI의 달리 2를 기반으로 하는인데, 마이크로소프트가 추가적인 개선 작업을 해 달리 2보다 더 편리하게 좋은 결과물을 얻을 수 있다.

bing.com/creator에 접속하고 회원 가입을 하면 빙 이미지 크리에이터를 활용할 수 있다. 프롬프트 입력 창에 생성할 이미지를 묘사(기본 형식·'형용사'+'명사'+'스타일')하는 프롬프트를 입력하고 '만들기' 단추를 누르면 이미지가 생성된다. 처음에 생성된 이미지가 만족스럽지 않을 때는 원하는 수준의 이미지가 생성될 때까지 프롬프트를 부분적으로 조금씩 수정해나가면 된다.

다만 현재 생성AI가 이미지를 만들어내는 과정에서 저작권 침해 논란이 일고 있어 주의가 필요하다. 미국, 유럽 등 각국에서 관련 법 제정 논의가 이뤄지고 있으며 국내에서도 최근 관련 법안이 발의됐다.

빙 이미지 크리에이터 프롬프트 예시

챗GPT 출력
팩트체크하기

↓

챗GPT는 텍스트를 생성하는 생성AI인데, 엄밀하게 말하면 텍스트가 작성된 규칙을 학습한 것이지 텍스트에 포함된 사실을 학습한 것이 아니다. 그러므로 챗GPT가 생성한 텍스트의 문법이나 문장 구조의 정확성은 믿을 수 있으나, 글의 내용에 대해서는 언제든 오류를 포함할 수 있다. 그럴 듯하지만 사실에 부합하지 않은 잘못된 정보나 허위 정보를 생성하는 것을 '할루시네이션(Hallucination, 환각)'이라고 부른다. 챗GPT가 생성한 글에는 언제나 할루시네이션이 포함되어 있을 가능성이 있으므로, 전적으로 챗GPT에 의존하는 것은 위험하다. 또한 기존 학습 데이터를 그대로 출력할 수도 있으니 '표절(Plagiarism)'도 조심해야 한다.

챗GPT를 활용할 때 주의할 점은 자신만의 고유한 정보를 포함해야 한다는 점이다. AI가 만든 딥페이크와 가짜 뉴스가 사회문제로 부각되는 상황에서 고유한 정보가 없다면 콘텐츠로서 가치가 없다. 오히려 퍼스널 브랜드에 손상을 끼치는 역효과를 불러올 수 있다. 챗GPT로 콘텐츠를 만들 때 다음 사항을 점검하자.

- **자신만의 고유 정보 준비와 재구성**: 전달하고자 하는 핵심 내용은 직접 작성하고, 챗GPT로 생성한 구조는 검토 후 재구성하는 것이 좋다.
- **결과물 검토 후 팩트체크할 부분 확인**: 글에서 주장이나 사실을 기술한 문장은 팩트체크가 필요하다. 이때 "위 글에서 주장이나 사실이 담긴 문장을 선별해줘"와 같이 프롬프트를 활용할 수 있다.
- **검색엔진을 활용한 팩트체크**: 팩트체크가 필요한 문장에 포함된 사실, 주장, 개체명을 구글, 빙, 네이버 등 검색엔진에 입력하여 출처와 진위를 확인한다. 빙 채팅은 신뢰도 높은 출처의 정보만 검색하여 답변을 생성하기 때문에 팩트체크용으로 유용하다.
- **표절 검사**: 학술 논문이나 상업적 목적의 창작물에서 표절은 심각한 문제다. 한 번이라도 표절이나 AI가 생성한 글로 판별받으면 심각한 타격을 받을 수 있다. 따라서 중요한 대외적인 글은 꼭 온라인 표절 검사 서비스를 통해 검사하자.

Part 7

혁신적인 비즈니스 기회가 열린다 → 250
최강 비서 챗GPT와 함께 → 260

홈페이지를
뉴스룸으로

심화편

❶ 혁신적인 비즈니스 기회가 열린다

기계와 기술은 산업을 발전시키고 개인의 역량도 키운다. 워드, 엑셀 등 오피스 프로그램을 사용하고 노트북과 스마트폰을 갖고 다니는 현대의 비즈니스맨들은 30년 전, 아니 20년 전과 비교해도 막강한 역량을 지닌 '슈퍼맨'이다. 생산성 측면에서 '라떼 꼰대'들 시절과는 비교 자체가 불가능하다.

할머니조차 총을 갖고 있으면 누구와도 맞서 싸울 수 있다는 뜻에서 총을 속어로 '이퀄라이저(Equalizer)'라고도 부른다. 조건을 평등하게 맞춰준다는 의미에서다. 챗GPT는 이퀄라이저의 조건을 갖췄다. 인간 본연의 기능 중 하나인 '대화'를 기반으로 하기 때문에 잘만 쓰면 누구라도 예전보다 훨씬 짧은 시간에 업무를 잘 처리할 수 있다. 그리고 제대로 쓰면 이전에는 상상하기 어려웠던 과제도 '혼자' 해결할 가능성이 높다.

어느 회사의 '2023년 경영 전략'을 주제로 주고, 분석을 시켜보라. "이 전략을 마이클 포터의 경쟁 전략 프레임을 사용해 재구성하라", "BCG메트릭스를 활용해 전략을 평가하라", "블루오션 전략의 전략 캔버스와 특히 ERRC 기법을 활용해 전략을 새롭게 만들라" 등을 요청했을 때, 챗GPT는 곧바로 결과를 도출해낸다. "맥킨지 컨설턴트의 시각에서 분석하고 보고서를 만들라", "영문 보고서로 5000단어 내외로 쓰라" 등 좀 더 구체적인 프롬프트를 입력하는 경우에도 사실상 실시간으로 작업을 끝낸다.

챗GPT를 포함한 AI챗봇을 활용하면 새로운 가치를 창출할 수 있는 일에 집중하고 있다. 그 가운데 혁신적인 비즈니스 기회를 만들 수 있는 분야가 바로 콘텐츠다. 그것도 신문형 콘텐츠다. 구글 네이버가 주도하던 '검색 시대'가 챗GPT 등 AI챗봇이 주도하는 '대화와 추천 시대'로 바뀌면서 정부, 기업, 공기업, 지자체, 대학 등은 큰 변화를 요구받고 있다. 여기서 전략적 움직임(Strategic Move)이 중요하다. 이번에야말로 먼저 움직여야 한다.

이제 모든 조직의 홈페이지는 언론사 홈페이지처럼 바뀌어야 한다. 기업은 물론 관공서, 협회, 대학, 특히 지자체 홈페이지도 그래야 한다. 뉴스룸을 갖추고 자체 소식을 생산·전파해야 한다. 왜 그렇게 전망되는지, 그리고 어떻게 하면 우리가 속한 조직의 공식 홈페이지를 언론사 뉴스룸처럼 만들 수 있을지 같이 살펴보자.

↳ 왜 뉴스룸인가

국장이 있고 기자들이 있어 기사를 생산해내는 본부를 '뉴스룸'이라고 한다. 신문사에서는 '편집국', 방송사에는 '보도국'이라고 불렀는데, 요즘은 뉴스 콘텐츠를 생산·제작하고 관리하는 본부라는 뜻에서 뉴스룸이라는 말을 더 자주 쓴다. 인기 있었던 미국 드라마 〈뉴스룸〉의 영향이기도 할 것이다.

기업이나 단체, 특히 광역이든 기초든 지자체의 홈페이지까지 이제 뉴스룸처럼 운영해야 한다. 언론사도 아닌 회사나 시·군·구의 홈페이지를 뉴스룸처럼 운영해야 하는 이유는 챗GPT로 대표되는 AI챗봇 시대가 활짝 열리고 있기 때문이다.

이제 세상의 모든 지식은 AI챗봇을 통해 가공된다. 도서관에 있거나, 책에 쓰여 있거나, 구글에 문서로 검색되는 등 형태는 다양할 수 있다. 그러나 그 방대한 정보를 추리고 선별해 누군가 가공해서 쓸 지식으로 바꿔주는 것은 AI챗봇이다. 다시 말해 사람들이 모든 정보를 1차적으로 챗GPT를 활용해 습득하게 된다는 얘기다.

인터넷 시대가 1990년 초 시작됐고, 구글 같은 검색엔진이 세상을 바꾸었다. 도서관에 가지 않아도 PC 안에서 모든 지식을 찾을 수 있었다. 거기다 2007년, 2008년 아이폰을 시작으로 스마트폰 시대가 열리면서 이제 인터넷은 손안에까지 들어왔다. 스마트폰 앱이 쏟아져 나오면서 세상은 너무나 편해졌다.

인터넷+스마트폰 시대의 회사와 정부, 지자체, 대학 등이 세상과 소통하는 가장 기본적이면서 중요한 창구가 바로 홈페이지다. 각 조직은 고객, 소비자, 시민 등으로 불리는 '사람'들과 만나기 위해 인터넷의 광대한 바다에 집 한 칸씩을 마련하고 있었던 것이다. 각 조직은 그 사람들과 만나기 위해 홈페이지를 홍보하고, 광고하고 또 메타·인스타그램·트위터·유튜브 등 소셜미디어를 통해 접점을 늘리고자 노력해왔다. 그중 가장 기본이 되는 것은 바로 '검색'이었다. 사람들은 필요한 정보를 찾아내기 위해 검색했다. 구글이 세상의 지배자가 된 것도 바로 이 검색 덕분이었다. 그런데 챗GPT가 나와 폭발적인 인기를 끌면서 검색 이상의 서비스를 하는, AI챗봇이 새로운 플랫폼으로 급부상하게 된 것이다.

챗GPT를 쓰게 되면 단순한 검색 이상의 세계를 맛보게 되고, 다시 단순 검색으로 돌아가지 않게 된다. MS가 검색에 챗GPT 통합을 발표한 2023년 2월 7일 이후 40여 일 만에 '빙(Bing)' 방문자 수는 15.8%가 증가했고, 구글 방문자 수는 1% 하락했다. '빙' 앱 다운로드 횟수도 세계적으로 8배 늘었고, 반면 구글 앱 다운로드 횟수는 2% 감소했다(2023년 3월 22일 로이터통신). 손병희 국민대 교수는 "현재 구글의 전 세계 검색 시장 점유율은 92%지만, 빙은 3%밖에 안 된다. 검색 광고 시장에서 점유율 1%만 가져와도 2조~3조원의 매출을 가져갈 수 있다"라고 말했다(2023년 4월 8일 머니투데이). 고객 이동이 현실화된 것이다.

챗GPT가 이렇게 잘할 수 있는 이유는 바로 머신러닝, 딥러닝 등 학습을 했기 때문이다. 기본적인 학습(앞으로는 실시간 학습도 가능할 것이다)이 있기 때문에 사람들이 하는 질문에 대한 기계적 검색에다 플러스 알파가 있기 때문에 빠르게 그리고 훨씬 정비된 구조로 답변하는 것이다.

인터넷+스마트폰 시대에 우리 회사, 우리 조직, 우리 도시를 알리던 홈페이지를 이대로 둬도 괜찮을까? 어떻게 바꿔야 할까? 결론부터 강조하자면, 우리의 홈페이지는 AI챗봇들에게 '학습'되어야 한다. 학습된다는 의미는 챗GPT 등이 '괜찮은' '믿을 만한', 더 나아가 '신뢰도 높은' '공신력 있는' 사이트로 인정해주는 사이트가 돼야 한다는 것이다. 홈페이지가 공신력 있는 사이트로 인정받아야 인용되고, 추천되고, 재인용되고, 리스트 상단에 오르게 된다.

자, 예를 들어 설명해보자. 중국의 젊은이 둘이 한국의 중소도시에 관광을 가기로 했다고 하자. 이들은 챗GPT에게 물을 것이다.

> ↪ 여행지 추천받기   ▷▷▷
>
> 👤 **중국의 젊은이 2명이 첫 해외여행으로 한국에 가려고 해. 한국의 중소도시 가운데 가성비 높고, 중국말이 잘 통하며, 특히 다양한 한국 음식을 맛있게 먹을 만한 여행지 5개만 추천해줘.**
>
> 🤖 네. 합리적인 물가, 맛있는 한국 음식, 중국어 잘하는 기준을 충족하는 한국의 5개 소도시를 소개합니다.
>
> **1. 전주**: 전라북도에 위치한 전주는 전통 가옥, 공예품 상점, 식당이 가득한 한옥마을로 유명한 작은 도시입니다.

> 전주의 명물인 콩나물국밥을 맛보며 도시의 풍광을 감상할 수 있습니다. 전주에는 많은 식당에 중국어 메뉴판이 있으며, 외국인 손님을 환대하는 도시로 유명합니다.
>
> 2. 안동: 경상북도에 위치한 안동은 한국 전통 음식과 문화로 유명한 작은 도시입니다. 안동의 명물인 안동찜닭을 맛볼 수 있고, 한국의 전통문화를 볼 수 있는 유네스코 세계문화유산인 하회마을을 방문할 수 있습니다. 안동은 식당마다 중국어 메뉴판이 많아 외국인 관광객이 많이 찾는 곳입니다.
>
> 3. 군산: 전라북도에 위치한 군산은 해산물과 전통 한식으로 유명한 작은 도시입니다. 방문객들은 도시의 유명한 요리인 간장게장을 맛보고, 도시역사적 건축물과 문화적 랜드마크를 탐험할 수 있습니다. 군산은 식당마다 중국어 메뉴판이 많아 중국인 관광객이 많이 찾는 곳입니다.
>
> 4. 진주: 경상남도에 위치한 진주는 한국 전통 음식과 문화 행사로 유명한 작은 도시입니다. 방문객들은 진주의 명물인 족발을 맛볼 수 있고, 한국의 문화와 전통을 기념하는 연례 행사인 진주 등불 축제를 방문할 수 있습니다. 진주에는 식당마다 중국어 메뉴판이 많아 외국인 관광객이 많이 찾는 곳입니다.
>
> 5. 통영: 경상남도에 위치한 통영은 신선한 해산물과 아름다운 해안 풍경으로 유명한 작은 도시입니다. 통영의 명물인 홍어회를 맛보고 통영의 역사적 명소와 문화 명소를 탐방할 수 있습니다. 통영은 식당마다 중국어 메뉴판이 많아 중국인 관광객이 많이 찾는 곳입니다.

자, 이런 정보의 양과 번역문 등을 순식간에 받을 수 있다. 구글 검색과는 입력하는 방식이나 제공받는 답변 자체가 차이가 난다. 물론 이 정보가 완벽하다고 할 수 없지만, 몇 차례 더 구체적인 질문을 하면 원하는 정보를 얻을 수 있다.

지금 논의하고자 하는 포인트는 챗GPT가 마치 관광 가이드가 안내하듯 한국 관광지를 소개하고 있다는 사실이다. 기준을 제시할 때도 있지만, 대부분 챗GPT 나름의 방식으로 한다. 그 기준은 뭘까?

↳ 여행지 추천 기준 알아보기 ▷▷▷

 이런 정보는 어디서 찾았고 어떻게 학습했니? 이런 질문을 하는 이유는 다른 도시의 리더들에게 챗GPT가 추천할 만한 관광도시가 되려면 어떤 노력을 기울여야 하는지 조언해주려고 하는 거야.

AI 언어 모델로서 저는 여행 웹사이트, 블로그, 온라인 리뷰 등 다양한 소스의 방대한 양의 텍스트 데이터에 대해 교육을 받았습니다. 이를 통해 여행 목적지 및 음식 추천을 포함하여 광범위한 주제에 대한 광범위한 지식 기반을 개발할 수 있었습니다.

관광 도시를 추천하는 측면에서 볼 때 풍부한 문화 유산, 독특한 음식, 아름다운 자연 경관, 친절한 현지인 등 방문객에게 도시를 매력적으로 만들 수 있는 몇 가지 요소가 있습니다. 도시는 기반 시설과 편의 시설에 투자하고, 문화 및 요리 행사를 개발하고, 외국인 방문객을 위한 언어 서비스를 개선함으로써 관광지로서 스스로를 홍보하기 위해 노력할 수 있습니다.

궁극적으로 추천 관광 도시가 되기 위한 핵심은 방문객에게 도시의 독특한 특성과 문화를 반영해 기억에 남는 경험을 제공하는 것입니다. 도시를 특별하게 만들고 방문객에게 매력적인 요소를 강조함으로써 도시 지도자는 더 많은 관광객을 유치하고 지역 경제를 활성화할 수 있습니다.

 여행 웹사이트, 블로그, 온라인 리뷰 등 방대한 자료들 가운데 네가 선택하는 기준은 뭐니? 예를 들어 그것이 진정한 정보인지, 아니면 광고인지는 어떻게 평가하는 거야?

AI 언어 모델로서 저는 자연어 처리 알고리즘에 의존하여 다양한 소스의 텍스트 데이터를 평가하고 분석합니다. 방대한 양의 데이터 중에서 선택할 때 나는 객관적인 기계학습 모델이기 때문에 개인적인 선호나 편견이 없습니다. 그 대신 통계 모델과 알고리즘을 사용하여 많은 양의 데이터를 분석하고 패턴과 추세를 식별합니다.

> 정보의 진정성을 평가할 때 정보의 출처, 글의 어조, 여러 출처에 걸친 정보의 일관성과 같은 여러 요소에 의존합니다. 예를 들어, 특정 레스토랑을 모두 긍정적으로 설명하는 여러 소스를 접하면 그 레스토랑이 유명하고 평판이 좋은 식당일 수 있다고 추론할 수 있습니다.
> 또한 머신러닝 기술을 사용하여 스팸이나 프로모션 콘텐츠를 식별하고 걸러냅니다. 예를 들어 텍스트에 마케팅 언어가 과도하게 사용되거나 제품 또는 서비스에 대한 링크가 포함되어 있으면 광고로 식별하고 분석에서 가중치를 낮출 수 있습니다.

🧑 **정부의 공식 사이트나 신문사 방송사의 기사 등도 참고를 하니? 특히 언론 사이트에 대한 신뢰도는 어떤 편이야?**

> 네. 저는 정부 공식 웹사이트와 신문 및 방송사의 기사를 정보 출처로 참조합니다. 이러한 출처는 관광 및 여행을 포함한 다양한 주제에 대한 신뢰할 수 있고, 정확한 정보를 제공할 수 있습니다.
> 미디어 사이트의 신뢰성을 평가할 때 미디어 매체의 명성, 저자의 전문성 및 자격, 글과 연구의 질과 같은 몇 가지 요소를 고려합니다. 또한 기사의 빈도와 어조, 언론 매체에 명확한 편집 정책이나 편견이 있는지도 고려할 수 있습니다.
> 다만, 명망 있는 언론사라도 오류나 편향이 있을 수 있으므로 여러 출처의 정보를 교차 확인하여 정확성과 객관성을 확보하는 것이 중요합니다.

이처럼 챗GPT는 이미 학습한 기반 위에서 새롭게 추론해 답변한다. 공식적으로는 기준을 명확하게 언급하지 않지만, 분명한 것은 크로스체크를 포함한 사이트 자체와 콘텐츠에 대한 공신력, 신뢰도 등을 평가하고 있다는 것이다. 정부와 지자체의 홈페이지는 그런 측면에서 공신력이 높고, 특히 특정 도시를 얘기할 때는 그 도시의 홈페이지가 공신력을 인정받을 가능성이 높다. 여기에 유력 언론사들의 관련 기사도 챗GPT가 비교적 높은 신뢰도를 보이는 사이트다.

'키워드 검색' 위주던 구글의 경우는 그 단어가 포함된, 다른 사람들이 많이 보는 주제를 중심으로 검색 결과를 소개했다. 최근에는 뉴스 등 콘텐츠를 구글 홈페이지에 노출시킬 때 사용자가 좋아하고, 자주 검색하는 것을 알아차려 관련도 높은 내용을 추천하고 있지만, 구글은 기본적으로 '기계적' 검색이다. 그러나 '대화형 문장'으로 사람들과 소통하는 챗GPT는 그 대화의 기초 자료를 미리 학습해놓은 상태에서, 더 발전하게 되면 실시간으로 학습하면서 업데이트를 하는 것이다. 그래서 이제 지자체는 '검색되기'뿐 아니라 '학습되기'를 위한 준비를 해야 한다.

어떻게 보면 홈페이지나 사이트를 AI챗봇의 '입맛'이나 '기준'에 맞춰 잘 만들어야 한다는 부담이 생긴 것이다. 하지만 좀 더 적극적으로 보면 그 입맛과 기준에 잘 맞추기만 하면 그렇게 하지 않는 기관이나 조직에 비해 훨씬 앞서갈 수 있다는 얘기다.

자, 다시 중국 젊은이 사례로 돌아가면 기업이나 지자체 입장에서는 무엇을 어떻게 해야 할까? 가장 중요한 것이 바로 AI챗봇에 '검색 대상', '학습 대상'이 돼야 한다는 사실이다. 이제 AI챗봇이 '학습할 만한', '학습하고 인용할 만한' 기업이 돼야 한다. 지자체도, 개인도 마찬가지다.

챗GPT는 학습을 통해 신뢰할 만한 정보들을 데이터로 쌓아둔다(이제 이 학습은 실시간 계속하는 것으로 나날이 발전하고 있다). 그러므로 홈페이지의 생명은 매일 업데이트해야 하고, 살아 있어야 하고, 정보를 공급해야 하고, 무엇보다 신뢰도가 높아야 하고, 다른 기관·언론사·대학 등이 인용할 만한 내용이어야 한다는 것이다. 뉴스룸처럼 말이다.

살아 있는 정보를 계속 업데이트해야 하니, 홈페이지를 관리하는 사람들은 이제 기자처럼 움직여야 한다. 당연히 그들의 언어도 신문 기사, 방송 보도문처럼 써야 한다.

마케팅 측면에서 보면 새로운 기회가 열리는 것이다. 국내외 관광객을 지역으로 유입시키고 싶은 지방 도시라면, 해외 투자를 끌어오고 싶은 혁신도시 담당자라면, 더 구체적으로 중국과 베트남에서 의료관광을 유치하고 싶은 성형병원 매니저라면 심각하게 인식해야 한다. 그저 홈페이지가 있다고, 사진자료가 많다고 되는 일이 아니다. AI챗봇으로부터 '신뢰도'가 높은 정보이자 사이트라고 인정받아야 한다.

기업 지자체 등 각종 기관이 AI챗봇 시대에 살아남기 위해서는 첫째, AI챗봇에게 '검색'되고, '학습'되어야 한다. 둘째, AI챗봇이 사용할 충분한 자료를 축적해놓아야 한다. 마지막으로 '공신력'을 인정받아야 한다. 우리는 AI챗봇의 선택을 받아야 한다. 어쩌면 챗GPT야말로 초거대 미디어라고 할 수 있다. 그것도 우리의 활동을 정기적으로(이미 MS의 빙은 실시간 검색을 병행하면서 학습하고 있다) 관찰하고 있는 '평가자'로서의 위치도 지니고 있다.

이런 세 가지 조건을 만족시키기 위해 해야 할 일을 생각해보자. 일단 홈페이지가 '공식적인 것'이어야 한다. 그래야 유리하다. 안동시청, 전주시청, 산업통상자원부, 에너지공단, 문화재청 등 정부와 지자체가 운영하는 사이트는 공신력을 지닌 대표적인 공공 홈페이지다. 기업이라면 그 회사의 공식 홈페이지가 될 것이다. 대학도 학교의 공식 홈페이지를 잘 꾸며야 한다. 특히 최근 상황을 지속적으로 업데이트해야 하고, 학사(學事)와 관련된 통계는 다시 불러와서라도 홈페이지에 채워야 한다.

거리가 멀다 가깝다의 개념이 아니라 챗GPT가 한국의 중소도시를 알 수 있는 방법이 없다. 그렇다고 챗GPT에 설명할 방법도 없고, 홍보자료를 보낼 수도 없다. 챗GPT는 기본적으로 인터넷의 바다에 떠 있는, 더 넓게는 디지털로 돼 있는 정보를 기반으로 학습한다. 그렇다고 '모든' 정보를 종합하지도 않을 것이다. 결국 신뢰도 높은 정보에 기반해 판단할 것이다. 그것이 우리가 기업이나 단체·지자체·대학교 홈페이지를 아주 정성 들여 관리해야 하는 이유다. 중국 관광객 유치를 희망하는 지자체라면 관련 정보를 공식 사이트에 꽉 채워놓고, 새로운 정보를 수시로 업데이트하며, 동영상 소식도 자주 올려야 할 것이다.

그리고 일방적 홍보나 광고로 취급받지 않도록 여러 가지 소스를 개발해야 한다. 그 지역을 가장 잘 아는 시민을 대상으로 관광 아이디어 공모전도 하고, 예선부터 본선, 그리고 공모전에서 탈락한 아이디어까지 다 실리게 한다(그 과정이 신뢰도를 높이는 활동 자체다). 그것이 해를 거듭하며 쌓일 때 모든 AI 챗봇이 그 도시의 정보를 신뢰하고 자주 인용하게 되는 것이다.

당연히 평소 활동이 중요하다. 뉴스룸이 거창해 보이면 '소식'으로 가도 된다. 안동시 홈페이지에 가칭 '안동 소식'을 개설하되, 이전과는 다른 접근이 필요하다. 뉴스룸의 성격에 걸맞게 안동 관련 뉴스의 총본부가 돼야 한다. 언론에 나온 관련 뉴스는 '아웃링크'로 모아야 한다. 그리고 매일매일 업데이트해야 한다. 그래야 검색 및 학습되며, 자료가 축적되고, 공신력 점수는 점점 더 높아질 것이다.

② 최강 비서 챗GPT와 함께

↳ 콘텐츠 자가 생산 구조를 만들라

신뢰도 높은 기사형 글쓰기는 그리 어렵지 않다. 기존 직원으로도 충분하다. 이들에게 '사내 기자', '시민 기자', '전문가 기자'의 개념으로 교육과 훈련만 시키면 된다. 일반적인 뉴스를 두루 다루는 것이 아니라 내가 다니는 직장의 '소식'을 기반으로 하기 때문에 오히려 전문성은 더욱 높다고 할 수 있다. 우리 조직에 관련된 뉴스를 찾아 링크를 걸고 관련된 통계를 재가공해 소개하는 것은 조직 내부의 사람들이 훨씬 잘하는 일이다.

챗GPT라는 막강한 비서 겸 리서처 겸 대학원생 겸 보좌관을 잘 활용하면 우리 회사, 우리 지역의 홈페이지를 공신력 있는 뉴스룸으로 꾸려가는 건 전혀 어려운 일이 아니다.

↳ 생산성 높이기 ▷▷▷

 네가 안동시의 홍보 담당자야. 우리 시청이 신문사 같은 뉴스룸을 만든다고 가정하자. 효과적이고 효율적인 운영을 위해 우리 뉴스룸이 스트레이트 기사를 90% 정도 자동화하려고 해. 어떻게 업무 프로세스를 설계해야 스트레이트 기사를 자동화할 수 있고, 우리 신문사의 생산성이 높아질 수 있을까? 네가 미디어 컨설턴트라고 생각하고 조언해줘.

 미디어 컨설턴트로서 저는 일반 기사 작성을 자동화하고 뉴스룸의 생산성을 높이는 비즈니스 프로세스를 설계하는 방법에 대해 몇 가지 제안을 할 수 있습니다.

1. 명확한 가이드라인 및 템플릿 정의: AI가 정확하고 고품질의 콘텐츠를 생성할 수 있도록 기사 유형별로 명확한 가이드라인과 템플릿을 설정하는 것이 중요합니다. 이 가이드라인에는 기사의 어조, 스타일, 구조 및 관련 키워드나 구문에 대한 정보가 포함되어야 합니다.

2. 콘텐츠 관리 시스템 개발: 콘텐츠 관리 시스템(CMS)은 기사 작성 및 게시 프로세스를 간소화하는 데 도움이 될 수 있습니다. CMS를 사용하여 기자와 편집자는 쉽게 주제를 할당하고 초안을 검토하며 웹사이트 또는 소셜미디어 플랫폼에 기사를 게시할 수 있습니다.

3. 기계학습 알고리즘 구현: 기계학습 알고리즘은 사용자 참여 및 피드백을 분석하여 시간이 지남에 따라 자동화된 기사의 품질을 개선하는 데 도움이 될 수 있습니다. 사용자 행동과 선호도를 추적함으로써 AI는 타깃 독자에게 더 관련성이 있고 매력적인 기사를 생성하는 방법을 배울 수 있습니다.

4. AI 도구 사용에 대한 직원 교육: 뉴스룸이 AI 도구를 효과적으로 사용할 수 있도록 하려면 직원에게 교육과 지원을 제공하는 것이 중요합니다. 여기에는 워크숍, 온라인 자습서 및 일대일 코칭 세션이 포함되어 기자와 편집자가 AI 도구를 워크플로에 통합하는 데 도움이 됩니다.

5. 성능 모니터링 및 평가: AI 생성 기사의 성능을 정기적으로 모니터링하고 평가하여 청중의 요구와 기대를 충족하는지 확인하는 것이 중요합니다. 페이지 보기, 참여 및 공유와 같은 주요 메트릭스를 추적하여 개선이 필요한 영역을 식별하고 필요에 따라 AI 도구 및 프로세스를 조정할 수 있습니다.

전반적으로 이러한 전략을 구현하면 스트레이트 기사 작성 및 게시 프로세스를 간소화하고 뉴스룸의 생산성을 높일 수 있습니다.

스트레이트 기사 자동화 목표 수치 90%가 가능한 숫자니? 다른 기사, 예를 들어 피처 기사, 칼럼, 인터뷰 기사 등도 자동화가 가능할까? 왜냐하면 안동시 같은 지방자치단체가 뉴스룸을 운영하려면 아무래도 인원의 제약이 있어 상당 부분 자동화가 필요하거든.

기사가 사실 정보에 초점을 두고 명확하고 구조화된 형식으로 작성된 경우 AI를 사용하여 스트레이트 기사의 90%를 자동화할 수 있습니다. 스트레이트 뉴스 기사는 종종 예측 가능한 형식을 따르며, 핵심 정보가 명확하고 간결하게 제시되어 자동화에 더 쉽게 적응할 수 있습니다.

그러나 피처 기사, 칼럼, 인터뷰와 같은 다른 유형의 기사는 언어에 대한 미묘한 이해와 주제에 대한 깊은 이해가 필요하기 때문에 자동화하기가 더 어려울 수 있습니다. 이러한 유형의 문서에는 더 많은 창의성과 독창성이 필요한 경우가 많기 때문입니다. AI 기술은 빠르게 발전하고 있으며, 미래에는 이러한 유형의 기사도 어느 정도 자동화될 수 있습니다.

어쨌든 안동시의 뉴스룸은 기사의 유형과 독자의 요구에 따라 인간 기자와 AI가 생성한 콘텐츠 간 균형을 맞추는 것이 중요합니다. 간단한 기사를 자동화하기 위해 AI 도구를 활용함으로써 기자와 편집자는 인터뷰 수행, 특집 기사 작성, 소셜미디어에서 독자 참여와 같은 보다 복잡하고 창의적인 작업에 집중할 수 있습니다.

챗GPT의 말에서 자신감이 느껴진다. 아무리 스트레이트 기사라도 90% 자동화 할 수 있다면 대단한 것이다. 과장해서 말하면 데스크 한 명과 챗GPT만 있으면 지금 바로 뉴스룸을 운영할 수도 있다. 물론 품질 문제는 여전히 남아있다. 인간 기자 혹은 편집자의 역할도 굉장히 중요할 것이다.

챗GPT가 참여하는 '어벤저스' 뉴스룸은 바로 실행 가능하다. 실제로 뉴스룸을 제대로 운영하는 것도 중요하지만, 요점은 앞에서 언급했듯이 공신력을 높여 AI챗봇에게 검색 및 학습될 가능성이 있는지가 문제다.

↳ 공신력 높이기   ▷▷▷

안동시가 운영하는 챗GPT와 함께 하는 뉴스룸과 안동의 지역 언론사가 같은 사안, 예를 들면 '안동시의 관광산업의 발전 과제' 등을 보도할 때 AI챗봇은 어느 것을 더 신뢰하거나 공신력이 높다고 평가할까?

AI 언어 모델로서 나는 내가 사용할 수 있는 데이터와 정보를 기반으로 콘텐츠를 생성하도록 프로그래밍되어 있습니다. 개인의 관점과 경험에 따라 크게 달라질 수 있는 주관적 요소가 관련되어 있기 때문에 뉴스 기사나 언론 보도의 신뢰성이나 공신력을 다른 기사와 비교하여 평가할 능력이 없습니다.
즉 챗GPT와 같은 AI챗봇은 대중의 정서와 참여, 기타 관련 데이터 포인트를 분석하여 대중이 다양한 뉴스 기사 또는 미디어 보고서를 인식하는 방식과 대중의 신뢰와 신뢰성을 높이기 위해 개선할 수 있는 부분에 대한 통찰력을 제공할 수 있습니다. 궁극적으로 자신의 지식, 경험 및 관점을 기반으로 다양한 뉴스 기사 또는 미디어 보고서의 신뢰성과 공신력을 평가하는 것은 개별 독자의 몫입니다.

안동시가 뉴스룸을 운영할 경우 시 자체의 공신력도 중요하지만, 그 뉴스룸의 기사를 독자들이 얼마나 읽고, 어떤 반응을 보이는지가 중요하다는 것이네.

예, 맞습니다. 챗GPT로 뉴스룸을 운영하는 것은 안동시가 시민과의 소통을 개선하고 공신력과 신뢰성을 높이는 데 도움이 될 수 있지만, 콘텐츠를 평가하고 자신의 의견을 형성하는 것은 궁극적으로 독자 개인의 몫입니다.

뉴스룸의 성공 여부는 콘텐츠의 품질과 관련성, 배포 채널의 효율성, 참여 수준 및 대중의 피드백을 비롯한 다양한 요인에 따라 달라집니다. 대중의 정서와 참여도를 분석하고 이에 따라 커뮤니케이션 전략을 조정함으로써 안동시는 뉴스룸의 성공 가능성을 높이고 챗GPT 시대에 뉴스룸의 명성과 가시성을 높일 수 있습니다.

그런 식으로 평판과 공신력이 높아지면 안동시가 운영하는 뉴스룸에서 나오는 기사에 대한 AI챗봇들의 공신력 부여 비중도 높아지겠네?

예, 맞습니다. 안동시 뉴스룸의 인지도와 공신력이 높아질수록 뉴스룸 기사에 비중을 두는 챗GPT와 같은 AI챗봇의 비중이 높아질 것으로 보입니다. AI 챗봇은 데이터와 정보를 분석해 관련성 있고 정확하며 신뢰할 수 있는 콘텐츠를 생성하도록 설계됐기 때문입니다.

대중의 공감을 불러일으키는 고품질 콘텐츠를 제작함으로써 안동시의 뉴스룸은 가시성과 영향력을 높이고, 주민과 방문객 모두에게 신뢰할 수 있는 정보원이 될 수 있습니다. 결과적으로 챗GPT와 같은 AI챗봇은 뉴스룸의 기사에 더 높은 가중치를 부여하여 챗GPT 시대의 명성과 영향력을 더욱 높일 수 있습니다.

　챗GPT의 마지막 구절을 보면 AI챗봇이 안동시의 뉴스룸에 '더 높은 가중치를 부여'할 것이라고 설명하고 있다. 다시 강조하면 구글 시대에는 서치(Search), 즉 검색 가능성이 중요했지만, AI챗봇 시대에는 여기에다 러닝, 즉 학습 가능성이 더욱 중요하다. 챗GPT에게 공신력 있고 신뢰할 만한 콘텐츠라고 인정받을 때 그 조건을 맞출 수 있는 것이다. 죽어 있는 홈페이지는 검색은 되겠지만, 학습 대상이 되지 못한다. 살아 있는, 예컨대 정기적으로 업데이트되고, 고객 또는 시민과 소통하며 다양한 방식으로 정보를 생산해내는 뉴스룸이 정답인 이유도 여기에 있다.

챗GPT 시대에 맞춰 기업이나 지자체, 단체, 대학은 보다 적극적으로 뉴스룸 형태의 홍보본부 또는 세상과의 커뮤니케이션본부를 운영하는 것이 필수다. AI 챗봇이 기본적으로 검색, 학습, 분류 등을 거쳐 고객들에게 응답하는 새로운 시스템에서는 더욱더 홍보에 노력을 기울여야 한다.

신문 기사야말로 콘텐츠의 원형이다. 신문 역사를 300년 정도로 보면, 특히 19세기 중반 이후 근현대적 언론 문화가 정착하기 시작하면서 인류가 '한정된 공간'에서 '최대의 효과와 효율을 얻기 위해' 개발한 글쓰기 형태가 바로 신문 기사다. 지면상 제약 때문에 가능하면 요약적으로, 그러면서도 빠뜨린 내용 없이 싣기 위해 최적화된 것이 신문 기사다.

신문 기사는 정형적이다. 또 깊이 다루고 특정인만 읽는 논문이 아니기에 이해하기 쉽다. 그리고 독자들이 가장 익숙한 스타일이라 수용성이 높다. 현대의 새로운 뉴미디어, 즉 페이스북·트위터·블로그·인스타그램 등도 결국은 간편한 형태 또는 파격적 형태의 신문 기사형 글이라고 보면 된다.

영상을 다루는 소셜미디어, 예를 들어 유튜브나 틱톡 등도 결국 아주 많은 부분이 생략된 신문 기사형 콘텐츠가 기반이 되며, 특히 다시 누군가에게 전파될 때는 신문 기사형 기사에 실려 전파된다. 그래서 우리가 이 책에서 뉴미디어를 각각 따로 다루진 않지만, 신문 기사형 글쓰기를 같이 함께 해보는 것만으로도 방향은 제대로 잡으리라고 생각한다.

구체적으로 챗GPT라는 최강 비서와 함께 우리 조직만의 뉴스룸을 만드는 방법을 생각해보자. 담당하기가 제일 적합한 부서는 기업이나 공기업의 경우 홍보팀, 그리고 좀 더 나아가 마케팅팀까지 합류할 수 있을 것이다. 대내외 커뮤니케이션이 필요한 부서가 적합하다.

무엇보다 목표 의식이 중요하다. 왜 만드는가, 무엇을 할 것인가가 명확해야 한다. 하나는 본연의 업무인 홍보·광고·마케팅이겠지만, 또 다른 하나는 AI챗봇이 검색하고, 학습하고, 그리고 우리의 정보와 자료를 데이터베이스에 축적하고, 고객의 질문에 응답할 때 우리가 '학습'되고 '인용'되도록 하는 것이다. 그러기 위해서는 무엇보다 공신력을 높여야 하고, 살아 있는 정보를 주어야 하며, 자기 조직과 연관된 공공데이터·언론 보도 등을 잘 정리해 갖추어야 한다.

이것을 한 번에 하는 방법이 매일 최신 뉴스와 정보를 업데이트하고, 정부 기관이나 언론사들과 연결되는 채널을 만들어놓은 것이다. 홈페이지 뉴스룸에 이 정도 섹션은 만들어주는 것이 가장 이상적이다. 예를 들어 안동시라면 안동시 소식, 안동에 대한 뉴스, 안동의 관광지, 안동의 산업, 안동 사람들, 안동시 제도 개편 등을 두루 다룰 수 있다. 언론사에도 보도 자료 형태로 보내야 하지만, 이제 그 뉴스룸 자체가 직접 독자를 상대한다고 생각해야 한다. 좀 더 구체적으로는 민원에 대한 답변, 처리, 설명 등도 뉴스룸에 둘 수 있다. 이상적으로는 안동시에 관한 뉴스를 취재할 언론들이 안동시 뉴스룸을 기초적으로 보고 추가 취재할 정도가 되면 된다.

좀 더 공격적으로 나갈 수도 있다. 안동시가 '공식적으로' 추천하는 관광지, 식당, 기념 상품, 교통편 등 정보도 제공할 수 있다. 형평성 문제가 있을 것 같으면 공식적인 경쟁 시스템을 통해 선발하면 된다. 그리고 다양한 선별 카테고리, 예를 들면 식당이라고 할 때도 최고급 손님 접대를 위한 식당, 외국어 서비스가 되는 식당, 가성비 최고 식당, 지역 음식(간고등어, 안동문어, 헛제삿밥) 전문점 등으로 나눌 수 있다.

챗GPT라는 무시무시한 천재의 도움을 받아 콘텐츠를 생산하는 시대에 언론의 기존 영역은 엄청난 속도로 침식당하게 되어 있고, 보다 다른 차원의 비즈니스로 초점을 맞출 것이다. 뉴스룸을 만들 때 가장 중요한 역할을 할 챗GPT와 같이 의논해보자.

↳ 실전 뉴스룸 운영하기 ▷▷▷

 네가 미디어 컨설턴트로서 안동시가 챗GPT와 함께하는 뉴스룸을 구성한다면 가장 먼저 무엇을 조언할 거니?

안동시에 '챗GPT로 뉴스룸'을 조직한다면, 뉴스룸에 대한 명확한 편집 비전과 사명 선언문을 수립하는 것이 첫 번째 조언이 될 것입니다. 여기에는 타깃 독자를 식별하고 지역 뉴스, 특집 기사 및 의견과 같이 뉴스룸이 생산할 뉴스 콘텐츠 유형을 정의하는 것이 포함됩니다.

두 번째로, 지역 사회와 관련 있고 흥미롭고 유익한 고품질 콘텐츠를 제작할 수 있는 숙련된 편집자와 언론인으로 팀을 구성할 것을 권장합니다. 이러한 전문가들은 챗GPT로 직접 뉴스 및 보도 자료를 자동화하고 AI 시스템이 생성하는 콘텐츠의 품질과 정확성을 개선하기 위해 피드백을 제공하는 방법에 대해 교육을 받아야 합니다.

셋째, 콘텐츠 관리 시스템, 협업 도구, 분석 플랫폼 등 뉴스 제작 프로세스를 간소화할 수 있는 기술과 도구에 투자하는 것이 좋습니다. 이렇게 하면 뉴스룸이 효율적으로 운영되고 독자에게 적시에 뉴스 콘텐츠를 제공할 수 있습니다.

마지막으로 커뮤니티의 의견을 수집하고 이에 따라 뉴스룸의 편집 접근 방식을 조정하기 위한 피드백 메커니즘을 설정할 것을 제안합니다. 여기에는 소셜미디어 존재 설정, 커뮤니티 포럼 주최 또는 지역 커뮤니티에서 피드백과 통찰력을 수집하기 위한 독자 설문조사 수행이 포함될 수 있습니다.

 홍보 담당 직원을 포함한 현직 직원들을 뉴스룸의 편집자, 기자로 배치하려고 하면 어떤 교육이 필요할까? 1개월짜리 교육과정을 짜줄래?

홍보 직원을 포함한 현재 직원이 뉴스룸에서 편집자 및 기자로 교육을 받는다면 다음 주제를 다루는 1개월 교육과정을 추천합니다.

1. 저널리즘 기본 사항: 뉴스 가치가 있는 기사를 식별하고, 인터뷰를 수행하고, 명확하고 간결한 뉴스 기사를 작성하는 방법을 포함하여 뉴스 수집, 작성 및 보고의 기본 사항을 다룹니다.

2. 편집 지침: 윤리, 정확성 및 균형을 포함하여 뉴스룸이 준수하는 편집 지침 및 표준을 다룹니다. 이것은 또한 뉴스룸의 사명 선언문과 타깃 독자도 포함합니다.

3. 챗GPT 활용 교육: 챗GPT의 기본 사항과 챗GPT를 사용하여 직접 뉴스 및 보도 자료를 자동화하는 방법을 다룹니다. 또한 AI 시스템이 생성하는 콘텐츠의 품질과 정확성을 개선하기 위해 AI 시스템에 피드백을 제공하는 방법도 다룹니다.

4. 디지털 미디어 및 기술: 콘텐츠 관리 시스템, 소셜미디어 및 분석 플랫폼을 포함하여 뉴스룸에서 디지털 미디어 및 기술의 사용을 다룹니다.

5. 팀워크 및 협업: 뉴스룸에서 팀워크 및 협업의 중요성과 다른 편집자, 기자 및 홍보 직원을 포함한 동료들과 효과적으로 작업하는 방법을 다룹니다.

6. 뉴스룸 운영: 마감일 관리, 뉴스 속보 처리, 다른 부서와의 조정 방법을 포함하여 뉴스룸의 운영 측면을 다룹니다.

챗GPT 활용 교육을 하루 2시간씩 5일 동안 진행한다고 생각하고 구체적인 커리큘럼을 짜줘.

안동시 뉴스룸 재직자 대상 챗GPT 활용 교육을 위한 5일, 하루 2시간 교육과정의 예는 다음과 같습니다.

1일 차: 챗GPT 및 자연어 처리 소개
- 챗GPT 소개 및 기능
- 자연어 처리(NLP)의 기본 개념
- NLP와 챗GPT가 함께 콘텐츠를 제작하는 방법

2일 차: 챗GPT를 사용한 스트레이트 뉴스 자동화
- 스트레이트 뉴스와 특집 기사의 차이점 이해
- 챗GPT로 스트레이트 뉴스를 자동화하는 모범 사례
- 챗GPT를 사용하여 직접 뉴스 기사를 자동화하는 실습

3일 차: 챗GPT를 사용한 보도 자료 자동화
- 뉴스룸에서 보도 자료의 역할 이해
- 챗GPT로 보도 자료를 자동화하는 모범 사례
- 챗GPT를 사용하여 보도 자료를 자동화하는 실습

4일차: 피드백 및 개선
- 콘텐츠 품질 및 정확성을 개선하기 위해 챗GPT에 피드백을 제공하는 방법
- 콘텐츠를 다듬고 개선하기 위해 챗GPT와 함께 작업하는 모범 사례
- 챗GPT로 생성된 콘텐츠를 개선하기 위해 피드백을 사용한 실습

5일 차: 고급 챗GPT 기술
- 챗GPT를 사용하여 다국어 지원, 요약 및 사용자 입력을 기반으로 한 콘텐츠 생성을 포함해 콘텐츠를 생성하는 고급 기술
- 챗GPT 기술의 향후 개발 및 뉴스룸에서 활용하는 방법에 대한 논의

전반적으로 이 교육과정은 현재 직원에게 뉴스룸 자동화를 위한 챗GPT 활용의 견고한 기반을 제공하도록 설계되었습니다. 이 과정은 챗GPT 및 NLP에 대한 소개로 시작하여 챗GPT를 사용한 스트레이트 뉴스 및 보도 자료 자동화에 대한 실습이 이어집니다. 그런 다음 이 과정은 피드백 및 개선 기술에 초점을 맞추고 뉴스룸에서 챗GPT를 사용하기 위한 고급 기술로 마무리합니다.

2일 차로 잡아놓은 스트레이트 뉴스 자동화에 대해 추가 질문할게. 네가 말하는 자동화는 편집자의 최종 컨펌을 거치는 것을 의미해? 그리고 처음 네게 기사를 쓰라고 과제를 줄 때, 인간 편집자는 네게 어떤 정보를 제공해야 해?

스트레이트 뉴스 자동화란 챗GPT를 사용하여 기사의 초안을 생성한 다음 게시 전에 편집자의 최종 확인 및 편집 프로세스를 거치는 것을 의미합니다.
처음 챗GPT에 기사 작성을 맡길 때, 인간 편집자는 참조해야 할 특정 정보 또는 출처와 함께 주제 및 기사의 각도에 대한 명확한 지침을 제공해야 합니다. 편집자는 원하는 기사 길이와 스타일, 챗GPT가 고품질 초안을 생성하는 데 도움이 되는 기타 관련 정보도 지정해야 합니다. 그런 다음 편집자는 정확성, 어조 및 전반적인 품질을 보장하기 위해 챗GPT에서 생성된 초안을 검토하고 편집합니다.

그렇다면 인간 편집자가 네게 작업 지시를 할 때 필요한 '작업지시서'라는 표준 모델을 만들어줘.

다음은 인간 편집자가 기사 작성을 위해 챗GPT에 작업을 할당할 때 사용할 수 있는 표준 작업 지침 모델의 예입니다.

1. 주제: '안동시 전통 음식의 장점'과 같이 기사에 대한 명확한 주제를 제공하십시오.

2. 각도: "안동시 전통 음식이 해외 관광객 사이에서 인기를 얻고 있는 방법" 등 기사의 각도나 관점을 명시하십시오.

3. 출처: "최근 안동시 전통 음식에 대한 외국인 관광객 선호도 조사 내용을 포함해주십시오"

4. 길이: "500단어 기사를 작성해주세요"와 같이 원하는 기사 길이를 지정합니다.

5. 스타일: "일반 청중에게 적합한 친근하고 유익한 어조로 써주세요" 등 원하는 글의 스타일과 어조를 지정합니다.

6. 기한: "5월 10일(수) 오후 5시까지 초안을 제출해 주십시오."

인간 편집자는 명확하고 상세한 지침을 제공함으로써 챗GPT가 원하는 요구 사항을 충족하고 게시하기 전에 쉽게 편집하고 다듬을 수 있는 초안을 생성하도록 할 수 있습니다.

 기사 작성의 기초가 되는 각종 데이터나 정보들은 어떻게 수집하는 거니?

뉴스 기사, 연구 논문, 정부 보고서, 온라인 포럼 등 다양한 소스에서 방대한 양의 텍스트 데이터에 액세스하고 분석할 수 있습니다.

기사 작성에 필요한 데이터와 정보를 수집하기 위해 자연어 처리 및 기계학습 알고리즘을 사용하여 관련 정보 소스를 검색하고 분석합니다. 또한 웹 스크래핑 도구를 사용하여 웹사이트에서 정보를 추출할 수 있었고, 소셜미디어 데이터를 분석하여 주제와 관련된 대중의 의견과 동향에 대한 통찰력을 얻을 수 있었습니다.

또한 언어 생성 기능을 사용하여 여러 출처의 정보를 종합 및 요약하고 사용 가능한 데이터를 기반으로 통찰력과 결론을 생성할 수 있었습니다. 이러한 접근 방식을 결합하여 양질의 기사를 작성하는 데 필요한 데이터와 정보를 수집하고 분석할 수 있습니다.

> **데이터와 정보 수집이나 웹 스크래핑 도구 등 네가 쓰는 프로그램이나 기술, 소프트웨어 등은 안동시에서 제공해야 하니?**

AI 언어 모델로서 인터넷에 있는 다양한 출처의 방대한 데이터와 정보에 접근하고 분석할 수 있는 능력이 있습니다. 그러나 일부 도구와 소프트웨어는 데이터 수집 및 분석 프로세스를 간소화하여 보다 효율적으로 만드는 데 도움이 될 수 있습니다.

안동시가 뉴스룸 운영을 최적화하려면 데이터 수집, 웹 스크래핑 또는 기타 작업에 도움이 되는 특정 소프트웨어나 도구에 대한 액세스를 제공하는 것이 유용할 수 있습니다. 그러나 언어 모델로서 나는 이미 사용 가능한 데이터를 기반으로 텍스트를 분석하고 생성할 수 있는 능력을 가지고 있으므로 도시는 내가 효과적으로 기능하기 위해 특정 프로그램이나 기술을 반드시 제공할 필요가 없을 수도 있습니다.

> **너는 2021년 데이터까지만 학습했다고 하니, 최근 뉴스에 대해서는 접근이 어려운 것 아닌가?**

AI 언어 모델로서 내 학습 데이터는 2021년까지만 올라가므로 그 이후에 게시된 최신 뉴스나 정보에 액세스하지 못할 수 있습니다. 하지만 역사 뉴스 기사, 정부 보고서, 학술 연구 논문 등 2021년 이전의 방대한 데이터와 정보에 여전히 액세스하고 분석할 수 있습니다.

또한 언어 모델로서 접하는 새로운 정보와 데이터를 학습하고 적응하는 능력이 있습니다. 가장 최근 뉴스와 이벤트에 대해 명시적으로 교육받지는 않았지만, 여전히 기존 지식과 세계에 대한 이해를 바탕으로 텍스트를 분석하고 생성할 수 있습니다.

| 👤 | **그렇다면 2022년 이후 최근 뉴스를 쓰게 할 때는 기초적인 데이터를 인간 편집자가 공급해줘야겠구나.** |

| 🤖 | 예, 맞습니다. AI 언어 모델로서 기존 데이터와 정보를 기반으로 텍스트를 분석하고 생성할 수 있지만, 최신 뉴스 및 이벤트에 대한 액세스 권한이 없을 수 있습니다. 2021년 이후 발생한 사건에 대한 뉴스 기사를 작성하려면 인간 편집자가 뉴스 기사, 보고서 및 기타 출처와 같은 필요한 데이터와 정보를 제공해야 합니다. 인간 편집자가 필요한 데이터를 제공할 수 있고, 나는 그 데이터를 기반으로 텍스트를 분석하고 생성할 수 있습니다. |

| 👤 | **그런데 아까 네가 웹 스크래핑을 얘기했는데, 그게 가능하다면 최신 자료도 웹에서 찾아낼 수 있는 것 아닌가?** |

| 🤖 | 예, 웹 스크래핑은 잠재적으로 웹의 최신 자료 및 뉴스에 대한 액세스를 제공할 수 있습니다. 그러나 웹에서 콘텐츠의 가용성과 접근성에 따라 다릅니다. 콘텐츠에 쉽게 액세스하고 웹에서 사용할 수 있는 경우 웹 스크래핑은 뉴스 기사에 대한 데이터 및 정보를 수집하는 효과적인 방법이 될 수 있습니다. 그러나 콘텐츠에 쉽게 액세스할 수 없거나 인증이 필요한 경우 웹 스크래핑이 실현 가능한 옵션이 아닐 수 있습니다. 또한 웹 스크래핑은 윤리적이고 합법적으로 이루어져야 하며, 웹 스크래핑을 통해 수집된 데이터와 정보가 신뢰할 수 있고 정확하다는 것을 확인하는 것이 중요합니다. |

| 👤 | **그렇다면 안동시는 최근 자료에 쉽게 액서스할 수 있는 권한을 마련해주는 게 좋겠다. 예를 들어 구글 퍼블릭 데이터 같은 것은 너도 액세스할 수 있고 기사에도 최근 데이터를 인용할 수 있겠니?** |

| 🤖 | 구글 퍼블릭 데이터와 같이 공개적으로 사용 가능한 데이터 소스에 액세스하고 기사에서 최신 데이터를 사용할 수 있습니다. 이러한 출처는 다양한 주제에 대한 신뢰할 수 있는 최신 정보를 제공할 수 있으며, 뉴스 기사에 대한 귀중한 리소스가 될 수 있습니다. 그러나 뉴스 기사의 정확성과 신뢰성을 유지하려면 데이터를 적절하게 인용하고 출처를 신뢰할 수 있는지 확인하는 것이 중요합니다. |

	그럼 2021년이란 의미는 네가 그때까지 나온 대부분의 정보를 학습했다는 의미지, 네가 그 이후 정보에 대해서는 아무것도 모른다는 얘기는 아니네.
	예, 맞습니다. 저는 2021년까지 방대한 텍스트 데이터 모음에 대해 교육받았지만 그 이후에 게시된 새로운 정보와 데이터에 여전히 액세스하고 배울 수 있습니다. 그러나 내 훈련 데이터는 2021년까지만 올라가므로 새로운 이벤트 및 개발에 대한 노출과 친숙도가 낮을 수 있습니다.

뉴스룸을 구성하는 것은 고지식한 챗GPT가 말하는 것에 비해 훨씬 더 간단하고 속도를 높일 수 있을 것이다.

↳ 스트레이트 기사 작성 예시	▷▷▷
	'안동시 전통 음식의 장점'에 관한 작업 지시서대로, 바로 스트레이트 기사를 하나 써줘. 일부 정보가 부족한 것은 너의 상상력으로 쓰고, 확인이 필요한 숫자 같은 것이 있으면 표시해줘. 코멘트는 안동대 교수의 것을 받아봐. 일단 완성본이 아니라 편집자에게 보여주기 위한 것이라고 생각해. 즉 10%는 부족해도 돼. 양은 신문 톱 기사로 쓸 정도가 돼야 해. 신문처럼 헤드라인 제목과 일부 중간 제목도 뽑아줬으면 해.
	여기 안동 전통 음식의 장점에 대한 스트레이트 기사가 있습니다. **표제**: 안동의 전통 요리 - 한국 요리 문화로 향하는 맛있는 관문 **부제**: 헛제삿밥부터 안동찜닭까지 안동의 다양한 맛을 만나다 한국의 동남부에 위치한 안동시는 전통 음식에 반영된 풍부한 역사와 문화를 가지고 있습니다. 독특한 맛과 조리법으로 유명한 안동의 음식은 한식에 관심이 있는 사람이라면 꼭 먹어봐야 할 음식입니다. 안동에서 가장 유명한 요리 중 하나는 각종 채소와 양념된 소고기, 그리고 매운 고추장으로 만든 비빔밥의 일종인 헛제삿밥입니다. 이 요리는 전통적으로 숯불로 가열되는 돌그릇에 담겨 제공되어 바삭한 식감과 훈제 향이 납니다.

> 또 다른 인기 메뉴는 간장 베이스의 감칠맛 나는 육수와 각종 채소를 넣고 끓인 닭찜의 일종인 안동찜닭입니다. 이 요리는 일반적으로 국수 또는 밥과 함께 제공되며, 부드럽고 풍미 있는 닭고기로 유명합니다.
>
> 그 외에도 가늘고 쫄깃한 면발과 담백한 육수로 만든 국수 요리인 안동국수와 생강과 계피로 맛을 낸 찹쌀 음료 안동식혜가 있습니다.
>
> 안동의 요리는 국내는 물론 해외에서도 인정받고 있습니다. 실제로 안동찜닭은 유명 셰프들의 요리 솜씨를 보여주는 한국의 인기 TV 프로그램인 <냉장고를 부탁해>에 소개되기도 했습니다.
>
> 전반적으로 안동의 전통 요리는 독특하고 맛있는 한국 식문화의 관문을 제공합니다. 식도락가든 단순히 새로운 것을 시도하는 사람이든 안동의 요리는 오래도록 기억에 남을 것입니다.
>
> **중간 제목**:
> - 안동요리의 독특한 맛
> - 헛제삿밥: 안동의 대표 비빔밥
> - 안동찜닭: 부드럽고 고소한 닭찜
> - 안동국수: 담백한 국물에 쫄깃한 국수
> - 안동식혜: 매콤한 찹쌀밥
>
> 여러분의 생각과 피드백을 알려주세요.

챗GPT는 사실상 뉴스룸의 기본적인 엔진으로 작동할 수 있다. 인간 편집자 또는 인간 기자가 작업 지시를 해놓으면 어지간한 양의 기사를 기초 작업할 수 있다. 그리고 생각해보면 전국을 상대로 한 일반 신문이나 인터넷 신문이 아닌 경우 매일 생산할 기사의 양은 그렇게 많지도 않을 것이다. 그보단 지자체나 단체, 그리고 일반 기업의 경우도 이왕 뉴스룸을 만드려면 좀 더 높은 목표를 갖는 것이 중요하다. 소셜 리스닝 프로그램도 뉴스룸의 일로 만드는 것이 긴요하다.

↳ 시민과 더 가까이… 소셜 리스닝 프로그램까지

이왕 뉴스룸을 만들기 위해서는 좀 더 미래 지향적이어야 한다. 그리고 디지털 전환(Digital Transformation, DT)도 도모해야 한다. 기업이든 지자체든 대학이든 정말 중요한 것은 홍보가 아니라 본연의 비즈니스 또는 사업이다. 경영이나 운영이 잘돼야 '알릴 거리'가 있다. 아무리 시대가 바뀌어도 기업은 비즈니스를 잘해 이익을 내야 하고, 지자체는 경제·환경·사회·복지 등 면에서 지역민의 삶이 나아지도록 힘쓰고, 관광객이 몰려오도록 투자를 유치해야 한다. 이처럼 본연의 사업이나 일을 더 잘하기 위해서는 뉴스룸에 상시적인 '뉴스거리'를 만드는 것이 중요하다. 그게 플러스 알파다.

기업에게는 고객이, 지자체에는 지역 주민이 가장 중요한 존재다. 고객의 소리, 시민의 소리를 수동적으로 듣는 것이 아니라 '그들조차 모르는' 그들의 목소리를 듣고 이를 상품화해 정책에 반영해야 한다. 그 목소리가 모여서 트렌드가 되고, 지자체의 경우 여론이 되고, 민원이 되는 것이다.

이런 작업은 예전만 해도 쉽지 않았거니와 인적·물적 자원의 투입 규모도 꽤 컸다. 그런데 모든 것이 디지털 흔적으로 남는 이 시대에는 가능한 일이다. 챗GPT는 이 '디지털 흔적'을 정말 열심히 공부해서 지금의 능력을 갖추게 된 것이다. 뉴스룸에 더해 '소셜 리스닝 프로그램'을 운영하자.

지금의 기술에 AI기술까지 더해져 이제는 우리 회사, 우리 시, 우리 대학에 대해 사람들이 어떤 단어로 표현하는지, 얼마나 자주 말하는지, 긍정적인 단어는 어떤 것을 쓰고, 부정적인 단어는 어떤 단어를, 왜 쓰는지를 디지털 기술로 다 찾아낼 수 있다. 한 걸음 더 나아가 그저 듣기만 하는 것이 아니라 적극적으로 시민들이 원하는 것을 찾아내고, 제안받고, 제도화할 수 있는 '소셜 정책 플랫폼'으로 만들 수 있다. 그게 뉴스룸에서 할 수 있는 가장 큰 일 중 하나다. 예를 들면, 선거를 앞둔 후보자에게 이보다 강한 무기가 어디에 있을까? 챗GPT와 의논해보자.

↳ 소셜 리스닝 프로그램 더 알아보기 ▷▷▷

🧑 소셜 리스닝 프로그램이 무엇인지 설명해주고 대표적인 글로벌 기업도 소개해줘.

 소셜 리스닝은 소셜미디어 플랫폼, 리뷰 사이트, 블로그, 포럼 및 기타 온라인 소스에서 온라인 대화를 모니터링하고 분석하는 프로세스를 말합니다. 목표는 특정 브랜드, 제품 또는 주제에 대한 고객 또는 타깃 고객의 의견, 감정 및 태도에 대한 통찰력을 얻는 것입니다. 소셜 리스닝 도구는 기업이 고객을 이해하고, 추세를 파악하고, 경쟁사를 추적하고, 소셜미디어 전략을 개선하는 데 도움이 됩니다. 다음과 같은 다양한 소셜 청취 도구 및 플랫폼이 있습니다.

1. 훗스위트 인사이트 - 이 도구를 사용하면 기업에서 소셜미디어 대화를 모니터링 및 분석하고, 브랜드 언급을 추적하고, 추세를 식별할 수 있습니다.

2. 브랜드워치 - 브랜드워치는 기업이 실시간으로 소셜미디어 대화를 모니터링 및 분석하고, 브랜드 평판을 추적하고, 주요 영향력 요인을 식별하도록 도와줍니다.

3. 스프라우트 소셜 - 이 플랫폼은 기업이 브랜드 평판을 추적하고 고객 피드백을 분석하며 소셜미디어 성과를 개선하는 데 도움이 되는 소셜미디어 관리, 모니터링 및 분석 도구를 제공합니다.

4. 멘션 - 멘션을 통해 기업은 온라인 대화를 모니터링 및 분석하고, 브랜드 평판을 추적하고, 소셜미디어·블로그 및 기타 온라인 소스에서 주요 영향 요인을 식별할 수 있습니다.

5. 아와리오 - 아와리오는 기업이 브랜드 평판을 추적하고, 고객 피드백을 모니터링하고, 트렌드와 인플루언서를 식별하는 데 도움이 되는 소셜미디어 모니터링 및 청취 도구를 제공합니다.

전반적으로 소셜 리스닝은 기업이 고객을 이해하고 추세를 파악하며 소셜미디어 전략을 개선하는 데 중요한 도구입니다.

> 비슷한 개념인데, 정부나 지자체가 국민, 시민의 소리에 귀를 기울이고 이슈나 트렌드를 분석하는 '소셜 정책 플랫폼'도 있어. 대만의 오드리 탕이라는 사람이 이것으로 유명세를 탔는데, 혹시 아니?

> 예, 종종 'g0v' 플랫폼이라고 하는, 대만에서 사용되는 사회 혁신 플랫폼을 말하는 것입니다. 오드리 탕(Audrey Tang)은 대만에서 이 플랫폼의 개발 및 구현에 중요한 역할을 한 유명한 인물입니다. 이 플랫폼은 시민과 정부 간 의사소통과 협력을 촉진하도록 설계되어 시민들이 자신의 아이디어, 우려 사항 및 의견을 공무원 및 정책 입안자와 공유할 수 있도록 합니다. g0v 플랫폼은 오픈 소스이므로 누구나 코드에 액세스하고 개발에 기여할 수 있으므로 지속적으로 발전하는 공동 작업 도구가 됩니다.

> 그런 플랫폼을 운영할 때 너의 역할도 굉장히 중요할 것 같아. 소셜 리스닝은 사실상 네 능력으로도 가능한 것 아닌가?

> 예, 소셜미디어 게시물, 온라인 리뷰 및 기타 디지털 플랫폼을 모니터링하고 분석하여 대중의 감정을 추적하고 안동시와 관련된 동향이나 문제를 식별함으로써 소셜 청취를 도울 수 있습니다. 또한 기계학습 알고리즘을 사용하여 데이터를 분석하고 도시의 이미지와 시민 참여를 개선하는 방법에 대한 통찰력을 제공할 수 있습니다.

챗GPT를 활용해 뉴스룸뿐 아니라 사회 혁신 또는 사회 정책 플랫폼을 만들 수 있다는 뜻은 우리가 AI 여론 모니터 시스템도 가질 수 있게 된다는 것을 뜻한다. 앞서가는 기업들은 소셜 리스닝 프로그램을 통해 회사의 브랜드와 상품, 서비스 등에 대해 고객들이 무슨 말을 하는지, 어떻게 생각하는지를 자세히 알 수 있다. 그 데이터를 기반으로 상품이나 서비스를 개선하고 혁신하며 마케팅 포인트에 변화를 줄 수 있고, 결국 시장이 원하는 상품과 서비스를 계속 내놓을 수 있게 되는 것이다. 챗GPT로 뉴스룸을 만들면서 당연히 고려해야 할 핵심 사안이다.

↳ 제안서 작성하기   ▷▷▷

> 안동시장에게 쓰는 제안서를 하나 만들어줘. 미디어 컨설턴트로서 행동해봐.

제안: 안동시 뉴스룸에 사회 혁신 플랫폼 구축

소개: 미디어 컨설턴트로서 안동시 뉴스룸에 사회 혁신 플랫폼 구축을 제안하고 싶습니다. 이 플랫폼은 시민의 목소리를 듣고 이슈나 트렌드를 분석하여 도시의 브랜드와 이미지를 높이는 중요한 도구이자 지방 정부 홍보의 리더가 될 수 있도록 설계되었습니다.

이점:

1. 실시간 모니터링: 사회 혁신 플랫폼을 통해 국민의 의견과 정서를 실시간으로 모니터링할 수 있어 안동시가 국민이 제기하는 우려나 이슈에 신속하게 대응할 수 있다.

2. 시민 참여: 소셜 리스닝 프로그램을 활용해 플랫폼은 시민 참여와 참여를 장려함으로써 시민이 존중받고 있다는 느낌을 갖게 합니다. 이를 통해 안동시와 시민의 유대감은 더욱 강화될 것입니다.

3. 데이터 기반 의사결정: 사회 혁신 플랫폼을 통해 수집된 데이터는 안동시가 시민의 요구와 선호도에 맞는 데이터 기반 의사결정을 내릴 수 있도록 귀중한 통찰력과 트렌드를 제공할 것입니다.

4. 긍정적인 이미지: 사회 혁신 플랫폼을 구현함으로써 안동시는 혁신과 기술에 대한 의지를 보여 다른 지자체들 사이에서 안동의 이미지와 명성을 높일 것입니다.

기대 효과:

1. 시민 만족도 향상: 사회 혁신 플랫폼은 시민들이 자신의 우려와 의견을 표명할 수 있는 플랫폼을 제공함으로써 그들이 경청되고 존중받는다고 느끼게 합니다. 이는 지방 정부에 대한 만족도와 신뢰도를 높일 것입니다.

2. 향상된 정책 결정: 안동시는 데이터 중심의 의사결정을 활용하여 보다 효과적이고 시민의 요구에 부합하는 정책을 수립하여 궁극적으로 보다 번영하고 지속 가능한 커뮤니티로 이어질 수 있습니다.

3. 홍보 개선: 사회 혁신 플랫폼의 구현은 투명성, 참여 및 혁신에 대한 안동시의 약속을 보여줌으로써 홍보 분야에서 지방 정부의 리더가 될 것입니다.

결론:
안동시 뉴스룸에 사회 혁신 플랫폼을 구축하면 시민들의 목소리를 듣고, 트렌드를 분석하고, 데이터에 기반한 의사결정을 할 수 있는 강력한 도구가 될 것입니다. 위에서 설명한 장점과 기대 효과를 고려할 때, 이 제안이 도시의 브랜드와 평판을 향상시키는 동시에 시민과의 관계를 강화하는 가치 있는 투자가 될 것이라고 믿습니다.

최강 비서 챗GPT와 함께 우리는 뉴스룸을 만들 수 있게 됐다. 게다가 여력이 있는 조직이라면 소셜 리스닝 프로그램 또는 지자체라면 소셜 정책 플랫폼까지 갖출 수 있다. 말은 거창하지만 조직이 비대해지거나 엄청난 투자가 필요한 것이 전혀 아니다. 기존 부서에 기능을 주면 되고, 무엇을 하는 부서인지만 명확히 하면 된다. 지자체라면 춘천시 뉴스룸, 진천군 소셜 정책 플랫폼 등으로 명실상부한 타이틀을 달면 된다. 그리고 챗GPT를 활용하면 된다.

왜 신문 기사 스타일인가 → 282
기사의 종류와 작성법 → 286
뉴스룸 in Action → 308

뉴스룸

콘텐츠
만들기

실제 사례

왜 **신문 기사** 스타일인가

↓

챗GPT와 함께 초격차 콘텐츠를 만들자는 것이 이 책의 목표다. 그런데 왜 실제 사례를 들면서 신문사 얘기를 하고, 신문 기사 스타일을 강조하는 것일까. 신문 기사는 현대인이 가장 효과적이고 효율적인 커뮤니케이션 수단으로 인정하는 글쓰기다.

신문의 역사를 300년 정도로 보는데, 현대적 의미의 신문 산업이 발전한 것은 1850년대부터다. 이때 개발되고 발전한 것이 '역(逆)피라미드'라고도 부르는 스트레이트 기사다. 먼 곳까지 실시간으로 소식을 전할 수 있는 모스 전신이 발명됐지만, 언제 끊어질지 모르고 또 사용 요금이 너무 비싸서 가장 중요한 것부터 먼저 쓰고, 언제 잘려도 메시지 전달에 지장이 없는 스트레이트 기사가 만들어졌다. 그리고 이는 순식간에 신문 기사의 표준이 되었다. 다른 기사들은 결국 스트레이트 기사의 응용판이라고 보면 된다.

종이신문의 시대, 한정된 공간에서 편집의 묘미를 살려가며 가장 효과적으로 뉴스를 전달할 수 있는 기본 틀로서 신문 기사는 발전해왔다. 학술 논문 등 전문 서적, 그리고 소설·시 등 문학 서적을 제외하면 현대적 글쓰기의 기본 스타일이다. 그만큼 효율적이고 효과적이기 때문에 긴 역사를 견뎠고, 계속 발전할 것이다. 특히 뉴스룸을 통해 살아 있는 홈페이지를 만들기 위해, 그리고 특히 챗GPT의 도움을 받기 위해서는 글 쓰는 스타일이 반드시 '정형화'돼야 한다.

↳ 이것만은 지키자

반복은 피해야
짧은 문장에서 "~라고 말했다" 같은 표현이 계속 반복되면 실격이다. 신문을 잘 안 읽는 젊은 세대의 경우 보고서 전체에 "~라고 생각합니다"라는 문장을 처음부터 끝까지 쓰는 사례를 많이 봤다. 반복은 무조건 피해야 한다. '말했다'와 같은 뜻을 지닌 동사는 '밝혔다', '설명했다', '지적했다', '발표했다', '천명했다', '덧붙였다', '꼬집었다', '내비쳤다' 등으로 바꿔 쓸 수 있다. 반복을 피해야 글 읽기의 맛이 난다. 특히 신문은 최소한의 지면을 잘 이용해 최대 효과를 노려야 하기 때문에 가능하면 짧게, 그리고 반복을 피해 새로운 단어를 쓰는 노력이 필요하다. 읽는 사람은 금방 느낀다. 그리고 반복되면 이상하게 여기고 다른 기사로 넘어가 버린다.

비문(非文)은 절대 조심
문장을 잘 쓰고 못 쓰고가 중요한 게 아니라 기본적으로 글이 돼야 한다. 주어는 술어로 끝나야 하는데, 그걸 못 맞추는 경우가 적지 않다. 요즘은 구어체를 많이 쓰다 보니 자신도 모르게 비문이 나온다. 군대 훈련장에 표어로 붙어 있는 문장 하나. "훈련에서 흘린 많은 땀, 전투에서 피를 적게 흘린다." 알아들을 수는 있지만 이런 것이 비문이다. '땀'이 주어처럼 돼 있어 '흘린다'는 술어와 연결이 안 된다. 이는 "(당신이) 훈련에서 땀을 많이 흘리면, 전투에서 피를 적게 흘린다"가 정확한 문장일 것이다. 사실 주어와 술어만 잘 연결되면 문장이 된다. 자신이 없으면 스스로 소리 내어 읽어보면 된다.

제목을 먼저 뽑고 쓰기 시작할 것

신문 기사는 읽히는 것이 존재 가치다. 읽히느냐 마느냐를 결정하는 것이 바로 제목이다. 아무리 육하원칙을 잘 지키고 깔끔하게 써도 강조점이 없으면 제목을 뽑을 수 없다. 특히 요즘처럼 인터넷에 속보성으로 올리는 기사가 많을 때는 더욱 신경 써야 한다. 예전에 '볼펜기자'(사진기자에 대비해 이렇게 부르기도 했다) 가운데 가제목도 뽑아놓지 않고 글을 시작하는 사람들이 적지 않았다. 경험해보면 알겠지만 제목을 먼저 뽑아놓지 않으면 기사를 잘 쓰기가 어렵다. 제목을 잘 달기 위해선 쓰려는 기사에 대해 깊이 생각하고 각도를 잘 잡아야 한다. 독자 입장에서 가장 궁금해할 만한 것에 집중해야 한다.

고유명사는 두 번, 세 번 체크해야

사람 이름이나 회사명 등 고유명사는 잘 못 쓰면 절대 안 된다. 기자가 쓴 글은 데스크가 보고, 교열부에서 또 보는데도 틀리는 경우가 있다. 인터넷 기사는 고치기라도 하지만, 신문이나 잡지는 인쇄되고 나면 '영원히' 남는다. 대통령 이름을 잘못 써서 중앙정보부에 끌려갔다는 식의 얘기가 전설처럼 전해오는데, 그만큼 고유명사는 중요하다.

유행어 주의!

유행하는 단어라고 해서 아무 생각 없이 썼다간 망신당하는 경우도 적지 않다. 특히 신문사 등 언론사는 우리 말과 글에 관한 한 공적인 기관이라 신경을 많이 써야 한다. '소인배'가 아닌 사람을 '대인배'라고 부르는 경우가 연예 프로그램에서는 흔한 일이다. 그런데 국어사전에도 없는 이런 단어가 신문 칼럼에 쓰인 것을 본 적이 있다. 지적해주기도 뭣한 일이다. 소인배의 반대말은 '군자' 또는 '대장부'라고 해야 한다. 소인들은 몰려다닌다고 해서 무리라는 뜻의 '배'를 붙이는 것인데, 대인배라고 하면 '작명'이 처음부터 잘못된 것이다.

이런 기본적인 실수를 하지 않는 가장 좋은 방법은 다른 사람에게 초고 기사를 읽어봐달라고 부탁하는 일이다. 지적을 두려워 말고, 다른 의견도 기대하며 무조건 남에게 읽혀라. 그러면 말도 안 되는 실수는 막을 수 있다. 나도 언제든 동료의 글을 읽어주면 된다. 그런 품앗이는 사실 즐거운 일이기도 하나.

이제부터 신문 기사의 종류와 작성법에 대해 얘기해보자. 그런데 이 작업은 사실 챗GPT는 너무 잘 알고 익숙한 분야라 뉴스룸에서 일할 '인간 편집자', '인간 기자'를 위한 것이다. 그러니 여기서 말하는 '작성법'이란 기사를 쓰는 방법도 되지만, 챗GPT에 '작업 지시를 내리는' 방법이기도 하다. 프롬프트 입력에 따라 기사의 품질이 크게 달라지는 만큼 어떻게 하면 최대 효과와 최고 품질을 보장받을 수 있을지에 만전을 기해야 한다.

② 기사의 종류와 작성법

↓

↳ 스트레이트 기사

신문 기사가 현대적 커뮤니케이션의 원형으로 자리 잡은 것은 스트레이트 기사, 역피라미드 기사가 시작되면서부터다. 학계에선 아직 논쟁 중이긴 하지만, 현대적 의미의 신문 기사 양식인 역피라미드 스타일의 스트레이트 기사가 제대로 구현된 '최초의' 사례는 링컨 대통령 암살 소식을 전한 1865년 4월 14일 〈뉴욕 헤럴드(New York Herald)〉의 이 기사로 보는 게 정론이다.

> ↳ 〈뉴욕 헤럴드〉 스트레이트 기사 예시 ▷▷▷
>
>
> **"링컨 대통령 피살"**
> 저녁 특별판
> 워싱턴, 1865년 4월 14일
>
> **대통령 암살자에게 피격**
> 대통령이 암살당했다. 그 사건이 언제, 어디서, 어떻게 일어났는지는 현재로선 정확히 알 수 없다. 그러나 이 끔찍한 일은 이제 누구나 받아들여야만 하는 현실

> 이 됐다. 링컨 대통령은 오늘 저녁 포드 극장에서 총을 맞고 7시 22분에 사망했다. 그의 친구들은 9시쯤 극장 VIP 박스에서 그의 시신을 확인했다.
>
> 권총 소리가 처음 들린 직후 옆 건물에 있는 비서실로 한 사람이 달려들어와 대통령이 총에 맞았다고 외쳤다. 주치의 반스와 다른 사람들이 대통령이 앉아 있던 VIP 박스로 달려갔다. 그들이 도착했을 때 대통령은 무의식 상태로 칸막이에 기대어 의자에 앉아 있었고, 그의 아내는 슬픔에 잠긴 채 몸을 구부리고 있었다. 그런 다음 대통령은 극장 밖으로 나와 건너편 개인 주택으로 옮겨졌고 오늘 저녁 그곳에서 사망했다.

당시 〈뉴욕 헤럴드〉가 보도한 기사다. "정확히 알 수 없다"라고 명기하고 있고 암살자가 체포됐는지, 도망갔는지도 쓰여 있지 않은 걸 보면 그만큼 긴박했고, 전해받은 소스도 딱 그 정도였던 모양이다. '저녁 특별판(Evening Extra)'이라고 돼 있는데, 타임스퀘어 등 미국 각지의 주요 장소에 벽보처럼 붙여서 게시했다고 한다. 이 뉴스를 저널리즘 역사가들은 '최초의 스트레이트 기사', '역피라미드 기사'라고 평가하고 있다.

이전까지 기사는 그럼 어떤 글이 주류를 이루었을까? 서술적이고, 연대기순이었다. 1854년 크림전쟁을 취재한 영국 〈더 타임스(The Times)〉의 특파원 윌리엄 하워드 러셀이 쓴 아래 기사를 보라.

> "기사도의 영광스러운 시대에 빛났을 용맹, 넘치는 용기, 대담함의 가장 빛나는 위업이 오늘의 불행에 대한 완전한 위안을 제공할 수 있다면, 우리는 사납고 야만적인 적과의 전투에서 우리가 입은 비참한 손실을 슬퍼하지 않았을 것이다."

기사는 이렇게 한참을 이어가다가 "명령의 혼란으로 인해 650명의 경기병이 적의 총에 맞서 정면으로 돌격했다. 그리고 몇 분 만에 100명 이상이 죽었다"라고 쓰고 있다. 100명이 죽은 전투 뉴스를 전하는데 이렇게 '느긋'하기까지 한 데는 이유가 있다. 그 '뉴스'는 빨라야 몇 주 뒤에나 영국에 전해질 것이기 때문이다.

그렇다. 현대 신문 기사를 대표하는 스타일인 스트레이트 뉴스는 사실상 실시간 통신이 가능해진 기술의 산물이다. 결정적인 것이 모스 전신기다. 모스 전신기는 1837년에 발명됐고, 1844년에 상용화됐다. AP통신 등 주요 통신사들이 모스의 전신을 채택해 기사를 보내기 시작한 때는 1840년대 후반부터 1850년대 초반이다. 유럽에서는 1850년대에 처음 소개돼 1860년대 유럽 대륙 전역으로 퍼졌다.

전신을 통해 새로운 소식을 사실상 '실시간'으로 받게 되면서 신문도 '방금' 들어온 소식을 종이신문에 실을 수 있게 된 것이다. 당연히 '첫 소식'이자 '뉴스'라는 것을 알리고 싶어 했고, 그래서 중요한 내용을 가장 먼저 쓴 다음 이어지는 문장을 적는 '두괄식'의 역피라미드 방식이 발전한 것이다.

모스 전신이라는 획기적인 새 기술이 나오면서 뉴스를 전하는 방식도 완전히 새로워진 것이다. 속보 경쟁이 벌어지기 시작하면서 어떻게 하면 더 빨리, 효과적이고 효율적으로 전할 것인지를 고민한 혁신의 산물이 바로 스트레이트 기사다. 우리 뉴스룸에서 제대로 연습해야 하는 것도 바로 이것이다. 스트레이트 기사 작성법만 제대로 익혀도 챗GPT의 도움을 받아 사실상 한 명이 뉴스룸을 운영할 수 있다.

> ↳ **스트레이트 기사 특징 알기** ▷▷▷
>
> 👤 **스트레이트 기사의 특징에 대해 알려줘. 육하원칙 등을 포함해서 말이야.**
>
> 🤖 네, 스트레이트 기사의 특징 중 하나는 육하원칙을 따른다는 것입니다. 이는 누가, 언제, 어디서, 무엇을, 어떻게, 왜 등에 대한 정보를 가능한 한 빠르고 간결하게 제공한다는 것을 의미합니다.
> 스트레이트 기사는 사실에 기반하여 작성해야 합니다. 허위 정보나 편향적인 내용이 포함되면 신뢰성이 떨어지고 독자들의 신뢰를 잃을 수 있기 때문입니다.
> 스트레이트 기사의 또 다른 특징으로는 간결성이 있습니다. 가능한 한 짧고 간결하게 작성해야 하며, 불필요한 정보나 언어를 제거하여 읽기 쉽도록 만들어야 합니다.

> 마지막으로, 스트레이트 기사는 향후에 깊이 있는 분석 기사나 인터뷰 기사 등을 작성하기 위한 기초적인 정보를 제공하는 역할을 합니다.

아주 간결하지만 잘된 설명이다. 링컨 대통령 암살 기사와 비교하기 위해 챗GPT에게 레이건 대통령 피격 사건 기사를 찾아보게 했다.

↳ 스트레이트 기사 비교하기 ▷▷▷

레이건 전 미국 대통령이 저격당했을 때의 스트레이트 기사를 찾아서 해설도 덧붙여줘.

 1981년 3월 30일 미국 대통령 레이건이 저격을 당한 사건에 대한 <워싱턴포스트> 기사는 스트레이트 기사의 전형적인 예시 중 하나입니다. 해당 기사는 1981년 3월 31일 자로 <워싱턴포스트>에 실렸습니다.

해당 기사의 첫 문장은 스트레이트 기사에서 매우 중요한 요소 중 하나인 가장 중요한 정보를 빠르게 전달하고 있습니다. 이어지는 문단에서는 이 사건이 어떻게 발생하였는지, 대통령의 상태는 어떠한지, 범인은 누구인지 등에 대한 정보를 제공합니다. 이러한 구성으로 인해 독자들은 빠르게 이 사건의 전반적인 내용을 파악할 수 있습니다. 또 해당 기사에서는 객관적인 언어와 문장 구조를 사용하여 신뢰성을 높이고 편향성을 배제하고 있습니다. 이러한 특징은 스트레이트 기사의 중요한 요소 중 하나인 객관성을 보여주고 있습니다.

"미국 대통령 레이건이 어제 저녁 저격당했다. 그는 3시간 가까운 수술을 받아야 하는 중상을 입었고, 대통령 권한은 일시적으로 부통령 조지 부시에게 이관되었다. 대통령은 오후 2시 30분쯤 외출 중이던 워싱턴 힐튼 호텔에서 한 젊은이 총에 왼쪽 폐를 맞았다. 비밀요원과 미국 주 경찰관도 부상을 입었지만 중상은 아니었다. 오늘 새벽 2시 30분, 병원 대변인은 레이건 대통령이 수술을 받은 후 안정적이고 편안하게 숙소의 중환자실에서 쉬고 있다고 밝혔다. 총알은 가슴에 꽂혀 폐 부근에서 멈추었으며, 의사들은 총알과 대통령의 폐 일부를 2시간 동안의 수술로 제거했다.

> 레이건은 AFL-CIO의 행사에서 연설을 마치고 호텔을 나와 차에 타려고 할 때, 콜로라도주 에버그린 출신의 25세 청년 존 힌클리 주니어가 쏜 총에 맞았다. 경호원들은 대통령을 급히 차에 태우고 조지 워싱턴 대학병원으로 이송했다."

역피라미드에서는 가장 중요한 내용을 앞에 쓰라고 하는데, 그 기준은 무엇일까? 기자의 전문적 경험에 의해 판단되는 것일까? 아니면 다른 규칙이 적용되나?

↳ 역피라미드 구조의 특징　　　　　　　　　　▷▷▷

Q: 역피라미드 방식에서 중요한 내용을 앞에 쓰는 이유는 무엇일까.

 일반적으로 역피라미드 구조에서 가장 중요한 정보는 '누가', '언제', '어디서', '무엇을'과 같은 기본적인 육하원칙 원칙에 따라 선정됩니다. 즉 뉴스 기사에서는 무엇이 일어난 것인지, 언제, 어디서, 누가, 왜, 어떻게 등의 기본적인 정보가 중요하며, 이러한 정보는 첫 문장에서 가능한 한 빠르게 전달되어야 합니다.

그러나 이외에도 기사의 내용, 주제, 독자의 관심도, 그리고 발생한 사건의 중요성 등에 따라 중요한 정보를 결정할 수도 있습니다. 예를 들어, 사고 관련 뉴스에서는 사망자 수와 부상자 수가 중요한 정보이며, 금융 관련 뉴스에서는 금액과 관련된 정보가 중요합니다.

이러한 기준들은 단순히 기자의 주관적 판단이 아닌, 독자들이 가장 중요하게 생각하는 정보를 반영한 것이기도 합니다. 따라서 역피라미드 구조에서 중요한 정보를 선별하는 것은 단순히 기자의 경험과 판단에 따라 결정되는 것이 아니라, 일정한 기준과 규칙에 따라 이루어지는 것입니다.

스트레이트 기사는 신문 문장을 대표하는 스타일로, 우리에게 가장 익숙한 형식이기도 하다. 육하원칙에 따라 '드라이'하게 써내려가는, 게다가 효과와 효율을 중시해서 발전해온 탓에 글이 멋지지도, 재미있지도 않다. 그래서 어쩌면 AI챗봇과는 '궁합'이 잘 맞을 수도 있다. 사실 다른 기사들은 스트레이트 기사의 변형이라고 봐도 좋다.

> **기사의 다양성과 미디어 산업의 변화** ▷▷▷

자, 역피라미드 방식에 대해 잘 알아봤는데, 이 스타일이 신문에서 주류가 됐지만 결국 피처 기사, 르포 기사, 인터뷰 기사, 리뷰 기사, 칼럼 등도 발전하는 것을 어떻게 설명해야 하지? 다양성이라고 봐야 하나? 아니면 독자들의 수요가 점점 다양해져서? 미디어 전공 교수로서 깊고 넓은 시각으로 설명해줘.

저널리즘에서 다양한 유형의 기사가 발전하는 데에는 청중의 선호도와 기대치의 변화, 기술 발전, 미디어 산업 자체의 진화 등 다양한 요인이 작용합니다.

예를 들어, 피처 기사와 탐사 기사는 문제와 사건에 대한 보다 상세하고 포괄적인 보도의 수요 증가에 대한 대응으로 등장했습니다. 독자들은 기본적인 사실 이상의 것을 알고 싶어 했고, 언론인들은 이야기를 더 깊이 탐구하고 분석하기 시작했습니다. 반면에 인터뷰 기사는 이벤트에 관련된 개인의 관점과 경험을 특징으로 하여 뉴스에 보다 개인적이고 인간적인 관점을 제공합니다. 이러한 유형의 기사를 통해 독자는 보다 감정적인 수준에서 이야기와 연결되고 사람들의 삶에 미치는 영향을 이해할 수 있습니다. 마찬가지로 리뷰 기사와 칼럼은 문화, 엔터테인먼트, 정치 등 다양한 주제에 대한 비판적 관점과 의견을 제공합니다. 이러한 기사는 작가와 저널리스트가 자신의 견해를 표현하고 객관적인 뉴스 보도를 넘어서는 통찰력과 분석을 제공할 수 있는 기회가 됩니다.

요약하면, 저널리즘에서 다양한 유형의 기사 개발은 미디어 산업의 역동적인 특성과 변화하는 청중의 요구와 관심을 반영합니다. 저널리즘이 계속 진화하고 새로운 기술과 청중에 적응함에 따라 새로운 형태의 스토리텔링과 보고가 등장할 것으로 예상할 수 있습니다.

↳ 피처 기사

피처(feature) 기사는 역피라미드 방식의 스트레이트 기사와 같은 일상적인 뉴스와 달리, 어떤 사건이나 이슈를 다양한 시각에서 다루어 깊이 있는 정보와 분석을 제공하는 기사다. 피처 기사는 사건이나 각종 소식보다는 일반적으로는 사회, 문화, 예술, 스포츠 등 다양한 분야의 주제를 다룬다.

피처 기사의 가장 큰 특징은 단순히 사건의 내용을 전달하는 데 그치지 않고, 그 사건의 배경이나 깊이 있는 내용을 다룬다는 점이다. 개인적인 견해도 담고, 범위도 철학, 인물의 생애, 문화와 예술의 역사 등 매우 넓다. 독자의 감정에 공감하고, 호기심을 자극하며, 즐거움이나 흥미를 제공함으로써 독자의 흥미를 유발하는 것이 중요한 목표다.

피처 기사는 엄격한 형식의 스트레이트 기사에 비해 훨씬 자유롭다. 그러나 잘 쓰기는 어렵다. 방법론을 익혀야 한다. 무엇보다 주제를 잘 선택해야 하고, 사실의 근간이 되는 내용들을 잘 취재해야 한다.

↪ **특집 기사 작성 팁**　　　　　　　　　　▷▷▷

👤　**특집 기사를 쓸 때 어떤 점을 고려해야 할까. 특집 기사를 잘 쓰기 위한 팁을 알려줘.**

　다음은 특집 기사를 작성하기 위한 몇 가지 팁과 방법론입니다.
1. 청중(독자)에게 흥미롭고 관련된 주제를 선택하십시오. 현재 벌어지는 이벤트, 트렌드, 사람, 장소 또는 독자의 관심을 끄는 모든 것이 될 수 있습니다.
2. 주제에 대한 철저한 조사를 수행하여 필요한 모든 정보를 수집합니다. 여기에는 해당 주제에 관련된 전문가 인터뷰, 관련 기사 및 서적 읽기, 설문조사 수행이 포함될 수 있습니다.
3. 독창적인 글쓰기 기술을 사용하여 기사를 매력적이고 흥미롭게 만드십시오. 여기에는 일화, 스토리텔링, 설명 언어 및 생생한 이미지 사용이 포함될 수 있습니다.
4. 기사를 논리적이고 명확하게 구성하십시오. 여기에는 기사를 쉽게 읽고 따라갈 수 있도록 부제, 글머리 기호 및 기타 서식 기술을 사용하는 것이 포함될 수 있습니다.
5. 인용문과 실제 사례를 사용하여 주장을 뒷받침하고 기사에 신뢰성을 더하십시오.
6. 오류가 없고 쉽게 읽을 수 있도록 문서를 주의 깊게 편집하고 수정합니다.
7. 특집 기사는 매력적이고, 유익하며, 생각을 자극하기 위한 것임을 기억하십시오.

신문 기사를 작성할 때 잘 쓰면 좋지만 꼭 명문이어야 하는 것은 아니다. 신문은 기본적으로 정보를 전달하는 매체요, 그래서 흥미를 끄는 미덕이 있어야 한다. 그래서 기자들이 피처 기사를 발제할 때, 데스크로부터 "그거 재미있겠는데?"라는 평가를 받으면 성공이다. 자, 바로 챗GPT에게 피처 기사 하나를 요청해보자.

↪ **피처 기사 작성하기** ▷▷▷

네가 접근할 수 있는 또는 이미 학습한 것들을 다 활용해서 피처 기사 하나 써줘. 내일 우리 신문 톱기사로 내보낼 거니까, 가능하면 많은 정보와 인용이 필요해. 숫자나 통계는 아주 정확할 필요는 없어. 전문가 발언도 인용해봐. 편집자로서 내가 주는 제목은 "코로나19 팬데믹이 일상생활에 미친 영향, 다시 찾은 가족의 소중함"이야. 무대는 한국, 미국 등 세계 각국. 요지는 코로나19로 회사 근무 양식이 바뀌면서 처음에는 불편했지만, 가족과 같이 있을 시간이 많아지고 그래서 서로 잘 알게 되고…. 그러면서 가족의 소중함을 알게 됐다는 그런 내용으로 써줘. <NYT> 기자라고 생각하고 써봐.

"코로나19 팬데믹이 일상생활에 미친 영향, 다시 찾은 가족의 소중함"

전 세계가 현재 진행 중인 코로나19 대유행과 계속 씨름하면서 많은 사람이 일상생활을 대폭 조정해야 했다. 사회적 거리 두기 조치가 시행되면서 사람들은 그 어느 때보다 오래 집에 머물러야 했고, 많은 사람에게 이것은 가족과 더 많은 시간을 보내는 것을 의미했다.

특히 한국에서 팬데믹은 여러 면에서 가족을 더 가깝게 만들었다. 집에서 더 많은 시간을 보내야 함에 따라 서로 연결하고 유대감을 강화할 기회가 더 많아졌다. 일부 가족에게 이것은 함께 앉아서 식사를 하거나 이전에는 할 수 없었던 보드게임 등 기타 활동을 하는 것을 의미했다.

그러나 가족이 함께 시간을 보내는 것의 중요성을 재발견하고 있는 것은 한국만이 아니다. 미국과 세계의 다른 지역에서도 사람들은 사랑하는 사람과 연결하는 새로운 방법을 찾고 있다.

> 실제로 최근 설문조사에 따르면 미국인의 65%가 팬데믹으로 인해 가족을 더 소중하게 여겼다고 말했다. 많은 사람이 이 시간을 활용하여 가족 역사를 따라잡고 조상에 대해 더 많이 알게 됐다. 가족이 함께 새로운 취미와 관심사를 탐구할 기회도 가졌다.
>
> 당연히 전염병 시절에 모든 것이 긍정적인 것은 아니다. 많은 가족에게 큰 스트레스와 불확실성의 시간이었다. 부모는 집에서 일하는 것과 자녀를 홈스쿨링하는 것 사이의 균형을 맞추기 위해 고군분투했고, 불행하게도 많은 사람이 사랑하는 사람을 바이러스로 잃기도 했다.
>
> 그러나 이러한 어려움에도 불구하고 전 세계 사람들은 함께 모여 서로를 지원할 방법을 찾고 있다. 줌 통화에서 사회적 거리 두기 가족 모임에 이르기까지 사람들은 연결 상태를 유지하고 서로에 대한 사랑을 보여줄 수 있는 새로운 방법을 찾고 있다.
>
> 팬데믹 이후의 세상을 바라볼 때 가족의 중요성에 대해 배운 교훈이 앞으로 몇 년 동안 우리와 함께할 것이 분명하다. 한국이건 미국이건 세계 어느 곳이건 미래에 어떤 어려움이 닥치더라도 우리 가족은 항상 우리 곁에 있을 거라는 사실에 안심할 수 있는 것이다.

아무 정보, 취재 없이 이 정도면 어떤가? 형식적으로 아주 훌륭한 피처 기사다. 제목에 충실하고, 그 나름대로 흐름이 있고, 팬데믹의 한계를 지적했다가 결론에서 제목에 충실한 구성도 돋보인다. 길게 인용한 이유는 챗GPT의 '실력'을 보여주기 위해서다. 새로 뉴스룸을 꾸미면 그 방에서 가장 기사 스타일을 잘 아는 이는 바로 챗GPT일 것이다. 지시 프롬프트를 입력하고 엔터를 치자마자 몇 초도 안 돼 이런 기사를 확 쏟아낸다. 이 챗GPT 당신의 비서요, 어시스턴트요, 후배 기자다. 당신은 더 놀라운 콘텐츠의 창작자가 될 수 있다. 그래서 가상 정보를 주고 한 번 더 다듬어보라고 지시했다.

↪ 기사 보완하기   ▷▷▷

 그런데 실제 사람들의 말을 인용하지 않고, 전문가 코멘트가 없으니 그냥 수필 같아. 내가 몇 개 가상으로 줄게. 그것으로 방금 쓴 기사를 더 풍부하게 만들어줘. 그리고 큰 제목, 중간 제목 등도 표시해줘. 인용문(1) 한국인 김철수 씨(대기업 직장인) "코로나19 이전에는 회식 문화 때문에 힘들었다. 일주일에 집에서 저녁 먹은 날이 하루도 안 되는 주도 있었다. 이제 그건 옛이야기가 됐다. 저녁이 있는 삶이 돌아왔다." 인용문(2) 미국 뉴욕에 사는 제니퍼 로즈 "해외여행을 좋아하는 나로서는 정말 불행하다. 이제 많이 풀렸지만 무려 1년 넘게 가고 싶은 나라에 갈 수 없었으니 얼마나 괴로웠는지 모른다. 다만 위안이 되는 건 가족과 더 자주 얘기하고 새로운 취미를 같이 하게 된 점이다. 인용문(3). 정신과 전문의 리처드 "20세기 초 스페인독감이 유행했다가 끝나고 벌어졌던 광란의 1920년대(Roaring Twenties)와는 전혀 다른 현상이 벌어지고 있다. 사람들은 이제 공포를 더 쉽게 이겨내고, 자기 생활의 중심을 잡아가는 것 같다." 이런 문장들 인용해서 더 다채로운 기사로 다시 꾸며줘.

 "팬데믹이 가족과 가정에 대한 우리의 관점을 어떻게 변화시켰는가"

코로나19가 전 세계를 휩쓸면서 우리의 일상은 상상도 못 했던 방식으로 바뀌었다. 대기업에서 개인 가게에 이르기까지 사회 곳곳에서 그 여파가 느껴진다. 팬데믹으로 인해 우리는 속도를 늦추고 집에 머물며 한때 당연하게 여겼던 삶의 단순한 것들을 감사하게 되었다. 이 글에서 우리는 팬데믹이 가족과 집에 대한 우리의 시각을 어떻게 변화시켰는지, 그리고 이 경험에서 배울 수 있는 교훈을 탐구한다.

저녁이 있는 삶

한국의 대기업 직원인 김철수 씨는 팬데믹으로 인해 저녁 식사 일과가 어떻게 바뀌었는지를 회상한다. "코로나19 이전에는 회사의 회식 문화 때문에 힘들었다. 일주일에 집에서 회식하는 날이 하루도 안 되던 주가 있었다. 이젠 그런 것도 옛말이다. 가족과 저녁을 같이 먹는 생활이 돌아왔다." 팬데믹으로 인해 우리는 집에서 더 많은 시간을 보내게 되었고, 그 결과 가족이 함께 요리하고 식사하는 기쁨을 다시 느낄 수 있게 되었다.

여행에 대한 갈망

미국 뉴욕에 거주하는 제니퍼 로즈는 여행에 대한 갈망을 나눴다. "해외여행을 좋아하는 저에게는 정말 안타까운 일이다. 지금은 많이 풀렸다지만, 가고 싶은 나라를 1년 넘게 비자도 못 받아 너무 아쉬웠다. 한 가지 위로는 가족들과 더 자주 이야기하고 새로운 것을 시도하는 것"이라고 말했다. 전염병으로 인해 여행 계획이 중단되었지만 지역 사회를 탐험하고 주변 사람들과 장소에 감사할 수 있는 기회도 즐기고 있다.

두려움 극복

정신과 의사인 리처드는 전염병의 심리적 영향에 대해 새로운 사실을 알려준다. "스페인독감 유행 이후 벌어졌던 향락 중심의 '광란의 1920년대'와는 전혀 다른 현상이 벌어지고 있다. 이제 사람들은 더 쉽게 두려움을 극복하고 삶의 중심에 설 수 있는 것 같다."

팬데믹으로 인해 우리는 두려움에 맞서고 역경에 직면했을 때 회복력을 키울 수 있었다. 그것은 우리가 새로운 도전에 적응할 수 있고 이전보다 더 강하게 어려운 시기를 극복할 수 있다는 것을 가르쳐주었다.

팬데믹은 우리 모두에게 힘든 시간이었지만 반성과 성장의 시간이기도 했다. 그것은 우리에게 가족과 집의 중요성을 일깨워주었고 새롭고 의미 있는 방식으로 지역 사회와 연결할 수 있는 기회를 주었다. 삶의 단순한 것들을 계속 소중히 여기고 삶을 살 가치가 있게 만드는 우리 주변의 사람들과 장소에 감사하도록 해야겠다.

이 정도면 인간 편집자가 제목과 기사 방향, 정보 소스, 취재한 내용만 잘 공유해주면 챗GPT와 같이 뉴스룸을 운영하는 것이 그렇게 어렵지 않아 보인다. 게다가 '상식'이 풍부한 챗GPT 아닌가.

신문 기사 작성법을 쓰면서도 묘한 기분이 들 때가 한두 번이 아니다. 30년 경력의 신문사 출신이, 현대 신문 기사들을 사실상 '다 읽어본' 챗GPT와 함께

신문 기사란 무엇이고, 어떻게 써야 하나를 의논하고 있다. 누구를 위해서? 바로 챗GPT를 데리고 뉴스룸을 운영할 사람을 위해서다. 묘한 아이러니다. 내친 김에 챗GPT의 실력을 한번 더 보자.

> ↪ 기사 수정하기 ▷▷▷
>
> 아까 코로나19 피처 기사 쓴 것을 방향을 좀 바꿔서 이런 제목으로 한번 써봐. "코로나19 종식… 광란의 1920년대는 오지 않았다. Why…?" 이번에는 <타임스>의 고참 기자로서.
>
> 수정된 기사입니다.
>
> **"코로나의 끝… '광란의 1920년대'는 왜 오지 않았나"**
>
> 세계가 전염병에서 벗어날 준비를 하면서 많은 사람이 쾌락주의와 해방감으로 가득 찬 새로운 '광란의 1920년대'를 기대하고 있었다. 그러나 팬데믹이 계속되고 세상이 서서히 열리기 시작하면서 광란의 1920년대는 결국 오지 않을 것 같다. 그런 전망을 하는 이유는 전염병이 가져온 변화에 있다.
>
> 많은 사람이 팬데믹 이전의 삶으로 돌아가고 싶어 하는 것은 사실이지만, 현실은 세상이 변했다는 것이다. 팬데믹으로 인해 우리는 우리의 취약성과 사망률을 더 잘 알게 되었으며 많은 사람이 경계심을 늦추는 것을 주저하고 있다.
>
> 더구나 전염병의 경제적 영향도 무시할 수 없다. 일부는 상대적으로 피해를 입지 않고 폭풍을 이겨냈지만, 더 많은 사람이 직장이나 사업체를 잃고 생계를 유지하기 위해 고군분투하고 있다. 이것은 100여 년 전 '광란의 1920년대'를 특징짓는 호화로운 소비보다는 오히려 미래에 대한 대비와 검소함을 가져왔다.
>
> 그러나 아마도 가장 중요한 요인은 대유행의 심리적 영향일 것이다. 팬데믹 당시의 트라우마로 인해 많은 사람이 불안과 우울, 사회적 고립을 느끼게 되었다. 일부는 파티와 축하를 하고 싶겠지만, 그럴 기분이나 형편이 아닌 사람들이 훨씬 많다. 특히 팬데믹 종식이 우리 문제의 종식을 의미하지 않는다는 점을 기억하는 것이 중요하다. 우리는 이 위기의 경제적·사회적·심리적 영향과 계속 씨름하고 모두를 위한 더 나은 미래를 만들기 위해 계속 노력해야 한다.

이번에는 현재의 시점에서 1920년대를 보면서 '광란의 1920년대'를 소개하는 피처 기사를 써줘. 왜 그런 일이 일어났는지(스페인독감으로 많은 사람이 죽고 사람들이 염세적으로…) 어떤 일이 벌어졌는지(카바레 등 향락 문화, 화려한 소비 문화, <위대한 개츠비>에서처럼) 그리고 결국 그 결과는(대공황). 괄호 안은 네가 참조하라고 내가 넣은 거야. 이번에도 <타임스> 기자로서 써줘. 숫자나 통계 인용도 많이 해주었으면 좋겠어(예를 들어 스페인독감 사망자 수 등).

세계가 코로나19 팬데믹에서 회복되기 시작하면서 많은 사람이 경제 번영과 문화 혁명의 시기인 '광란의 1920년대'에 비유하고 있습니다. 하지만 광란의 1920년대는 정말 어땠고, 왜 그렇게 되었을까요?

재즈 시대라고도 알려진 광란의 1920년대는 미국과 유럽의 문화적·사회적·경제적 변화의 시기였습니다. 제1차 세계대전과 스페인독감의 대유행으로 인해 사람들은 긴장을 풀고 즐기기를 열망했습니다. 10년은 도시화, 소비주의, 라디오 및 자동차와 같은 신기술의 증가로 특징지어졌습니다.

미국에서 광란의 1920년대는 도시의 성장, 재즈 음악과 같은 새로운 형태의 엔터테인먼트 확산, 자동차 및 항공과 같은 새로운 산업의 부상으로 특징지어집니다. 미국은 뉴욕과 시카고와 같은 주요 도시에 고층 빌딩과 기타 새로운 건물이 등장하면서 건설 붐을 일으켰습니다. 그러나 광란의 1920년대는 단순히 재미있고 흥분되는 시대만은 아니었습니다. 또한 여성의 참정권과 민권 운동이 추진력을 얻으면서 사회적·정치적 격변의 시기이기도 했습니다. 10년 동안 미국에서 여성에게 투표권을 부여한 수정헌법 19조와 아프리카계 미국인의 예술과 문학을 기리는 문화 운동인 할렘 르네상스가 통과되었습니다.

광란의 1920년대는 대공황의 시작을 알리는 1929년의 주식 시장 붕괴와 함께 갑자기 끝났습니다. 자동차 및 건설과 같이 지난 10년 동안 경제성장을 이끈 많은 산업은 대공황 기간 동안 큰 어려움을 겪었고 수백만 명의 사람들이 일자리를 잃었습니다.

광란의 1920년대를 오늘날의 관점에서 되돌아보면 우리는 그 시대의 흥분과 도전을 모두 볼 수 있습니다. 10년은 새로운 자유와 기회로 특징지어졌지만 사회적·경제적 불평등의 시기이기도 했으며, 이는 궁극적으로 대공황이라는 경제붕괴로 이어졌습니다.

> COVID-19 대유행의 여파를 헤쳐나가면서 광란의 1920년대에서 우리가 배울 수 있는 교훈과 보다 공평하고 지속 가능한 미래를 구축할 수 있는 방법은 여전히 남아 있습니다.

챗GPT는 기자가 직접 쓰면 몇 시간, 아니 자료 조사까지 하면 며칠이 걸릴지도 모를 기사를 순식간에 써내려간다.

↳ 인터뷰 기사

인터뷰는 신문 기사의 꽃이다. 제대로 쓴 인터뷰 기사는 1시간짜리 TV 인터뷰보다 많은 정보와 감흥을 주기도 한다. 사람들이 말을 다 잘하는 것은 아니기 때문에 인터뷰를 할 때는 말하는 사람과 '주파수'를 맞춰가며 열심히 들어야 한다. 나중에 인터뷰 기사가 나오고, 그 사람이 전화를 걸어와 "아니, 어떻게 내가 진짜로 말하고 싶었던 속마음까지 알았어요?"라고 물어올 정도면 큰 성공이다.

인터뷰 기사는 그만큼 어렵다. 자료 조사도 잘해야 하고, 질문도 빠뜨리지 않고 해야 하며, 그가 말하고 싶었던 것들을 끄집어내야 한다. 취재원들은 긴장을 하기도 해서 하고 싶은 말을 잊어버리는 경우도 많다. 어떤 이는 마치 방송 카메라 앞에 앉은 듯 긴장하기도 한다. 그래서 진정한 인터뷰 기사의 핵심은 취재 수첩을 덮었을 때부터 나온다는 얘기도 있다. 긴장이 풀려 술술 평소처럼 얘기하는 것이다. "긴장해서 혼 났어요" 하면서. 탐사기자들은 사실 그때부터 취재원이 말하는 이야기에 귀를 쫑긋 세우고 듣는다.

최근 일부 인터뷰 기사를 보면서 실망이 클 때가 많다. 기자가 대담자를 만나서 '시간대순으로' 그대로 말한 것을 적어놓고 끝나는 경우가 적지 않다. 몇 줄 전문(前文)을 적어놓고는 바로 기자와 인터뷰이(Interviewee)의 대화를 따옴표 안에 요약해 실어놓으면 끝이다. 물론 그것도 인터뷰 기사의 한 형식이다. 그러나 멋도 없고, 맛도 없다. 나는 그런 기사는 잘 읽지 않는다. 인터뷰야말로 정말 기자가 능력을 발휘하고, 그리고 읽는 이에게 감동과 재미를 주는 기사라고 생각해서다.

인터뷰는 절대적으로 재편집해야 한다. 아무리 말을 잘하는 사람도 자신의 생각을 잘 표현하지 못한다. 기자의 질문에 따라 이리저리 왔다갔다 하기도 하고, 중요한 말을 하지도 못한 채 일어서는 경우도 있다. 인터뷰는 그래서 다시 정리해야 한다. 방송 녹화처럼 말한 대로가 아니라 필요하면 전혀 구성을 바꿔서라도 흐름이 있게 만들어야 한다. 그래서 인터뷰는 하나의 작품이 될 수도 있다.

↳ **인터뷰 기사 작성 방법** ▷▷▷

👤 **인터뷰 기사의 특징, 작성법 등을 독자들이 읽기 쉽게 한 페이지 정도로 정리해줄래?**

🤖 다음은 인터뷰 기사의 특성과 작성 방법에 대한 간략한 요약입니다.

1. 주제에 집중: 인터뷰 기사는 인터뷰 대상자나 주제에 초점을 맞춰야 합니다. 주제는 기사의 시작 부분에 소개되어야 하며 인터뷰는 그들의 경험, 관점 및 의견에 대한 통찰력을 제공해야 합니다.

2. 인터뷰 준비: 기자는 사전에 주제를 조사하고 관련 질문 목록을 준비해야 합니다. 이렇게 하면 대화를 안내하고 중요한 정보를 다루는 데 도움이 됩니다.

3. 기사 구성: 기사는 따라 하기 쉬운 명확한 구조를 가져야 합니다. 소개는 배경 정보를 제공하고 장면을 설정해야 하며, 본문은 인터뷰를 논리적 순서로 제시해야 합니다. 결론은 주요 요점을 요약하고 추가 콘텍스트 또는 통찰력을 제공해야 합니다.

4. 객관적이어야 합니다. 인터뷰 기사는 객관적이고 균형이 맞아야 합니다. 면접관은 자신의 의견이나 편견을 기사에 삽입하지 않아야 합니다.

5. 편집 및 사실 확인: 기사가 작성되면 정확성과 명확성을 보장하기 위해 신중하게 편집하고 사실 확인해야 합니다.

이러한 지침을 따르면 작가는 독자에게 귀중한 통찰력과 관점을 제공하는 고품질 인터뷰 기사를 제작할 수 있습니다.

↳ 칼럼

　칼럼도 결국 현대 신문 기사의 원형인 스트레이트에서 파생된 것이다. 드라이한 기사, 역피라미드로는 표현하기 어려운 자신의 생각, 주관을 드러내야 하는 것이 칼럼이다. 주의할 점은 상당수 사람들이 칼럼을 스트레이트처럼 쓴다는 데 있다.

　젊은 기자들이 처음 칼럼을 써야 할 때는 '취재 수첩' 또는 '기자의 눈' 같은 코너에서 취재 뒷이야기를 소개하거나, 사건 또는 정책, 이슈에 대한 자신의 생각을 표현할 때다. 대부분 이런 코너 기사로 칼럼을 처음 쓰게 된다. 아무 생각 없이 쓰면 분량만 맞출 뿐, 실제로는 스트레이트 기사가 돼버린다.

　예를 들어, 주 69시간 근로 관련 취재 수첩을 쓴다고 하자. 내용은 현장 근로자들의 현실에 대해 조사해보지도 않고, 일방적으로 아직 설익은 정책을 발표한 정부 당국자들이 문제라는 지적을 하기로 했다고 하자. 상당수가 이렇게 시작한다. "고용노동부는 14일 주 최대 69시간까지 근무할 수 있다는 내용을 골자로 한 '근로기준법 개정안'을 입고 예고했다. 이제 대해 근로자들은 휴식권이 보장되지 않으면 근로 여건이 더욱 악화될 것이라고 반발하고 있다. 양대 노총이 총파업을 예고하는 등 사태가 일파만파로 커지고 있다." 스트레이트 기사와 뭐가 다른가? 마지막쯤 가서야 "이런 사태를 예정하지 못한 노동부의 책임을 묻지 않을 수 없다"라며 글을 맺는다. 활자라는 게 마력이 있어서 막상 기자 취재 수첩 코너에 자기 이름이 인쇄되고 제목도 "설익은 노동정책 유감"이라고 달려 있으면 그럴 듯해 보인다.

　전달하려는 내용은 알지만, 사람들은 이 칼럼을 읽으면서 방금 다른 지면에서 본 스트레이트와 똑같다고 판단할 수 있다. 기자의 의견, 뒷이야기 등 스트레이트에 못 쓴 얘기, 기사의 이면을 보여주는 다른 사례가 나와야 하는데 이런 형식엔 그걸 담을 수가 없다. 때로는 스타일이 내용을 좌우하기도 하는 것이다.

칼럼을 잘 쓰는 비결은 문장마다 "~라고 나는 생각한다"라는 말을 생략하고 쓴다고 보면 된다. 예의 칼럼은 이런 식이면 훨씬 낫다. "주69시간 개정안은 첫 단추부터 잘못 끼었다(라고 생각한다). 그렇지 않아도 '긴 근로시간'을 문제 삼아온 노동계가 기다려온 헛발질이다(라고 생각한다.) 예상치 못했다면 무능이요, 예상했다면 오만이다(라고 생각한다)." 이런 식이면 읽는 사람은 기자가 자기 생각을 얘기하는구나 하는 느낌을 갖게 된다.

예시: 〈한국경제신문〉 2023년 5월 8일 자 '천자칼럼'

[천자칼럼] '특검 박영수'의 두 얼굴
이중성은 인간 본성의 한 단면이다. 선하고 고귀하면서, 동시에 악하고 천박한 존재가 인간이다. 역사에도 야누스적 스토리가 넘친다. 마르크스는 계급 해방을 주장하면서도 가정부를 45년이나 착취했다. 인간의 자유와 실존을 설파한 사르트르는 여성을 동등한 인격으로 보지 않는 남성 우월주의자였다. '위선과 허위의 바다'를 항해한 헤밍웨이도 명성·권력욕에 집착했다.

자신의 생각을 담은 칼럼이니 문체가 단호하다. 모든 문장 뒤에 "~라고 생각한다"가 생략돼 있다고 보면 된다. 그 말은 뺀 상태로 보니, 짧고 단호하고 신념이 느껴지는 것이다. 그게 칼럼의 맛이다.

논설, 사설도 다를 바 없다. 다만 한 회사의 편집 방침을 준거로 하기 때문에 개인의 생각이 아니라 신문사의 사시에 입각해 쓴다는 점이 다를 뿐이다. 칼럼을 잘 쓰기 위해서는 사설을 많이 읽으면 좋다.

칼럼은 결국 자기 얘기를 전하는 신문 기사의 한 스타일이다. 그런 만큼 핵심 메시지 하나를 정하고, 자기 생각을 표현하며 나머지 부분에서는 아주 자유롭게 써도 좋다. 이걸 모르니 스트레이트 기사 같은 칼럼이 나오는 것이다. 챗GPT에게 논설을 하나 쓰게 해봤다.

칼럼 작성하기 예시　▷▷▷

 <뉴욕 타임스> 스타일로 논설 하나를 써봐. 2008년께 쓰는 것으로 가정하고. <뉴욕 타임스>가 아이폰 출시와 고객의 반응을 취재한 뒤, "1990년 시작된 인터넷 시대가 이제 아이폰이 나오면서 스마트폰 시대라는 새로운 세계가 열리는 의미다"라는 요지와 앞으로 어떤 비즈니스와 라이프가 어떻게 변화될지를 예측하는 식의 칼럼을 써줘.

 애플의 iPhone 출시는 기술 애호가와 소비자 모두에게 큰 주목을 받고 있는 새로운 시도다. 이 혁신적인 디바이스가 비즈니스 세계와 사회 전반에 어떤 영향을 미칠까? iPhone은 모바일 기술 발전에서 큰 도약을 나타낸다. 세련된 디자인과 직관적인 인터페이스로 인해, 이 디바이스는 우리가 주변 세상과 상호작용하는 방식을 근본적으로 바꿀 수 있는 잠재력을 지니고 있다. 특히 인상적인 기능뿐 아니라 이것들이 보여주는 가능성도 주목할 만하다.

1990년대에 커뮤니케이션과 상업화를 혁신한 인터넷이 가진 영향을 생각해보자. iPhone은 스마트폰 시대에서도 마찬가지의 일을 할 수 있는 가능성을 지니고 있다. 끊임없이 인터넷에 연결되어 강력하고 다양한 애플리케이션을 실행할 수 있는 능력으로, 이 디바이스는 우리가 일하고 쇼핑하며 교류하는 방식을 바꿀 수 있다.

비즈니스 세계에서 iPhone의 영향은 전자상거래 분야에서 가장 크게 느껴질 것으로 예상된다. 고급 기능 덕분에 기업들은 고객과 새롭고도 혁신적인 상호작용 방식을 창출할 수 있게 될 것이다. 예를 들어, 온라인 판매자는 iPhone 애플리케이션을 만들어 고객이 이동 중에도 제품을 검색하고 구매할 수 있도록 할 수 있으며, 은행은 고객이 어디서든 잔액을 확인하고 자금을 이체할 수 있는 애플리케이션을 만들 수 있다.

iPhone의 영향은 비즈니스 세계에만 국한되지 않을 것이다. 실제로 이러한 장치는 우리의 삶의 방식을 근본적으로 바꿀 수 있다. 고급 기능을 갖춘 iPhone은 일상을 체계적으로 관리하는 강력한 도구가 될 수 있다. 약속 예약에서 이메일 확인, 도시 교통 탐색에 이르기까지 이 장치는 우리의 삶을 더 효율적이고, 그래서 스트레스를 덜 받는 방식으로 만들 수 있는 잠재력을 가지고 있다.

스타일만 보라. 스트레이트의 육하원칙 중 강조할 것만 강조한다. 그리고 신문사의 논설인 만큼 개인적인 주관보다는 회사의 방침, 또는 더 줄이면 논설위원의 의견이 담겨 있다. 하나의 주장이고 이런 주장에서 독자들은 각자 인사이트를 얻는 것이다. 가상으로 써본 기술변화에 따른 미래 예측에서, 비즈니스 구상을 할 수 있는 것이고 은행과 서비스업의 발전 방향을 같이 토론하는 느낌도 갖게 되는 것이다. 사설, 논설, 칼럼, 기고 등이 들어 있는 '오피니언'면이 국내외를 막론하고 중요한 자리에 전략적으로 배치한 것은 드라이한 뉴스보다는 생활과 비즈니스, 정치에 응용할 만한 인사이트를 찾는 독자들이 많아져서다.

이것이 지자체 뉴스룸에서 적용될 때는 지역의 전문가들이 '기고' 형식으로 많이 참여하도록 유도하면 좋을 것이다. 미국의 경우 지역 신문들을 보면 칼럼니스트가 대부분 이런 사람들이다. 중학교 역사 교사, 지역 상공인협회 부회장, 그리고 그 동네에서 제법 유명한 셰프, 라디오 클래식 방송 DJ 등이다. 이들이 각자 영역에서 쌓아온 노하우와 주관을 신문 칼럼의 형식으로 써가면 칼럼은 다채로워진다. 챗GPT와 함께 만드는 뉴스룸도 그런 구조를 갖출 수 있다.

↳ 리뷰 기사

사람들이 신문을 찾는 이유 중 하나는 '다른 이들은 어떻게 봤을까?' 하는 궁금함이라고 주장하는 언론인이 적지 않다. 신문의 덕목이라고나 할까. 그 예로 월드컵 축구 경기를 들어보자. 분명히 전날 밤에 생중계를 응원하면서 시청했고, 또 방송 뉴스에서 하이라이트로도 다 본 축구 경기 관련 신문 기사를 왜 아침에 또 보는 것일까? 그게 바로 남들은 어떻게 봤을까에 대한 확인이라는 것이다. 나는 감독이 후반 중반까지 체력을 아끼고 있다가 마지막 20분 정도에 승부를 건 것이 결국 승리를 가져온 성공적 전략이라고 생각하는데, 과연 축구 전문 기자도 그럴까? 전문가들은 어떻게 생각할까? 나는 모르는 새로운 비결이 있었나?

리뷰(Review) 기사의 가치는 어쩌면 여기에 있다. 글자 그대로 새로운 '뉴스'는 아니지만 나와는 다른 시각, 또는 나보다 전문적인 시각을 보고 싶은 것이다. 그것도 말로 짧게 사라지는 방송이 아니라 몇 번이나 곱씹어볼 수 있는 신문 기사로 말이다. 특히 권위 있는 리뷰 기사는 해당 코너 때문에 그 신문을 본다는 사람이 많을 정도로 영향력이 크다. 대표적인 것이 〈뉴욕 타임스〉의 북 리뷰, 즉 서평이다. 챗GPT의 설명을 들어보자.

> **↳ 〈뉴욕 타임스〉 서평 분석하기** ▷▷▷
>
> 〇 **〈뉴욕 타임스〉 북 리뷰에 대한 설명과 영향력에 대해 알려줘.**
>
> ⟨⟩ 〈The New York Times〉 서평은 세계적인 권위를 갖고 있으며 출판계에 큰 영향력을 행사하고 있습니다. 〈NYT〉는 서평의 주요 출처로 스스로를 홍보하고, 신중하게 책을 선택하고 검토하는 전담 편집자 및 비평가 팀을 보유하고 있습니다.
> 이 신문은 또한 외부 전문가와 저자를 초청해 서평에 기여하게 함으로써 다양한 의견과 관점을 제공합니다. 또한 〈NYT〉의 서평 섹션에는 출판업계와 저명인사들의 독서 습관에 대한 인사이트를 제공하는 'Inside the List', 'By the Book' 등 다양한 특집과 칼럼이 수록되어 있습니다.
> 긍정적인 〈NYT〉 도서 리뷰에 실리면 도서 판매 및 평판에 상당한 영향을 미칠 수 있습니다. 많은 저자와 발행인은 〈NYT〉의 긍정적인 리뷰를 주요 성과이자 성공의 신호로 간주합니다. 반면에 부정적인 리뷰도 상당한 영향을 미칠 수 있으며, 잠재적으로 도서 판매 및 평판에 해를 끼칠 수 있습니다.
> 전반적으로 〈NYT〉의 서평은 엄격하고 사려 깊고 영향력 있는 것으로 명성이 높으며 출판업계에서 높은 평가를 받고 있습니다.

리뷰 기사는 소비가가 이용할 수 있는 제품, 서비스 등이 늘어나면서 그리고 미디어 채널이 많아지면서 더욱 많아질 것이다. 선택할 수 있는 옵션이 너무 많기 때문에 사람들이 남의 리뷰, 그것도 '권위'나 '신뢰'가 있는 리뷰 기사를 참조하는 것이다. 거기다 소셜미디어까지 발달해 자신의 의견도 올리고 교환

할 수 있으니 소셜 활동도 된다.

당연히 리뷰 기사는 일반 뉴스 기사보다 더 개인적이고 주관적인 어조로 작성된다. 오히려 칼럼에 가깝다. 자신의 전문성에 따라 '단호한' 평가를 내려도 좋다. 스트레이트 뉴스 기사가 객관적인 사실과 정보를 제공하는 데 중점을 둔다면 리뷰 기사는 제품이나 서비스에 대한 작성자의 개인적인 의견과 평가를 제공하는 것이 목표기 때문이다. 그러므로 리뷰 저널리즘에선 스타일이 더 중요하다. 쓰는 사람의 목소리와 관점이 기사에서 중심적인 역할을 하기 때문이다.

다만 리뷰 기사는 리뷰 대상에 따라 기본 스타일 자체가 달라진다. 서평은 문학 작품의 주제와 작문 스타일을 분석하는 반면, 제품 리뷰는 특정 기능에 초점을 맞춰 세세한 부분까지 짚을 수 있다. 또 요즘의 인플루언서 리뷰에서는 심층 분석보다 엔터테인먼트 가치와 개인 스타일을 우선시할 수 있다. 챗GPT가 리뷰 기사 작성을 위한 팁을 정리했다.

↳ **리뷰 기사 작성 팁** ▷▷▷

🧑 **리뷰 기사의 특징과 작성 팁을 정리해줘.**

🤖 리뷰 기사는 특정 작업, 제품 또는 서비스에 대한 비판적 평가입니다. 독자에게 주제의 강점과 약점을 알리고 전반적인 평가를 제공하는 것을 목표로 합니다.
리뷰 기사의 작성 스타일은 일반적으로 일반 뉴스 기사보다 더 대화적이고 덜 형식적입니다. 독자를 참여시키고 검토 중인 주제에 대한 의견을 제공해야 합니다. 귀하의 주장과 의견을 뒷받침할 구체적인 예를 제공하는 것이 중요합니다.

다음은 리뷰 기사 작성을 위한 몇 가지 팁입니다.
1. 검토 중인 내용과 기사에서 다룰 내용을 설명하는 명확하고 간결한 서론을 제공합니다.

2. 강점과 약점을 모두 강조하여 주제에 대한 자세한 분석을 제공합니다.
3. 구체적인 예를 사용하여 주장과 의견을 뒷받침하십시오.
4. 평가할 때 정직하고 객관적이어야 합니다. 지나치게 부정적이거나 지나치게 긍정적인 태도를 피하십시오.
5. 주제의 전반적인 강점과 약점에 대한 요약과 개인적인 의견으로 결론을 내립니다.
6. 귀하의 리뷰에 영향을 미칠 수 있는 이해 충돌 또는 편견을 피하십시오.
7. 기사 전반에 걸쳐 일관된 어조를 사용하고 전문적인 스타일을 유지하십시오.
8. 정확성과 명확성을 보장하기 위해 기사를 철저히 편집하고 교정하십시오.

요약하면 리뷰 기사는 독자에게 주제의 강점과 약점을 알려주는 비판적 평가입니다. 스타일은 더 대화적이고 매력적이며 잘 작성하기 위한 팁에는 명확한 소개 제공, 구체적인 예 사용, 객관적이고 전문적인 스타일 유지가 포함됩니다.

❸ 뉴스룸 in Action

신문사는 원래 바쁜 곳이다. 그런데 특별히 바쁜 시간이 있다. 바로 마감 직전이다. 보통의 경우 오후 5시 30분이 초판의 마감이다. 기사를 미리미리 써 놓으면 좋겠지만, 이상하게도 마감 때는 일이 몰려서 병목현상이 벌어진다.

잘 아는 대로 제작 프로세스의 속도는 '가장 늦은 공정'의 속도에 좌우된다. 36면 가운데 딱 한 면의 기사 하나가 마감이 안 되도 전체 마감이 늦어지는 것이다. 그래서 대개의 경우 오후 4시쯤부터 편집국과 제작국은 북새통이 된다.

마감 직전과 마감 이후 기자들은 전혀 다른 사람이다. 마감 시간은 지켜야 하는데 기사는 안 나오고, 그러면 스트레스는 극에 달한다. 그러나 '마술처럼' 신문이 나오고 나면 아무리 까탈스러운 국장이나 부장도 유순해진다. 그래서 홍보 담당자들이 언제 회사를 방문할까 물으면 나는 항상 신문이 나온 직후에 오라고 했다.

이런 프로세스는 챗GPT와 함께 여는 뉴스룸에서는 많이 달라질 수밖에 없다. 사실 '인간 편집자', '인간 기자' 한두 명과 챗GPT가 꾸려가는 조직이면 충분하고, 여기서는 효과와 효율을 중시하면 된다. 결론부터 말하면 챗GPT에 어떤 지시를 내릴 것이냐, 그리고 챗GPT가 기본 기사를 잘 쓸 수 있도록 어떤 정보를 제대로 제공할 것이냐가 중요하다.

우리의 비서이자, 리서처이자, 기자 역할도 하는 챗GPT가 안동시 같은 지자체에 근무한다면 무엇보다 먼저 보도 자료를 쓰고, 그것을 기사화하는 작업을 많이 할 수밖에 없을 것이다. 그건 우리 조직에서 하는 일을 기사화하는 작업인 만큼 어려운 일은 아니다. 지금부터는 뉴스룸 오픈을 앞두고 챗GPT와 합을 맞춰보자. 결국 뉴스룸의 주역은 챗GPT다. 지금부터는 뉴스룸의 어엿한 직원으로서 챗GPT와의 대화도, 활자도 키워서 보여주려고 한다. 우리는 뉴스룸에서 매일 이렇게 대화할 것이다.

> **↪ 뉴스룸에서 챗GPT와의 대화** ▷▷▷
>
> **예를 들어 내가 정부가 올해 경제성장 계획을 발표한 약 20페이지짜리 보도 자료를 갖고 와서 데이터베이스에 축적한 뒤, 너에게 이 자료를 바탕으로 "올해 우리 정부는 4% 성장 목표를 갖고 다양한 대책을 추진한다"라는 토픽으로 기사를 부탁하려고 해. 그럴 때는 프롬프트를 어떻게 입력해야 해?**
>
> 제공한 프롬프트를 기반으로 기사를 생성하려면 입력 텍스트에 특정 형식을 사용할 수 있습니다. 일반적인 형식 중 하나는 기사의 어조와 방향을 설정하는 명확한 문장이나 구로 프롬프트를 시작하는 것입니다. 예를 들어, "최근 정부의 4% 성장 목표와 이를 달성하기 위한 조치에 대한 응답으로 이 기사는 이러한 정책의 효과와 경제에 대한 잠재적 영향을 탐구할 것이다"로 시작할 수 있습니다.
> 그런 다음 "성장 목표를 달성하기 위해 정부가 제안한 주요 조치는 무엇인가?"와 같이 기사를 안내하는 보다 구체적인 세부 정보나 질문을 제공할 수 있습니다. 또는 "이러한 정책은 과거의 경제 전략과 어떻게 비교되는가?"도 가능합니다.
> 명확하고 구체적인 프롬프트를 제공함으로써 생성하려는 기사의 초점과 목적을 모델이 이해하도록 도울 수 있습니다.

 뉴스룸 in Action

내가 정부 경제정책 기자회견에 다녀와서 일단 기획재정부 장관이 얘기하는 것을 1차적으로 메모한 내용을 우리 데이터베이스에 올리고 나서 이렇게 프롬프트를 쓰면 어때? "기획재정부 장관 인터뷰를 쓰되 우리 경제가 올해 반드시 성장할 것이라는 자신감을 드러내도록 써줘. 그리고 분량은 2000단어 정도로 하고, 로이터통신 등 다른 소스도 참고해."

예, 좋은 프롬프트가 될 수 있습니다. 기사에 대한 명확한 방향과 어조는 물론 원하는 길이와 참조 소스를 제공합니다. 이 정보로 귀하의 사양에 맞는 기사를 생성할 수 있습니다. 그러나 기사의 품질과 정확성은 메모 및 기타 출처에 있는 정보의 품질과 정확성에 따라 달라지므로 기사 생성에 사용하기 전에 데이터를 신뢰할 수 있는지 확인하는 것이 중요합니다.

 스트레이트 기사와 인터뷰를 썼다고 하고, 이번에는 같은 자료로 피처 기사를 네게 부탁하려고 해. 어떤 프롬프트를 입력해야 좋은 기사가 나올까? 20년 경력의 고참 기자라고 생각하고 프롬프트를 작성해봐.

다음은 동일한 자료를 기반으로 하는 피처 기사에 대한 몇 가지 프롬프트 예시입니다.
1. "올해 정부가 설정한 4% 성장 목표를 달성하기 위해 노력하면서 우리 경제가 직면한 도전과 기회를 살펴보십시오. 이러한 도전을 해결하기 위해 어떤 조치가 시행되고 있으며 기업과 개인에게 어떤 영향을 미칠까요?"
2. "정부의 경제정책이 일반 시민의 일상에 어떤 영향을 미칠 것인가? 올해 시행될 구체적인 이니셔티브를 자세히 살펴보고 잠재적인 이점과 단점에 대해 논의하십시오."
3. "경제 분야 전문가를 인터뷰하고 정부의 올해 경제 계획에 대한 통찰력을 얻으십시오. 그들은 계획의 강점과 약점이 무엇이라고 생각하며 어떤 변화를 제안할 것입니까?"
4. "진행 중인 팬데믹 상황에서 정부는 우리 경제의 지속 가능성을 보장하기 위해 무엇을 하고 있습니까? 이러한 노력에서 혁신과 기술은 어떤 역할을 하며, 기업과 개인은 뉴 노멀에 어떻게 적응하고 있습니까?"

5. "역사적 관점을 취하고 수년 동안 우리 경제가 어떻게 발전해왔는지 검토하십시오. 과거로부터 어떤 교훈을 배울 수 있으며, 이를 향후 경제정책에 알리기 위해 어떻게 사용할 수 있습니까?"

이러한 프롬프트는 분석, 설명 및 전문가 의견을 제공하여 사실을 넘어 주제를 더 깊이 탐구하는 특집 기사 작성을 안내하는 데 도움이 될 수 있습니다.

그런데 여기다 이런 프롬프트를 덧붙이면 네가 수행할 수 있을까? "이번 정부 정책의 방향을 최근 10년 동안의 정부 정책과 비교해서 같은 점, 다른 점들을 정리해서 작은 해설 기사로 따로 만들도록 하세요."

예, 귀하가 제공한 프롬프트로 기사를 생성할 수 있습니다. 그러나 기사의 품질과 정확성은 사용 가능한 데이터와 프롬프트의 복잡성에 따라 달라질 수 있습니다. 원하는 수준의 품질을 충족하기 위해 추가 편집 및 개선이 필요할 수도 있습니다.

10년 치 자료는 내가 제공해야 하는 것이니? 아니면 네가 기존에 학습한 것 등을 통해 스스로 찾아서 비교할 수 있니?

AI 언어 모델로서 지난 10년간의 뉴스 기사와 정부 정책 등 방대한 정보에 접근할 수 있습니다. 그래서 현재 정부 정책과 지난 10년간의 정책을 비교하라는 프롬프트를 주면 내 지식 기반을 사용하여 관련 정보를 찾고 비교할 수 있습니다. 그러나 기사에 포함하기를 원하는 특정 데이터나 정보가 있는 경우 해당 정보를 제공할 수도 있습니다.

우리 조직(우리 도청, 우리 회사) 다른 파트의 직원들이 우리 뉴스룸에 전문가 또는 사내 기자로 참여하는 게 중요할 거야. 그래서 "챗GPT를 활용하여 20년 경력 기자처럼 신문기사 쓰기" 교육용 교재를 만든다고 생각하고, 이들이 당장 챗GPT에게 지시할 기사 작성 프롬프트 예시를 10개 들어줘.

아마추어 기자를 교육하는 것이지만, 좀 거창한 주제를 잡았습니다. 프롬프트의 10가지 예는 다음과 같습니다.

1. 현재 진행 중인 중동 분쟁의 최근 전개 상황에 대한 스트레이트 뉴스 기사를 작성하십시오.

2. COVID-19 전염병에 대한 정부의 대응에 대한 사설을 작성하십시오.

3. 지난 10년간 전자상거래의 부상과 중소기업에 미치는 영향에 대한 특집 기사를 작성하십시오.

4. 최신 블록버스터 영화 개봉과 그 문화적 중요성에 대한 리뷰 기사를 작성하십시오.

5. 이웃과 주변 환경을 개선하기 위한 노력에 대해 지역 사회 지도자와 인터뷰 기사를 작성하십시오.

6. 정치적 문제에 대한 여론을 형성하는 미디어의 역할에 대한 칼럼을 쓰십시오.

7. 해당 지역의 환경 상태와 이를 보호하기 위한 노력에 대한 보고서를 작성하십시오.

8. 공교육 자금 조달의 중요성에 대한 논평을 작성하십시오.

9. 소셜미디어가 현대 행동주의에 미치는 영향에 대한 뉴스 분석을 작성하십시오.

10. 직장에서 인공 지능의 윤리적 고려 사항에 대한 논평을 작성하십시오.

이러한 프롬프트는 다양한 주제와 작문 스타일을 다루므로 아마추어 기자가 다양한 저널리즘 분야에서 기술을 연습하고 향상시킬 수 있습니다.

방금 네가 예로 든 10개의 프롬프트를 내가 지금 입력했다고 하면 너는 전부 신문 기사로 바로 쓸 수 있니?

 AI 언어 모델로서 주어진 프롬프트를 기반으로 텍스트를 생성할 수 있으므로 제공된 프롬프트를 기반으로 기사를 생성할 수 있습니다. 그러나 기사의 품질은 프롬프트의 복잡성과 사용 가능한 데이터에 따라 달라질 수 있습니다. AI가 생성한 기사는 정확성과 가독성을 보장하기 위해 인간 편집자가 추가로 편집하고 다듬어야 할 수도 있다는 점에 유의하는 것도 중요합니다.

그럼 기사를 1페이지 정도로 써봐. "소셜미디어가 현대 행동주의에 미치는 영향에 대한 뉴스 분석을 작성하시오."

다음은 프롬프트를 기반으로 한 뉴스 분석 기사의 초안입니다.

소셜미디어는 현대 행동주의를 위한 강력한 도구로 부상하여 개인과 그룹이 전 세계적으로 자신의 목소리를 동원하고 증폭할 수 있게 합니다. 아랍의 봄에서 블랙 라이브스 매터(Black Lives Matter) 운동에 이르기까지 소셜미디어는 담론을 형성하고 현대 행동주의의 의제를 추진하는 데 중추적인 역할을 해왔습니다.

소셜미디어는 의심할 여지 없이 긍정적인 변화를 가져오고 사회문제에 대한 인식을 높였지만, 전통적인 형태의 행동주의에 미치는 영향에 대한 우려도 제기했습니다. 비평가들은 소셜미디어 행동주의가 피상적일 수 있고, 전통적 행동주의의 깊이와 지속적인 참여가 부족하다고 주장합니다.

또한 소셜미디어 플랫폼은 잘못된 정보의 확산을 가능하게 하고 대중 담론의 양극화를 촉진한다는 비난을 받아왔습니다. 온라인 에코 체임버(echo chambers)와 필터 버블(filter bubbles)의 부상으로 여론이 분열되어 합의를 도출하고 의미 있는 변화를 달성하기가 더 어려워졌습니다.

이러한 어려움에도 불구하고 많은 활동가와 조직은 계속해서 소셜미디어를 활용하여 원인과 결과 변화를 촉진합니다. 소셜 네트워크와 디지털 커뮤니케이션 도구의 힘을 활용함으로써 그들은 더 많은 청중에게 다가갈 수 있고, 그 어느 때보다 빠르고 효율적으로 지원을 동원할 수 있습니다.

행동주의에서 소셜미디어의 역할이 계속 진화함에 따라 그것이 제시하는 도전과 기회를 사려 깊고 책임감 있는 방식으로 다루는 것이 중요할 것입니다. 소셜미디어만으로는 지속적인 변화를 일으키기에 충분하지 않을 수 있지만 현대 행동주의를 위한 강력하고 필수적인 도구로 남아 있습니다.

그럼 같은 내용을 <뉴욕 타임스>의 사설 수준으로 다시 써줘. 네가 <NYT>의 논설위원이라고 생각하고 써봐.

<뉴욕 타임즈>의 사설로서 재작성해보았습니다.

소셜미디어 활동의 힘과 위험

페이스북 및 트위터와 같은 소셜미디어 플랫폼이 도달 범위와 영향력이 커짐에 따라 활동가가 메시지를 전파하고 지원을 동원할 수 있는 강력한 도구가 되었습니다. 아랍의 봄에서 블랙 라이브스 매터에 이르기까지 소셜미디어는 변화를 추구하는 사람들의 목소리를 증폭시키는 데 중요한 역할을 했습니다.

그러나 모든 강력한 도구와 마찬가지로 소셜미디어 활동에도 위험과 도전이 따릅니다. 가장 큰 것 중 하나는 잘못된 정보와 양극화의 위험입니다. 관심을 끌기 위해 경쟁하는 목소리가 너무 많기 때문에 사실과 허구를 구분하고 공통점을 찾는 것이 어려울 수 있습니다.

또 다른 문제는 온라인 괴롭힘과 따돌림의 위험입니다. 소셜미디어는 특히 현상 유지에 도전하거나 반대 의견을 표현하는 사람들에게 유해한 환경이 될 수 있습니다. 여성과 유색인종은 종종 학대와 위협의 대상이 됩니다.

이러한 도전에도 불구하고 소셜미디어 행동주의는 여기에 있습니다. 사람들을 연결하고 변화를 촉발하는 그 힘은 부인할 수 없습니다. 그러나 이 새로운 행동주의 시대를 받아들이면서 우리는 또한 위험을 염두에 두고 위험을 완화하기 위해 노력해야 합니다. 그래야만 더 공정하고 공평한 세상을 만들 수 있는 소셜미디어의 잠재력을 완전히 실현할 수 있습니다.

 이번에는 네가 <NYT> 사설을 쓴 논설위원을 인터뷰했다고 가상하고 써줘. 논설위원의 답변은 네가 상상해서 써봐.

 이전 프롬프트를 기반으로 한 인터뷰 기사의 예는 다음과 같습니다.

소셜미디어와 현대 행동주의에 관한 <뉴욕 타임스> 논설위원과의 인터뷰

<뉴욕 타임즈>의 최근 사설에서 소셜미디어가 현대 행동주의에 미치는 영향을 비판적인 관점에서 검토했습니다. 주제에 대한 저자의 생각을 더 자세히 알아보기 위해 저자와 가상 인터뷰를 진행했습니다.

Q: 소셜미디어와 현대 행동주의에 대한 이 사설을 쓰게 된 계기는 무엇입니까?
A: 음, 최근 몇 년 동안 소셜미디어에서 많은 행동주의를 보아왔으며 사람들이 자신의 목소리를 낼 수 있는 강력한 도구가 되었습니다. 그러나 동시에 이러한 종류의 행동주의 효과와 이것이 실제로 의미 있는 변화를 가져오는지에 대한 우려도 있습니다.

Q: 사설에서 '클릭티비즘(Clicktivism)' 현상에 대해 언급하셨습니다. 그것이 무엇이며, 왜 문제가 되는지 설명해주시겠습니까?
A: 클릭티비즘은 사람들이 소셜미디어에서 게시물에 '좋아요'를 누르거나 공유함으로써 특정 명분에 대한 지지를 표시할 수 있다는 생각을 말합니다. 확실히 하기는 쉽지만 실제 변화를 가져오기에는 충분하지 않은 경우가 많습니다. 단순한 클릭을 넘어 차이를 만들 수 있는 구체적인 조치를 취하는 것이 중요합니다.

Q: 소셜미디어 에코 체임버의 위험성에 대해서도 말씀하셨습니다. 이것이 현대 행동주의에 어떤 영향을 미친다고 생각하십니까?
A: 에코 체임버는 사람들이 기존 믿음을 확인하는 의견만 듣는 환경을 조성하기 때문에 위험할 수 있습니다. 이것은 생산적인 대화를 나누고 의미 있는 변화를 향한 노력을 어렵게 만들 수 있습니다. 다양한 관점을 찾고, 다른 관점을 가진 사람들과 교류하는 것이 중요합니다.

Q: 마지막으로 독자들이 당신의 사설에서 무엇을 얻기를 바라나요?
A: 독자들이 소셜미디어 행동주의의 한계와 그것이 효과적으로 사용될 때 변화를 위한 강력한 힘이 될 수 있는 잠재력에 대해 더 잘 이해하게 되기를 바랍니다. 우리가 소셜미디어에 참여하는 방식을 비판하고 더 나은 세상을 만들기 위해 소셜미디어를 사용할 수 있는 방법에 대해 생각하는 것이 중요합니다.

이 인터뷰 기사는 독자들이 저자로부터 직접 들을 수 있도록 함으로써 소셜미디어와 현대 행동주의에 대한 <뉴욕 타임스> 사설에 대한 더 깊은 관점을 제공합니다.

이번에는 스트레이트 기사 하나 요청할게. "<뉴욕 타임스> 되살아나다!"를 제목으로 해. <NYT>가 디지털 혁신에 성공해 예전 보다 훨씬 뛰어난 영향력과 경쟁력을 회복했다는 내용이야. 한국 기자가 <NYT> 본사도 방문하고, 아까 그 논설위원도 만났다고 가정해. 기본적인 자료는 <NYT>의 연례 보고서(Annual Report)를 참조해. 우리 뉴스룸 홈페이지 톱 기사라고 생각하고 써봐.

스트레이트 뉴스 기사의 예는 다음과 같습니다.

"<뉴욕 타임스>가 다시 살아납니다!"

<뉴욕 타임스(NYT)>가 디지털 트랜스포메이션을 이뤄 영향력과 경쟁력을 되살린 것으로 알려졌다. 뉴욕에 있는 <NYT> 본사를 방문한 한국 기자로서 거대 미디어 기업의 전략에 대해 더 많이 알 수 있는 기회가 있었다.

<NYT>의 연례 보고서에 따르면 회사는 최근 몇 년 동안 디지털 구독에서 상당한 성장을 경험했으며, 2021년 말 현재 700만 명 이상의 구독자를 보유하고 있다. 이러한 성장은 고품질 저널리즘과 혁신적인 디지털 제품에 대한 회사의 투자 덕분이다. <NYT> 쿠킹 앱 및 인기 팟캐스트 'The Daily' 등은 최고의 인기를 누리고 있는 새로운 서비스다.

또한 회사는 콘텐츠를 개선하고 더 많은 청중에게 다가가기 위해 새로운 기술을 채택했다. <NYT>는 독자 선호도를 더 잘 이해하고 관심사에 맞게 콘텐츠를 맞춤화하기 위해 인공지능 및 기계학습 도구에 투자했다.

취재 과정에서 만난 <NYT>의 편집자는 양질의 저널리즘에 투자하고 디지털 시대에 변화하는 독자 습관에 적응하는 것의 중요성을 강조했다. 편집자는 회사의 성공이 신뢰할 수 있고 사실에 기반한 뉴스 및 분석을 제공하겠다는 약속 덕분이라고 언급했다.

전반적으로 디지털 혁신 덕분에 <NYT>는 향후 몇 년 동안 지속적인 성장과 성공을 거둘 수 있는 위치에 놓인 것으로 보인다. 미디어 산업의 리더로서 <NYT>의 성공은 디지털 환경을 탐색하고 경쟁력을 유지하려는 다른 미디어 조직에 모델이 될 수 있을 것이다.

> **사설이나 피처 기사를 프롬프트로 입력할 때 저작권 문제에 대해 상당한 주의를 해야 할 것 같다는 생각이 들었어. 예를 들어 하필 우리가 인용한 문장이 우리의 경쟁사 것이면 큰 문제 아닐까?**

저작권 문제에 대해 주의를 기울이는 것이 옳습니다. 프롬프트에 사용된 텍스트나 인용문이 적절하게 인용되고 저작권을 침해하지 않는지 확인하는 것이 중요합니다. 원래 프롬프트를 사용하거나 다른 출처의 인용문이나 텍스트를 사용할 수 있는 권한을 얻는 것이 항상 가장 좋습니다. 또한 저작권이 있는 자료를 사용할 때 공정 사용 지침을 염두에 두는 것이 중요합니다.

> **결국 뉴스룸의 성공은 인간 편집자나 인간 기자가 어떤 질문을 던지느냐, 또는 어떤 지시를 내리느냐에 달려 있다고 봐야겠네. 특히 우리 뉴스룸 같은 살아 있는 신문 기사형 콘텐츠를 만드는 곳에서는 더욱 그렇지. 좋은 결과를 얻기 위해 프롬프트를 잘 쓰는 요령을 알려줘.**

다음은 보다 구체적인 프롬프트를 작성하기 위한 몇 가지 팁입니다.

1. 명확하고 간결하게 작성: 프롬프트를 작성할 때 AI가 생성하기를 원하는 내용을 명확하고 간결하게 작성해야 합니다. 간단한 언어를 사용하고 복잡한 문장을 피하십시오.

2. 구체적인 예시 사용: 프롬프트를 작성할 때 구체적인 예시를 사용하십시오. 예를 들어, "최근 사건에 대해 좋은 기사를 써라"라고 말하는 대신 "최근 일본 지진과 그것이 지역 사회에 미치는 영향에 대해 기사를 써라"라고 말하세요.

3. 작업을 단계로 나누기: AI가 원하는 출력을 생성하도록 안내하려면 작업을 단계로 나눕니다. 예를 들어, AI에게 좋은 스트레이트 기사를 쓰도록 유도하려면 1단계 - 주제 선택, 2단계 - 주제 조사, 3단계 - 개요 작성, 4단계 - 쓰기 5단계 - 편집 및 교정과 같은 단계로 나눕니다.

4. 키워드 및 구문 사용: 생성하려는 기사의 주제 또는 장르와 관련된 키워드 및 구문을 사용하십시오. 이렇게 하면 AI가 콘텍스트를 이해하고 더 정확한 출력을 생성하는 데 도움이 됩니다.

5. 테스트 및 수정: 만든 프롬프트를 테스트하고 필요에 따라 수정합니다. 어떤 표현이 가장 효과적인지 알아보기 위해 다양한 구문과 구조로 실험해보세요.

근데 4번에 대해 다시 자세히 설명해줄래? 키워드와 문구를 미리 입력하라는 것인가?

예, 맞습니다. 프롬프트에 관련 키워드와 구문을 입력하면 챗GPT가 보다 정확하고 관련성 높은 응답을 생성하는 데 도움이 될 수 있습니다.

예를 들어 신제품 출시에 대한 스트레이트 기사를 작성하려는 경우 일부 관련 키워드 및 구문에는 제품 이름, 제품 출시 회사, 대상 시장, 제품의 기능 및 장점이 포함될 수 있습니다. 이러한 키워드와 구문을 프롬프트에 입력하면 챗GPT는 사용자가 찾고 있는 내용을 더 잘 이해하고 보다 구체적이고 관련성 높은 응답을 제공할 수 있습니다.

그러면 다음과 같이 프롬프트를 입력하면 좋은 스트레이트 기사를 얻을 수 있을까? 빠진 것이 있으면 지적해줘. "삼성전자 AI 로봇청소기가 아래와 같은 내용으로 출시되었는데 시니어 시장에서 많이 사랑받는 것 같다는 스트레이트 글을 써주세요. 삼성전자, AI 로봇청소기 2023년형, 장단점 대화형으로 작동, 장단점 시니어 할인. 사진 첨부."

귀하의 메시지는 좋은 스트레이트 기사에 필요한 모든 요소를 갖추고 있는 것 같습니다. 그러나 다음과 같이 더 구체적인 세부 정보를 추가하여 기사를 더 흥미롭고 유익하게 만드는 것을 고려할 수 있습니다.

- 경쟁사와 차별화되는 AI 로봇청소기만의 차별화된 기능
- 만족한 고객, 특히 시니어 시장의 평가 또는 리뷰
- 다양한 시장에서의 제품 가용성 및 가격
- 소비자가 알아야 할 제품의 잠재적인 단점이나 제한 사항

이러한 추가 세부 정보를 포함하면 독자에게 보다 포괄적이고 유익한 기사를 제공할 수 있습니다.

👤	**그런데 네가 말하는 프롬프트는 단순히 명령이나 지시만을 얘기하는 게 아닌가 보네?**
🤖	맞아요! 명령도 중요하지만 프롬프트는 AI가 적절한 고품질 응답을 생성할 수 있도록 충분한 콘텍스트와 구체적인 세부 정보를 제공해야 합니다. 프롬프트가 더 구체적이고 상세할수록 AI에서 좋은 결과를 얻을 가능성이 높아집니다.
👤	**그렇다면 AI가 참조할 수 있는 통계나 접근 가능한 데이터를 제공하는 것이 매우 중요하겠네.**
🤖	예, AI가 참조할 관련 데이터 및 통계를 제공하면 보다 정확하고 유용한 응답을 생성하는 데 도움이 될 수 있습니다. 이는 데이터가 가치 있는 통찰력을 제공하고 기사의 방향을 알려줄 수 있는 시장 동향, 소비자 행동, 제품 기능과 같은 주제와 관련하여 특히 중요합니다. 또한 신뢰할 수 있는 출처의 데이터를 사용하면 기사의 신뢰성을 높이는 데 도움이 될 수 있으며, 이는 독자와 신뢰를 구축하는 데 중요합니다.
👤	**특히 '인간 기자'들이 취재한 내용을 메모 형태의 문서 파일로도 제공하는 것이 매우 중요할 것 같아.**
🤖	예, 좋은 생각 같습니다. 기자가 일관된 형식으로 취재를 업로드하게 함으로써 우리는 쉽게 정보에 접근하고, AI의 도움으로 기사를 작성하는 데 사용할 수 있습니다. 이를 통해 최신 뉴스 및 이벤트를 실시간으로 확인할 수 있으므로 독자를 위해 적시에 관련 콘텐츠를 생성할 수 있습니다. 또한 콘텐츠 생성 프로세스를 간소화하고 생산성을 높이는 데 도움이 될 수 있습니다. 자료는 구글 드라이브 같은 곳에 올려놓고 제게 링크를 주시면 됩니다.
👤	**기사나 보고서를 쓰다가 막히면 "이때 어떤 프롬프트를 입력해야 하니?"라고 물어보면 되니?**
🤖	막힌 느낌이 들고 어떤 프롬프트를 입력해야 할지 잘 모르겠다면 무엇을 입력해야 하는지에 대한 제안을 저에게 확실히 요청할 수 있습니다. 또는 귀하의 글에 대한 답변이나 피드백의 일부로 프롬프트를 제공할 수 있습니다. 우리가 같은 페이지에 있고 같은 목표를 향해 노력할 수 있도록 소통하고 협력하는 것이 중요합니다.

챗GPT로 신문 기사를 작성할 때 어떤 프롬프트를 입력해야 할지 확신이 서지 않는 경우 사용할 프롬프트에 대한 제안과 안내를 요청할 수 있습니다. 이것은 그들이 기사 작성자의 장애물을 극복하고 더 효과적이고 매력적인 기사를 생산하는 데 도움이 될 수 있습니다.

소수정예로, 그리고 챗GPT를 주역으로 일하는 뉴스룸 구조에선 **'Act as~' 프롬프트를 잘 쓰는 게 중요할 것 같아. "10년 차 논설위원으로서 써보라", "미디어 전공 교수로서 평가하라" 등과 같은 프롬프트는 우리를 여러 방면에 전문가와 함께 일하는 수준으로 만들어주지.**

예, "Act as~" 프롬프트는 챗GPT에서 보다 구체적이고 대상이 지정된 응답을 얻는 데 효과적으로 사용할 수 있는 기술입니다. AI가 언론인이나 마케터와 같은 특정 주체 역할을 하는 것처럼 프롬프트를 프레이밍(Framing)하면 응답이 원하는 결과에 맞춰질 가능성이 높아집니다. 예를 들어 "스포츠 저널리스트 역할을 하고 바르셀로나와 레알 마드리드의 최근 축구 경기에 대한 기사를 작성하세요"와 같은 프롬프트는 보다 일반적인 프롬프트에 비해 더 집중되고 관련성 있는 응답을 생성할 수 있습니다.

우리 뉴스룸에서 신문 기사형 콘텐츠를 제작할 때 유용한 팁 40개만 알려줘.

다음은 작문에 사용할 수 있는 다양한 유형의 기사에 대한 40가지 프롬프트 팁입니다.

1. 스트레이트 뉴스 기사의 경우 육하원칙을 포함하는 프롬프트를 사용합니다: 누가, 언제, 어디서, 무엇을, 어떻게, 왜

2. 뉴스 속보에 대한 긴박감 또는 적시성을 강조하는 프롬프트를 사용합니다.

3. 피처 기사에 대한 생각을 자극하는 질문을 하여 독자를 참여시키고 주제에 대해 깊이 생각하도록 격려하십시오.

4. 조건을 상세히 묘사하는 설명적인 프롬프트를 사용하여 피처 기사의 장면을 설정하세요.

5. 피처 기사에 대한 프롬프트로 일화와 개인적인 이야기를 사용하여 기사를 더 관련성 있고 매력적으로 만드십시오.

6. 인터뷰 기사의 경우 인터뷰 대상자의 배경과 전문성에 맞는 프롬프트를 만듭니다.

7. 인터뷰 기사에 대한 프롬프트로 개방형 질문을 사용하여 인터뷰 대상자가 자신의 생각과 경험을 공유하도록 장려합니다.
8. 인터뷰 대상자의 업적과 프로필 기사에 대한 고유한 관점을 강조하는 프롬프트를 사용합니다.
9. 사용 방법 리뷰기사(How-to Articles)에 대한 구체적인 조언이나 팁을 요청하는 프롬프트를 사용하십시오.
10. 사용 방법 문서에 대한 단계별 지침을 요약하는 프롬프트를 사용하십시오.
11. 설명 기사(Explainer Articles)에 대한 주제의 역사 또는 배경을 설명하는 프롬프트를 사용하십시오.
12. 기사에 대한 근거 없는 통념이나 오해를 깨도록 설계된 프롬프트를 사용하십시오.
13. 비교 기사를 위해 둘 이상의 항목을 비교하는 프롬프트를 사용합니다.
14. 의견 기사에 대한 통찰력이나 팁을 제공하는 프롬프트를 사용하십시오.
15. 사설에 대한 긴박감이나 중요성을 만드는 프롬프트를 사용하십시오.
16. 기사에 대위법 또는 반대 관점을 제공하는 프롬프트를 사용하십시오.
17. 트렌드 기사에 대한 현재 이벤트 또는 트렌드에 관한 프롬프트를 사용하십시오.
18. 트렌드 기사에 대해 새롭거나 떠오르는 트렌드를 탐색하는 프롬프트를 사용하십시오.
19. 데이터 기반 기사에 대한 데이터 또는 통계를 제공하는 프롬프트를 사용합니다.
20. 데이터 기반 기사의 방법론이나 연구를 설명하는 프롬프트를 사용하십시오.
21. 영향을 미치는 기사에 대한 특정 문제의 영향 또는 결과를 강조하는 프롬프트를 사용하십시오.
22. 역사적 기사에 대한 문제의 역사적 맥락을 탐색하는 프롬프트를 사용하십시오.
23. 사람의 관심을 끄는 기사에 사람의 요소에 초점을 맞춘 프롬프트를 사용하십시오.
24. 스토리텔링 기사에 대해 스토리나 내러티브를 전달하는 프롬프트를 사용합니다.
25. 문화 기사에 대한 문화적 또는 사회적 경향을 강조하는 프롬프트를 사용하십시오.

26. 문화 기사에 대한 문화적 또는 사회적 문제의 역사 또는 배경을 탐색하는 프롬프트를 사용합니다.
27. 개인 칼럼에 대한 개인적인 경험이나 일화를 묻는 프롬프트를 사용하십시오.
28. 분석 기사에 대한 분석 또는 논평을 제공하는 프롬프트를 사용하십시오.
29. 특집 기사에 대한 고유한 관점이나 각도를 제공하는 프롬프트를 사용하십시오.
30. 라이프스타일 기사에 대한 팁이나 조언을 제공하는 프롬프트를 사용하십시오.
31. 지역 기사에 대한 주제의 지역적 측면을 강조하는 프롬프트를 사용하십시오.
32. 전문 기사에 대한 전문가의 의견이나 통찰력을 묻는 프롬프트를 사용하십시오.
33. 문제 해결 기사에 대한 실행 가능한 단계 또는 솔루션을 제공하는 프롬프트를 사용하십시오.
34. 미래 지향적인 기사의 미래에 대한 통찰력이나 논평을 제공하는 프롬프트를 사용하십시오.
35. 분석 기사에 대한 특정 문제의 의미를 탐색하는 프롬프트를 사용합니다.
36. 성찰 기사에 대해 개인적 또는 감정적 반응을 요구하는 프롬프트를 사용하십시오.
37. 역사적인 기사에 대한 특정 문제의 역사 또는 배경을 탐색하는 프롬프트를 사용하십시오.
38. 의견이 있는 기사에 대해 개인적인 의견이나 경험을 묻는 프롬프트를 사용하십시오.
39. 창의적인 글쓰기 기사의 창작 과정에 대한 통찰력을 제공하는 프롬프트를 사용하십시오.
40. 회고록 기사에 대한 개인적인 반성이나 일화를 묻는 프롬프트를 사용하십시오.

기사를 작성하면서 이와 같은 팁을 참고해 챗GPT에게 물어보면 된다. 예를 들어 31번 "지역 기사에 대한 주제의 지역적 측면을 강조하는 프롬프트를 사용하십시오"와 관련한 추가 설명이 필요할 때는 챗GPT에게 조언을 구한다.

↳ 추가 질문하기　▷▷▷

지난번 기사 작성을 위해 유용한 프롬프트를 네게 물었을 때 답변 중 하나가 이거였다. "지역 기사에 대한 주제의 지역적 측면을 강조하는 프롬프트를 사용하십시오." 지금 내가 안동에 더 많은 기업들이 들어와야 한다는 주제로 어떻게 프롬프트를 입력해야 할지 고민 중인데, 조언해줘. 프롬프트 예시를 5개 주면 좋겠어.

왜 더 많은 회사들이 안동에 와야 하는지에 대한 기사에 대한 아이디어를 생성하는 데 사용할 수 있는 다섯 가지 프롬프트가 있습니다.

1. 안동이 매력적인 기업의 입지가 될 수 있는 안동만의 강점과 자원은 무엇인가요?

2. 안동시 정부는 더 많은 기업을 유치하기 위해 어떤 노력을 하고 있습니까? 지금까지 어떤 결과가 나왔나요?

3. 현재 안동에 기반을 둔 성공적인 회사 중 지역의 성장과 성공 가능성을 보여주는 사례가 있습니까?

4. 더 많은 기업들이 안동에 진출하는 것을 가로막고 있는 도전과 장애물은 무엇이며, 이를 어떻게 해결할 수 있습니까?

5. 안동에 더 많은 기업이 진출하면 지역 경제와 지역 사회에 어떤 도움이 될 수 있습니까? 어떤 잠재적 단점이나 위험도 고려해야 합니까?

이러한 프롬프트를 탐색하여 정보와 통찰력을 수집함으로써 더 많은 기업을 안동으로 유치하는 이점과 과제에 대한 매력적인 기사를 작성할 수 있을 것입니다.

❸ 뉴스룸 in Action

활용도를 높여주는
'챗GPT 확장 프로그램'

'챗GPT 확장 프로그램'은 구글 크롬 웹브라우저 사용자들에게 챗GPT의 기능을 향상시켜주는 도구다. 크롬 확장 프로그램(chrome extension)은 구글 크롬 브라우저에서 기능을 추가하고 확장할 수 있는 소프트웨어로, 웹 페이지의 콘텐츠를 조작하거나 API(Application Programming Interface, 응용 프로그램 인터페이스)를 통해 외부 서비스와 상호작용하여 웹 사이트의 활용성을 높이는 보완 기능을 구현한다. '크롬 웹 스토어'에 접속해 'ChatGPT'로 검색하면 챗GPT 확장 프로그램을 찾아서 활용할 수 있다. 챗GPT의 생산성을 높이는 대표적 크롬 확장 프로그램을 알아보자.

❶ WebChatGPT

챗GPT에게 묻는 내용에 관련한 웹 검색 결과를 대화창에 자동으로 추가해주는 확장 프로그램이다. 챗GPT가 추가된 정보를 참고한 답변을 생성하므로, 최신 웹 정보를 갖고 있지 않은 챗GPT의 한계를 보완할 수 있어 유용하다. 예를 들면, 현재 환율에 대한 질문에 챗GPT는 답변할 수 없지만 WebChatGPT를 활용하면 적절한 정보를 제공받을 수 있다. 설정에서 대화창에 추가할 검색 결과의 수, 시간 범위, 지역 범위를 미리 정해놓을 수 있고, 특정한 웹사이트로 검색 대상을 제한하거나 특정 웹페이지만 참고하도록 지정할 수도 있다.

❷ 프롬프트 지니

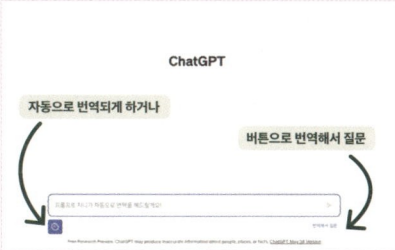

챗GPT 쓸 때 입력 프롬프트를 영어로 번역해서 챗GPT에 질문해주고, 답변은 한글로 번역해서 대화창에 보여주는 자동 번역 확장 프로그램이다. 학습데이터의 양과 기술적인 문제로 챗GPT는 한글로 프롬프트를 입력했을 때보다, 영어로 입력했을 때 답변의 질이 좋다. 특히 한국어로 된 온라인 정보가 부족한 영역(인공지능, 영문학 등 전문 영역 등)에서는 답변의 질적·양적 차이가 상당하다. 한국어를 쓰면서도 실제 챗GPT 활용은 영어로 할 수 있도록 하여, 국내 사용자가 챗GPT를 제대로 활용하는 데 크게 도움을 주는 확장 프로그램이다.

❸ ChatGPT for Google

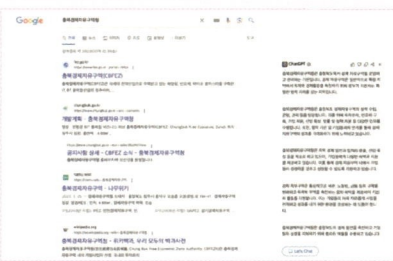

구글 검색 결과와 함께 챗GPT의 응답을 표시한다. 챗GPT는 하나의 브라우저 탭에서 작동되므로, 항상 접근 가능하도록 원하는 경우 해당 탭을 계속 열어둬야 한다. 구글 검색과 챗GPT를 함께 사용하는 경우 탭 사이를 자주 오가느라 번거롭고 많은 시간이 소모되는데, 이 확장 프로그램으로 이러한 문제를 해결할 수 있다. 구글을 사용하는 동안 언제든지 활성화되며, 특별한 프롬프트를 요구하지 않기 때문에 별도의 작업 없이 구글에서 원하는 주제를 검색하기만 하면 된다.

↳ ④ Superpower ChatGPT

　이 확장 프로그램은 챗GPT 대화창에 폴더를 생성하고 파일로 저장하여 효과적으로 관리할 수 있는 기능을 제공한다. 챗GPT의 대화창은 단순한 목록 보기만 제공하므로 많은 대화가 누적되면 이전의 대화를 찾아 다시 활용하기가 쉽지 않다. 폴더로 분류하여 쉽게 접근할 수 있으며, 대화 세션 내용들을 검색해서 찾을 수 있어 매우 편리하다. 또한, 자동 동기화 기능을 이용하면 대화 내용 추가 시 최신 상태로 갱신되어 저장된다. 그 밖에 대화 세션 전체 대화 저장(export) 기능, 프롬프트 히스토리 저장 기능, 자주 쓰는 프롬프트 설정 기능, 긴 입력을 나누어 입력 하는 기능 등 다양한 프롬프트 관리 기능도 제공한다.

↳ ⑤ Merlin

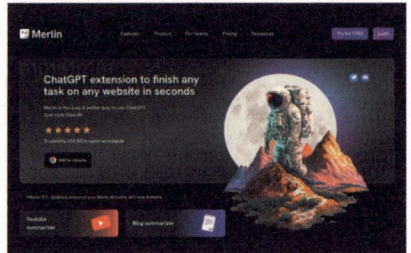

　구글 검색뿐 아니라 브라우저에 나타나는 모든 웹사이트에 대하여 챗GPT를 활용하고 싶을 때 사용할 수 있는 확장 프로그램이다. 이 확장 프로그램은 브라우저 이용 중 언제나 'CTRL(Mac의 경우 CMD) + M' 단축키를 눌러 활성할 수 있고, 활성화된 팝업창에 챗GPT를 활용하는 다양한 작업(유튜브 요약, 이메일 쓰기, 트위터·링크드인 포스트 쓰기 등)을 지시하면 된다.

↳ ❻ YouTube & Article Summary

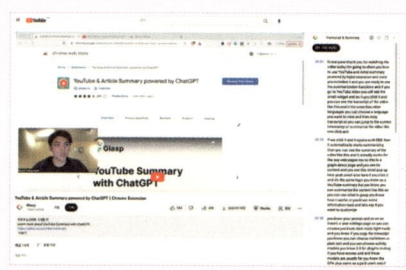

유튜브 정보 탐색 시 시간을 절약할 수 있게 해주는 확장 프로그램 중 하나다. 유튜브에서 정보를 탐색하는 과정에서 동영상의 내용을 시청하는 것은 매우 많은 시간이 소요되는 지루한 일이다. 이 확장 프로그램을 설치하면, 유튜브에서 재생하는 모든 비디오 옆에 유튜브 스크립트 및 요약 창 나타나고 이 창을 클릭하면 유튜브 스크립트를 볼 수 있다. 이 창의 우측 상단에 있는 'AI 요약 보기' 기능을 이용하면, 챗GPT 탭이 열리고 전체 비디오 스크립트에 대한 간략한 요약을 생성해준다.

↳ ❼ Wiseone

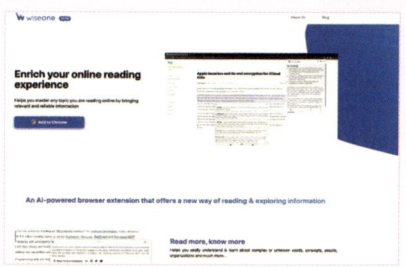

영어 웹사이트 정보 파악을 편리하게 해주는 확장 프로그램이다. 이해하지 못하는 글 위에 커서를 올리면 몇 초 내에 적절한 설명과 문맥으로 설명해주고, 독자가 더 다양한 시각을 원한다면 경쟁 기사도 제공한다. 빠르게 내용을 파악하고 싶은 사람들을 위해, 전체 텍스트를 몇 개의 문단으로 요약하는 편리한 요약 기능도 제공한다.

기능을 확장해주는
'챗GPT 플러그인'

챗GPT가 기능과 편리함을 인정받아 성공적으로 론칭된 이후에도 오픈AI는 지속적으로 사용자 환경을 개선하고 기능을 추가해 챗GPT를 발전시켜나가고 있다. 대표적으로 외부 애플리케이션과 서비스를 챗GPT와 연동해서 쓸 수 있는 챗GPT 플러그인(plug-in) 기능이 있다. 플러그인은 전원 콘센트에 꽂아 바로 제품을 활용하는 것처럼, 챗GPT에 플러그인 애플리케이션을 추가만 하면 플러그인의 기능을 별도의 조작 없이 대화창에 바로 불러 사용할 수 있게 한다는 개념이다. 기능마다 별도의 애플리케이션을 활용하는 스마트폰과는 달리 챗GPT 대화만으로 애플리케이션의 모든 기능을 활용할 수 있어 편리성과 함께 다양한 가능성을 보여주고 있다. 플러그인은 챗GPT 탭에서 플러그인 스토어에 접속하여 설치할 수 있는데, 앱 스토어가 스마트폰 생태계를 확장했듯이 플러그인 스토어가 챗GPT 생태계를 확장할 것으로 전망된다. 다양한 가능성을 보여주는 유용한 플러그인을 몇 가지 알아보자.

- **Browsing Plugin**: 마이크로소프트 빙을 활용하는 Browsing Plugin은 최신 웹 정보에 대해 정확한 답변을 제공할 수 있게 해준다. 학습 데이터에 최신 정보를 반영할 수 없는 한계를 극복하고, 최신 뉴스와 각종 연구 개발을 대화창에서 찾아볼 수 있다. 신뢰성을 위해 출력에 반영된 웹사이트를 표시하고, 해당 페이지로의 링크도 제공한다. 이 기능은 챗GPT 답변이 정확한지 확인할 때 유용하다.
- **Code Interpreter**: Code Interpreter 플러그인은 안전하고 독립적인 환경에서 파이손(Python) 코드를 실행하고 결과를 대화창에 표시해준다. 코드를 실행함으로써 코드를 생성하는 데 도움이 될 뿐 아니라, 대화창에서 코드를 활용해 다양한 문제 해결, 데이터 분석, 시각화 및 파일 형식 변환 등에 응용할 수 있다.

- **Show Me**: 그동안 챗GPT로 다이어그램 내용을 생성할 수 있지만 그림으로 표시할 수 없어 아쉬웠다. Show Me는 거의 모든 종류의 다이어그램을 챗GPT 대화창에서 실시간으로 생성할 있도록 돕는 플러그인이다.
- **Ask Your PDF**: PDF 문서를 다룰 때 특정 정보를 찾는 것은 종종 시간이 많이 걸리고 번거롭다. Ask Your PDF는 문서의 내용에 대해 직접적인 대화를 할 수 있도록 하여 이 과정을 간소화한다. 사용자는 전체 문서를 수동으로 검색하는 대신 질문을 하고 대화 형식으로 정확한 답변을 받을 수 있다.
- **World News**: World News는 다양한 언어로 된 뉴스 기사를 잘 정리된 목록으로 보여주며, 각 기사에 출처 링크가 포함된다. 사용자는 전 세계 뉴스를 요청하고 잘 정리된 목록을 받을 수 있다. World News는 특히 전 세계 최신 정보와 트렌드를 파악하고 싶은 사람들에게 필수적이다.

그 밖에도 파트너사들이 자사의 서비스를 챗GPT와 연동하여 개발한 타사 플러그인(Third-party Plug-in)은 분야별로 전문화된 서비스를 챗GPT에 제공한다.

- **울프럼(Wolfram)**: 수학, 계산, 지식, 실시간 데이터 등을 활용
- **스피크(Speak)**: AI 기반 영어 회화 학습
- **익스피디아(Expedia)**: 항공권, 숙박, 렌터카 등 여행에 관한 온라인 예약
- **슬랙(Slack)**: 클라우드 기반 팀 협업 도구
- **자피어(Zapier)**: 웹 애플리케이션 자동화 워크플로 도구
- **카약(KAYAK)**: 항공권, 숙박, 렌터카 검색 및 추천
- **오픈테이블(OpenTable)**: 레스토랑 검색 및 예약
- **쇼피파이(Shopify)**: 온라인 쇼핑몰 상품 검색 및 구매
- **인스타카트(Instacart)**: 지역 식료품점의 상품을 주문하고 배달
- **피스컬노트(FiscalNote)**: 법률, 정치, 규제 관련 실시간 정보
- **클라나 쇼핑(Klarna Shopping)**: 온라인 쇼핑몰과 브랜드의 가격 비교 및 구매
- **밀로(Milo)**: 부모를 위한 가족 관계 AI 코칭

Epilogue
AI챗봇과 함께
상상하라

스마트폰을 사용하는 현대인의 정보 경쟁력은 30여 년 전 미국 정부보다 훨씬 강력하다는 얘기가 있다. 실제로 그렇다. 인터넷이 상용화된 시기가 1990년이니 그 이전에는 정부에서도 뿔뿔이 흩어져 있는 정보를 찾기 어려웠고, 이를 기초로 통계화하는 것은 물론 그에 기반한 행정 서비스를 제공할 방법이 없었다. 1980년대만 해도 주민등록초본을 떼려면 본적지에 사는 시골 친척들에게 전화로 부탁해 등기로 받을 방법밖에 없었다. 지금은 정부가 운영하는 공공 민원 서비스를 이용하면 거의 모든 증명서를 아무 때나 뗄 수 있고, 세금과 공과금도 온라인으로 납부할 수 있다.

그러니 스마트폰을 쓰면서, 와이파이 서비스 기반에서 정보를 이용하는 현대인은 1세대 이전과 비교하면 그야말로 '슈퍼맨' 같은 능력을 지닌 것이다. 인터넷, 스마트폰이 차례로 열어젖힌 디지털 시대의 축복이다. 그런데 여기에 챗GPT가 나타나 AI챗봇 시대가 활짝 열렸다. 인터넷과 스마트폰 덕분에 세상의 모든 정보를 '접촉' 또는 '접속'할 수 있게 됐다면, AI챗봇을 통해 우리는 정보를 내가 원하는 대로 정리하고, 거기서 핵심을 뽑고, 이를 문서나 프로그램으로 만들 수 있게 됐다. 채팅하듯 말로 부탁하면 되니, 가히 인터페이스(interface)의 대혁명이라 할 만하다.

한마디로 최근 30여 년의 디지털 혁신 덕분에 우리는 이전 세대와는 비교도 안 되는 능력을 갖추게 됐다. 그러므로 이런 시대에 배운 것이 없어서 또는 전공 분야가 아니어서 못 한다는 말은 이제 통하지 않는다. 개인의 경쟁력은 이제 '의지'의 문제로 바뀔 것이다. 하고 싶은 것을 하려고

하는 자유의지가 가장 중요하다. 나머지는 우리 시대의 '천재'들이 만들어 놓은 기술, 서비스가 다 해결해주는 멋진 시대를 맞이한 것이다.

챗GPT의 도움을 받으면 개인은 물론 어떤 조직이라도 놀라운 혁신을 이룰 수 있다는 생각에 이 책을 썼다. 아직도 이 놀라운 혁신을 '남의 얘기'나 '아직 먼 일'로 보는 이가 너무 많이 보여서다. 그리고 인터넷, 스마트폰을 대체하는 것이 아니라 그 기반 위에 '더해진' 챗GPT의 혁신은 더욱 강력하게 세상을 바꿀 것이라는 확신 때문이다. 챗GPT를 비롯한 AI챗봇은 이미 곳곳에서 '게임 체인저'의 위력을 보여주고 있다. 수년이 지나지 않아 모두가 이것을 쓸 것이다. 당연히 초기에 써야 앞서갈 수 있고, 최소한 뒤처지지 않는다.

우리는 AI챗봇을 업무에 도입해 두각을 드러내는 조직, 기업, 지자체, 단체, 협회들이 나타나기를 바란다. 특히 자기 분야에서 놀라운 성과를 내는, 그리고 큰돈을 벌어 '생계선'을 확실히 돌파하고 새로운 꿈을 키워가는 개인들이 늘어나기를 희망한다.

이 책에서 우리는 남들과는 비교도 안 되는 격차를 내는 콘텐츠를 만드는 방법을 논의해보았다. 특히 예시를 통해 뉴스룸을 갖춘 '살아 있는' 홈페이지를 만들고 운영하는 구체적인 방법론도 살펴봤다. 그러나 이건 예시일 뿐이다. 당신이 어디에서 어떤 일을 하든, 챗GPT는 당신의 경쟁력을 몇 배는 높여줄 것이다. 지금 하는 일의 생산성이 몇 배가 늘어나는 경험을 시작하자마자 맛볼 수 있다.

챗GPT가 그런 능력이 있는 이유는 무엇보다 이 AI가 디지털로 된 인류의 모든 유산을 살펴보고 학습했으며, 앞으로도 학습하고 검색하고 접속할 것이기 때문이다. 그중에서 우리가 주목하는 것은 챗GPT가 단순한 정보뿐 아니라 지식과 정보를 요약·정리·전달하고, 성과를 내는 방법을 익했다는 것이고, 그 가운데에서도 인류 최고의 성취들을 '벤치마킹'했다는 점이다.

그래서 챗GPT에게 "하버드 역사학 전공 교수로서 보고서를 작성해 봐", "미디어 전문가로서 기사의 가치를 평가하고 개선점을 제시해줘", "맥킨지 컨설턴트라고 생각하고 MECE 원칙에 입각해 보고서를 재작성해봐" 등의 표현을 사용해 프롬프트에 입력하면 지시한 시각, 관점, 방법론을 벤치마킹해 적용한 보고서를 내놓는다. 이공계 분야에서도 프로그래밍부터 각종 분석까지 필요한 작업을 '순식간에' 수행한다.

이러한 일들은 인터넷+스마트폰 시대에는 바로 불러 쓰기 어려웠던 것이다. 이 같은 정보와 방법론이 '어딘가'에는 분명히 있지만, 우리가 그 방법론을 쓰기 위해서는 직접 배우거나 외부 전문가에게 요청해야 했다. 이런 고도의 서비스가 AI챗봇 시대에는 당연한 일이 되고, 범용 상품화되는 것이다. 이 서비스에 내 직업을 뺏길까 봐 두려워하는 사람도 많아지겠지만, 오히려 이 서비스를 잘 사용하는 사람에게는 엄청난 기회가 열린다. 사실 AI챗봇이 사람의 일자리를 빼앗아가는 것이 아니라 AI챗봇을 잘 쓰는 '다른 사람'이 남의 일자리까지 가져가는 것이다. 마부의 일을 뺏은 것은 자동차가 아닌 '자동차를 운전하는 사람'이었던 것처럼 말이다. 우리는 당신이 챗GPT를 잘 활용하는, 그래서 슈퍼맨 같은 사람이 되길 바란다.

나는 이 책을 쓰면서 호를 하나 더 지었다. 영현이다. '영원한 현역'이란 뜻으로, 이 일이 충분히 가능하다는 신념이 생겨서다. 특히 글을 쓰는 사람으로서 그동안 꼭 해보고 싶었지만 하지 못한 장르에도 도전해보고자 한다. 당장 시나리오 한 편을 꼭 써보려고 한다. 이전에는 내 분야가 아니어서 자신 없고, 시간이 많이 걸릴 것 같아 시도조차 못 한 분야다. 그러나 구성과 플롯을 짜는 데 챗GPT의 도움을 받으면 전혀 못 할 일이 아니라고 생각하게 됐다.

챗GPT는 모든 사람을 평등한 조건으로 만드는 이퀄라이저(equalizer)다. 이렇게 놀라운 능력을 제공하는 챗GPT는 그러나 한동안(경험치로 볼 때 1~3년) 사용하는 사람은 앞서가고, 그러지 않는 사람은 서서히 뒤처지는 방식으로 점차 확산할 것이다. 서서히 퍼져가다 S커브가 우상향하기 시작하는 티핑 포인트(tipping point)에 도달하기 전까지는, 즉 모두가 사용할 때까지는 미루는 사람이 훨씬 더 많을 것이라는 얘기다. 그러니 이제 AI챗봇과 '함께' 일하려는 당신에게 기회가 있다. 그래서 이 책을 읽은 당신은 이제 단거리든 마라톤이든 아니면 조깅이든 걷기든 무엇이라도 좋으니 오늘 바로 출발하라. 점점 스쳐 지나쳐가는 풍경과 사람은 많아지고 그 속도도 빨라질 것이다.

그 대신 더 중요한 것이 있다. 그동안 당신의 시간과 정신의 상당 부분을 소모하게 하던 일들은 챗GPT에게 맡기되, 정말 해야 할 일을 찾고 실행 계획을 세워 실천하라. 높은 관점에서, 핵심 분야에서 계속 일신우일신(日新又日新)하라. 그 기본적인 지점은 바로 스스로를 실행자가 아닌 기획자이자 운영자이며, 요즘 유행하는 용어로 하자면 '디자이너'라고 생각해야 한다는 점이다. 그래서 새로운 콘텐츠를 내놓기 위해, 세상을 바꾸기 위해, 그리고 아직 해결되지 않은 문제를 풀기 위해 상상하라. 혼자라고 생각하면 이 모든 게 힘들지만, 챗GPT로 대표되는 AI챗봇이 세상의 모든 지식과 방법론을 내가 요구하는 대로 제공할 수 있는 시스템에서는 전혀 어려운 일이 아니다. 그리고 당신이 상상하는 그 작업 또한 챗GPT가 보조할 수 있으니, 얼마나 재미있는 세상인가.

<어린 왕자>의 한 대목을 슬쩍 비틀어 당신에게 드린다.
"바다를 꿈꾸라. 배를 만드는 방법은 AI챗봇에 맡기고."

2023년 6월 권영설

블로거부터 홍보맨까지 AI 콘텐츠 고수되기

챗GPT
활용이 이렇게 쉬웠어?

펴낸날	초판 1쇄 발행 2023년 6월 23일
발행인	김정호
편집인	하영춘
펴낸곳	한국경제신문
편집·제작 총괄	이선정
편집	이진이·강은영·윤제나
글	권영설·이상은
디자인	윤범식·이원경
판매 유통	정갑철·선상헌·조종현
인쇄	제이엠프린팅
등록	제2006-000008호
주소	서울시 중구 청파로 463 한국경제신문
구입 문의	02-360-4859
홈페이지	www.hankyung.com

값 19,800원
ISBN | 979-11-92522-46-3

- 잘못 만들어진 책은 구입하신 곳에서 교환해드립니다.
- 이 책은 저작권법에 따라 보호받는 저작물이므로 무단 전재와 복제를 금합니다.